け。（●●●●●。）
↓37ページ
く！（●●●！）
↓37ページ

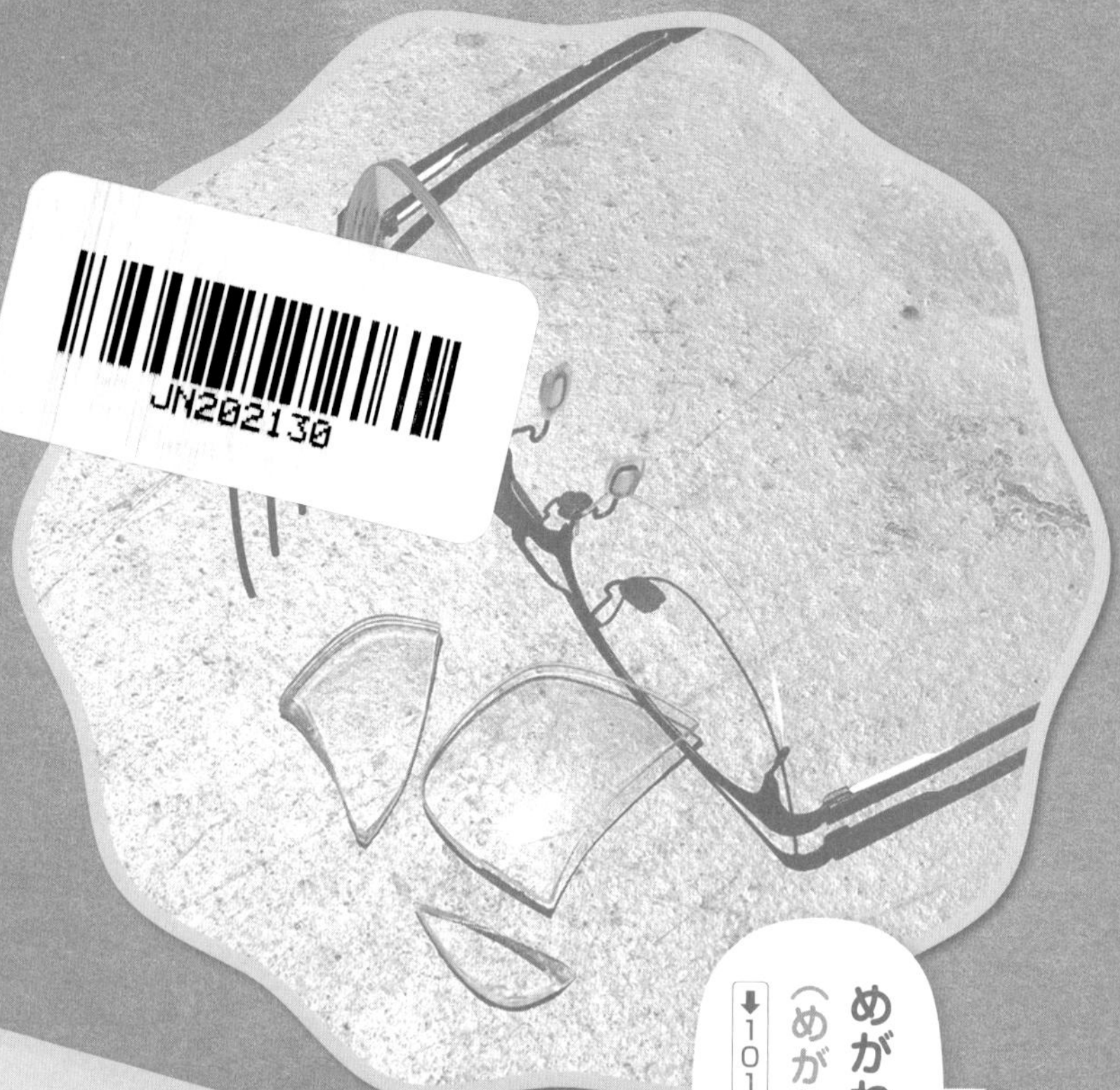

めがねがめげた……。（めがねが●●●●……。）
↓101ページ

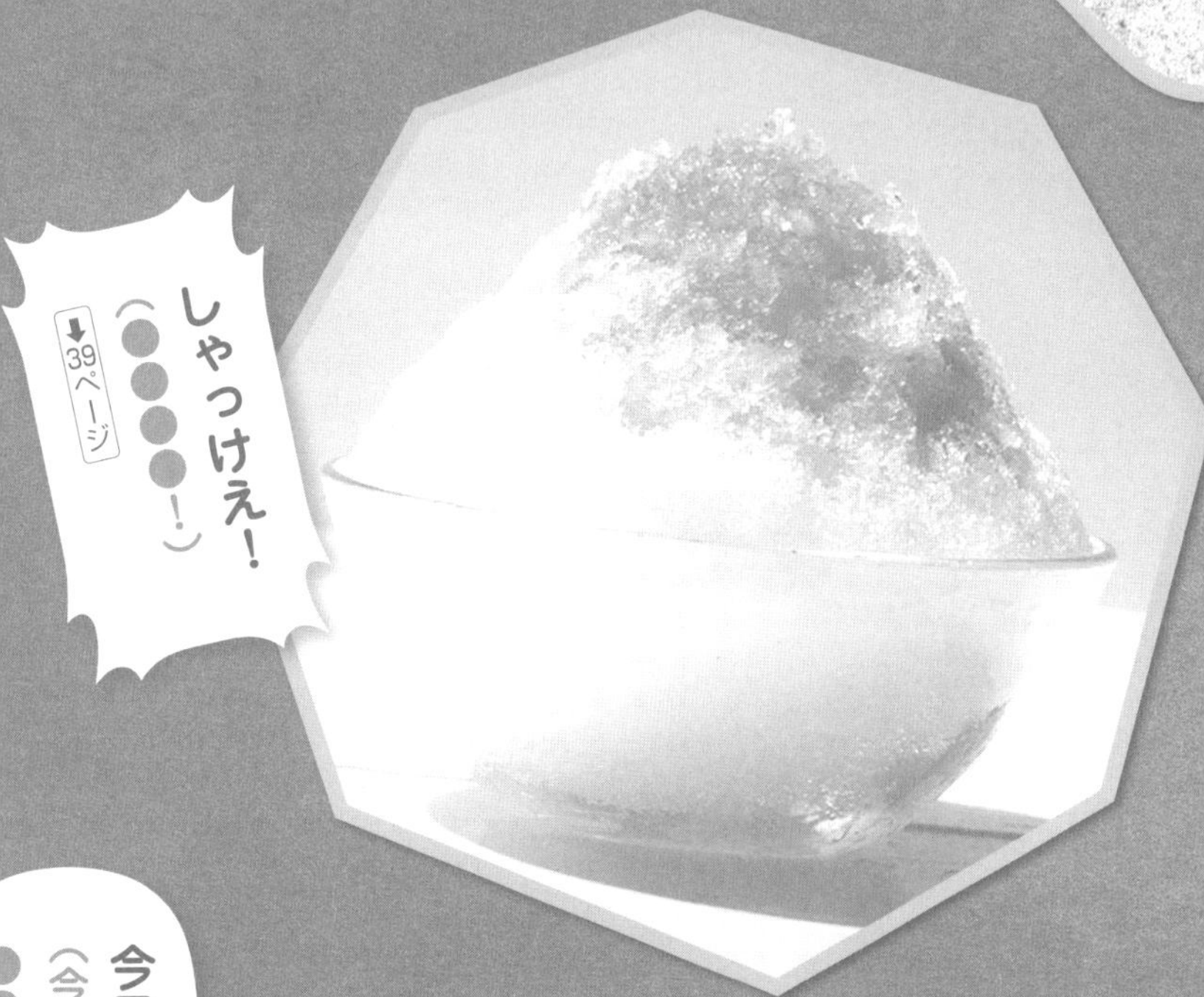

しゃっけえ！（●●●●！）
↓39ページ

このりんご、みそだ。（このりんご、●●●●だ。）
↓47ページ

今日はしみるねー。（今日は●●●●●●●●ねー。）
↓73ページ

都道府県別

写真で読み解く

方言大辞典

監修 大西拓一郎（国立国語研究所 教授）

おじゃりやれ！

東京都　八丈島

写真で読み解《と》く 都道府県別《とどうふけんべつ》 方言大辞典《だいじてん》 目次

監修《かんしゅう》のことば

方言は、地域《ちいき》によることばのちがいです。旅行先で地元の人どうしの会話を聞いて、また、ちがう都道府県《とどうふけん》から引《ひ》っ越《こ》してきた転校生と話していて、「あれっ？ 自分とは話し方がちがう。」とか、「知らないことばを使っている。」と思ったことはありませんか。あなたの感じたそのちがいが、まさに方言なのです。

あなた自身や身のまわりの人たちも、方言を話しているはずです。それは何とよばれる方言でしょうか。同じ都道府県《とどうふけん》でも、地域《ちいき》によって方言は異《こと》なります。自分のくらす地域《ちいき》の方言のことばや特徴《とくちょう》を、この本で調べてみましょう。

また、自分がくらす地域《ちいき》とはべつの地域《ちいき》の方言にも、目を向けてみてください。自分の話している方言とどんな共通点《きょうつうてん》があり、どんなちがいがあるでしょうか。ことばだけでなく、発音やアクセント、文法《ぶんぽう》のちがいにも注目してみましょう。「おもしろい言い方だな」、「聞いたことのないことばだな」と思うだけですませず、この本を開いて方言について調べたり、じっくり考えたりするとよいと思います。そして「なるほど、ことばにはこんなしくみがあって、このちがいが方言なんだ。」と気づけば、それは方言博士《はかせ》への第一歩です。

この本には、各都道府県《かくとどうふけん》の方言がすてきな写真とともにのっています。おいしそうな食べ物、きれいな景色《けしき》、はなやかな祭りのようす……。あの都道府県《とどうふけん》に行ったら、こんな景色《けしき》にこんなことば、と想像《そうぞう》をふくらませながらページをめくるのも楽しいですよ。

国立国語研究所 教授
大西拓一郎

この辞典《じてん》の使い方

この本は、四十七都道府県《とどうふけん》の方言について解説《かいせつ》した辞典《じてん》です。各《かく》方言を「発音」、「アクセント」、「文法《ぶんぽう》」、「ことば（単語《たんご》）」の四項目《こうもく》に分けて、くわしく解説《かいせつ》するとともに、それぞれの方言が話されている地域《ちいき》の紹介《しょうかい》を掲載《けいさい》しています。

方言とはどんなものか、どのようにしてできたのかといった方言全体の概要《がいよう》を解説《かいせつ》するページ（P.6〜17）のほか、方言のたどった歴史《れきし》や将来《しょうらい》のあり方について解説《かいせつ》したページ（P.129）、この本で紹介《しょうかい》した方言の一覧《いちらん》（P.130〜131）、方言と深いかかわりのある昔の地域《ちいき》区分をしめした地図（P.132〜133）、自分で方言について調べるときに役立つページ（P.134〜137）があります。また、探《さが》したい方言やことば、用語があるときは、さくいん（P.138〜143）を引くとべんりです。

『第二章 都道府県《とどうふけん》別《べつ》 方言辞典《じてん》』の見方

高知県
県内の主な方言
高知県の方言は、県の東部から中部にかけて話されている高知方言と、県の西部で話されている幡多《はた》方言の二つに分けることができます。
二つの方言の大きなちがいはアクセントです。幡多《はた》方言には、北の愛媛県《えひめけん》の宇和島《うわじま》方言（↓P.108）との共通点がみられます。
発音の特徴
「じ」と「ぢ」、「ず」と「づ」は共通語《きょうつうご》では区別《くべつ》しないで発音しますが、高知県では「ぢ」を「でぃ」、「づ」を「でゅ」と発音し、区別《くべつ》があります。これは平安時代の発音のしかたが残《のこ》ったものだとされます。
「し」が「い」になることがあり、「どうした」は「どういた」と発音されます。
どういた？
（どうした？）
アクセントの特徴
↓P.13
高知方言はおおむね京阪式《けいはんしき》アクセント、幡多《はた》方言は東京式アクセントです。
高知県で水あげされたかつお。高知県のかつおの年間消費量は全国有数で、県の魚にもなっている。
●幡多《はた》方言
土佐清水市や四万十市など、西部の幡多地域で話されている。西部を流れる四万十川は、四国地方でもっとも長い川で、「最後の清流」として知られる。土佐清水市はかつおの水あげで有名。
瀬戸内海
徳島県
四国山地
愛媛県
高知方言
高知市
安芸市
幡多方言
四万十川
四万十市
土佐清水市
太平洋
方言が話されている地域
●高知方言
高知市や安芸市など、県の東部から中部にかけて話されている。中部の高知平野にある高知市は、江戸時代に高知県を支配した土佐藩の城下町として発展した。江戸時代末期から明治時代にかけて活躍した坂本龍馬や板垣退助らの出身地として知られる。東部は山地で、林業やゆずの栽培などがさかん。

高知県東部の特産品、ゆず。

高知市で毎年8月に開かれる「よさこい祭り」。鳴子という楽器を鳴らしながら、「よさこい鳴子踊り」という音楽に合わせておどる。

高知市の桂浜公園にある坂本龍馬像。

110

都道府県《とどうふけん》

二章では、四十七都道府県《とどうふけん》の方言を紹介《しょうかい》しています。都道府県《とどうふけん》の名前の下には、その都道府県《とどうふけん》の位置《いち》に色をつけた日本地図があります。

都道府県内《とどうふけんない》の主な方言

その都道府県《とどうふけん》で話されている主な方言を紹介《しょうかい》し、どのような特徴《とくちょう》があるのかを解説《かいせつ》しています。都道府県《とどうふけん》全体としての特徴《とくちょう》や、周辺《しゅうへん》の地域《ちいき》などとのかかわりも紹介《しょうかい》しています。

発音の特徴《とくちょう》

方言によって、共通語《きょうつうご》とはことばの発音のしかたが異《こと》なる場合があります。ここでは各《かく》方言の、発音の特徴《とくちょう》をいくつか紹介《しょうかい》しています。

方言が話されている地域《ちいき》

その都道府県《とどうふけん》で話されている方言が、それぞれどこで話されているのか、その地域《ちいき》はどんなところなのか、地図や写真とともに紹介《しょうかい》しています。

地図を見ると、解説《かいせつ》に登場する区市町村がどこにあるか、また、山や川、平野などの地形がわかります。

アクセントの特徴《とくちょう》

アクセントには、いくつかの型《かた》があります（↓P.13）。各《かく》方言のアクセントが、どの型《かた》にふくまれるのかをしめしています。

声に出してみよう!!

いくつかの都道府県《とどうふけん》のページには、「雨」、「歌う」、「高い」ということばについて、アクセントが目で見てわかるようにしめした「声に出してみよう!!」のコーナーをもうけています。ほかより高い位置《いち》にある音にアクセントがあり、高い音で発音します。実際《じっさい》に声に出して、アクセントのちがいを感じてみましょう。

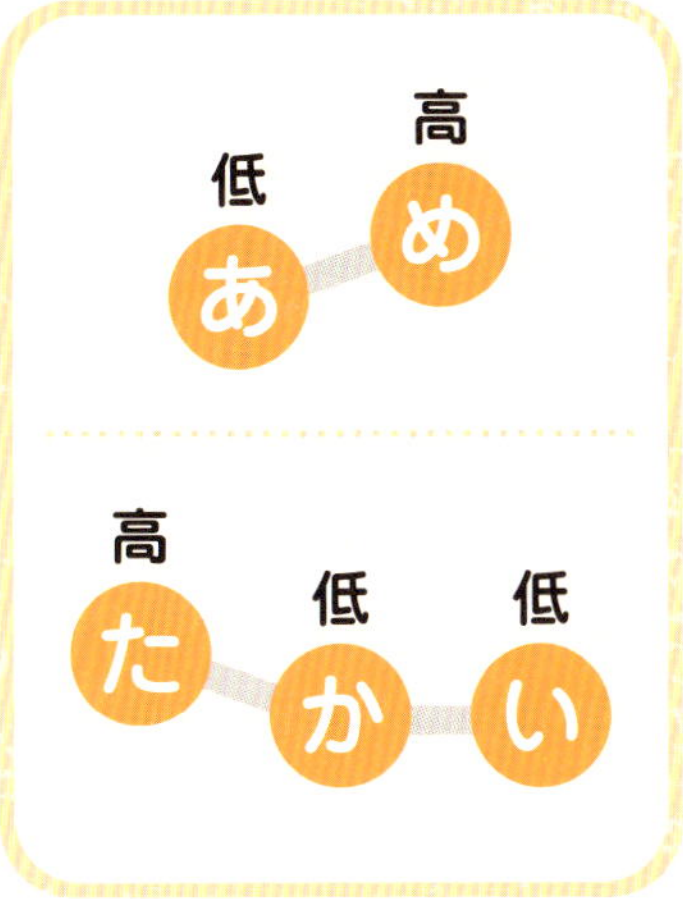

声に出してみよう!!

［高知市《こうちし》］

雨　あ　め

歌う　う　た　う

高い　た　か　い

文法の特徴

文章の終わりによく「がや」や「ぞね」、「ちや」をつけます。いずれも「～だよ」、「～だね」という意味です。たとえば「そうながや。（そんなんだね。）」のように言います。また、「もの」や「こと」にあたる「の」を「が」と言います。「赤いがが好《す》きや。」は「赤いのが好《す》きだ。」という意味です。

なにかを禁止《きんし》するときには、「行かれん（行ってはいけない）」、「せられん（してはいけない）」のように動詞《どうし》に「れん」や「られん」をつけます。これは徳島県《とくしまけん》や愛媛県《えひめけん》と同じ特徴《とくちょう》です。

理由をしめす「～から」は、高知方言は「～き」、幡多《はた》方言は「～けん」、「～けに」であらわします。

共通語　雨が降《ふ》っているから

高知方言　雨が降《ふ》りゆうき

幡多方言　雨が降《ふ》りようけん

ことばの例

高知県の郷土《きょうど》料理《りょうり》、かつおのたたき。かつおを直火であぶって厚《あつ》めに切り、塩《しお》をふったあと、たたいて味をなじませる。

こじゃんと　高知県　島根県・香川県

意味　見事に。すごく。たくさん。きちんと。

これ食べてみいや。こじゃんとうまいき！（これを食べてみてよ。すごくおいしいから！）

たまるか　高知県

意味　おや。まあ。申し訳《わけ》ない。ありがとう。

解説　「たまらない」がもとになったことば。おどろいたときに、思わず口にする。また、「そんなに親切にしてもらっては、たまらない」という気持ちをこめて、感謝《かんしゃ》を伝《つた》えるときにも使う。

のーがわるい　高知県　徳島県

意味　道具などの調子が悪い。具合が悪い。

解説　「のー」は能力《のうりょく》の「能《のう》」で、人にも物にも言う。

朝からのーがわるい……。（朝から調子が悪い……。）

ふとる　高知県　北陸地方・広島県・四国地方・熊本県など

意味　成長《せいちょう》する。大きくなる。

例文　いつのまにかふとったねー。（いつのまにか成長《せいちょう》したね。）

へんしも　高知県

意味　急いで。すぐに。

解説　「ほんのすこしの間」を意味する「片時《かたとき》も」が変化《へんか》したことば。「ざんじ」ということばも使われる。

へんしも来てやー。（早く来てよね。）

ごめんちや！ざんじ行くきね！（ごめんね！すぐに行くからね！）

高知市や安芸市《あきし》などでつくられている伝統工芸《でんとうこうげい》品《ひん》、土佐《とさ》打刃物《うちはもの》。森林が多い高知県では、古くから林業などに使う刃物《はもの》がさかんにつくられていた。江戸《えど》時代に土佐藩のもとで技術《ぎじゅつ》がみがかれ、現在《げんざい》もさまざまな刃物《はもの》がつくられている。

写真提供：西村卓

りぐる　高知県

意味　念《ねん》を入れてする。こだわる。理屈《りくつ》を言う。

この包丁《ほうちょう》、まっことりぐっちゅうねー。（この包丁《ほうちょう》、本当にこだわってつくっているねえ。）

111

文法《ぶんぽう》の特徴《とくちょう》

方言によって、文法《ぶんぽう》も異《こと》なります。ここでは各《かく》方言の語尾《ごび》や動詞《どうし》の変化《へんか》のしかた、共通語《きょうつうご》にはない助詞《じょし》など、文法《ぶんぽう》の特徴《とくちょう》をいくつか紹介《しょうかい》しています。

ことばの例《れい》

その都道府県《とどうふけん》で使われている方言のことば（単語《たんご》）をいくつか取り上げ、意味や解説《かいせつ》、例文《れいぶん》を掲載《けいさい》しています。

そのことばが使われている都道府県内《とどうふけんない》の地域《ちいき》をしめしています。その都道府《とどうふ》県《けん》以外《いがい》でも使われていることばは、使われている地方や都道府県《とどうふけん》を掲載《けいさい》しています。

例文《れいぶん》のあとには、共通語《きょうつうご》の訳《やく》をつけています。

時代区分について

この辞典《じてん》では、左のように時代区分を定義《ていぎ》しています。

時代	期間
奈良《なら》時代	七一〇～七九四年
平安時代	七九四～一一八五年
鎌倉《かまくら》時代	一一八五～一三三三年
室町《むろまち》時代	一三三八～一五七三年
安土桃山《あづちももやま》時代	一五七三～一六〇三年
江戸《えど》時代	一六〇三～一八六八年
明治《めいじ》時代	一八六八～一九一二年
大正時代	一九一二～一九二六年
昭和時代	一九二六～一九八九年

方言って何だろう？

ある地域《ちいき》で話されている独特《どくとく》のことばを、方言といいます。日本にはたくさんの方言があり、それぞれに豊《ゆた》かなことばの世界が広がっています。

●地域《ちいき》によって異《こと》なることば

日本では北海道から沖縄県《おきなわけん》まで、多くの人が日本語を話しています。しかし、みんながまったく同じように話しているわけではありません。たとえば「片《かた》づける」を関《かん》東《とう》地方では「かたす」と言いますが、近畿《きんき》地方や九州地方では「なおす」と言います。「とうもろこし」は北海道や九州地方では「とーきび」、長野県や山梨県《やまなしけん》では「もろこし」、近畿《きんき》地方では「なんば」や「なんばん」などとよばれています。

共通語《きょうつうご》
とうもろこし
なんばん
もろこし
とーきび

このような、その地域《ちいき》で使われている独《どく》特《とく》の単語《たんご》を「方言」とよびます。しかし、地域《ちいき》によって異《こと》なるのは単語《たんご》だけではありません。発音やアクセント、文法《ぶんぽう》なども地《ち》域《いき》によって異《こと》なります。たとえば東京都では「橋」は前の「は」を低《ひく》く、「し」を高く発音しますが、京都府《きょうとふ》では「は」を高く、「し」を低《ひく》く発音します。

東京都
し
は
京都府《きょうとふ》
は
し

こうした発音やアクセント、文法《ぶんぽう》、単語《たんご》など、すべてをふくめ、ある地域《ちいき》で話されていることばのことも「方言」と言います。私《わたし》たちが「大阪弁《おおさかべん》」や「博多弁《はかたべん》」のような「●●弁《べん》」とよぶことばのことです。

青森県
めぐせ
（はずかしい）
富山県《とやまけん》
きときと
（新鮮《しんせん》な）
北海道
しばれる
（寒い）
茨城県《いばらきけん》
えぎっぽあがる
（元気が出る）
岐阜県《ぎふけん》
ケッタマシーン
（自転車）

共通語《きょうつうご》との使い分け

方言はその地域《ちいき》独特《どくとく》のことばなので、ほかの地域《ちいき》の人には通じないことがあります。異《こと》なる方言を話す人どうしでも会話ができるよう、使われているのが共通語《きょうつうご》です。全国のどこでも、だれにでも通じることばで、東京都中心部のことばがもとになっています。多くの人が地元の人と話すときには方言、ほかの地域《ちいき》の人と話すときには共通語《きょうつうご》というように、二つを使い分けています。

標準語《ひょうじゅんご》とよばれる、公の場や改《あらた》まった場で使うことばもあります。「理想的《りそうてき》な日本語」とされ、こちらも東京都中心部のことばがもとになっています。共通語《きょうつうご》と同じ意味で使われることもあります。

共通語《きょうつうご》
今朝は本当に寒いですね。
方言
今朝はしみるねー。

なぜ方言を学ぶの？

共通語《きょうつうご》の広まりや、方言を矯正《きょうせい》しようとした昔の政策《せいさく》（→P.129）の影響《えいきょう》などにより、方言は以前《いぜん》ほど使われなくなっています。しかし、私《わたし》たち人間にとって、ことばはコミュニケーションの基本《きほん》です。人はことばによって自分の考えや知識《ちしき》、感情《かんじょう》などを表現《ひょうげん》し、相手の考えや気持ちをくみとることで社会を築《きず》いてきました。異《こと》なる地域《ちいき》の人と話すために共通語《きょうつうご》はかかせないものですが、長いあいだ地域《ちいき》の人々《ひとびと》の心をつなげ、くらしを支《ささ》えてきたのは方言です。

方言

方言には、その地域《ちいき》の歴史《れきし》や文化などが反映《はんえい》され、ものの感じ方、考え方とも強くつながっています。自分がくらす地域《ちいき》の方言を学ぶことは、ことばの豊《ゆた》かさにふれ、地域《ちいき》の自然《しぜん》や歴史《れきし》、習慣《しゅうかん》、文化などを学ぶことにつながります。また、ほかの地域《ちいき》の方言を知ることで、自分たちとは異《こと》なる世界の感じ方、考え方にふれることもできます。豊《ゆた》かな方言の世界を、いっしょにのぞいてみましょう。

京都府《きょうとふ》
かんにんえ
（ごめんなさい）
香川県《かがわけん》
おなかがおきる
（満腹《まんぷく》になる）
大分県《おおいたけん》
しんけん
（一生懸命《いっしょうけんめい》）
沖縄県《おきなわけん》
なんくるないさー
（心配ないよ）

方言はどのようにしてできたの？

方言は地形や気候《きこう》、昔の地域《ちいき》区分、人や物の移動《いどう》など、さまざまな影響《えいきょう》を受けて変化《へんか》し、いまのようなすがたになりました。方言が生まれ、広がるうえで、どんなことがかかわってきたのか、見ていきましょう。

ことばは変化《へんか》するもの

方言が生まれた理由のひとつとして、ことばに「人々《ひとびと》が使うなかで、少しずつ変化《へんか》していく」という特徴《とくちょう》があることがあげられます。

たとえば北海道・東北地方で「かわいい」を意味する「めんこい（めごい、めんけぇ）」という方言は、「愛《いと》おしい」という意味をもつ「めぐし」が変化《へんか》したものだと考えられています。「めぐし」は、いまから一三〇〇年ほど前の奈良《なら》時代に、都だった奈良《なら》で使われていたとされる古いことばです。それが、音や意味が少しずつ変化《へんか》しながら、いままで使われ続《つづ》けてきました。

単語《たんご》だけでなく、発音やアクセント、文法《ぶんぽう》などをふくめ、私《わたし》たちがいま話していることばは、昔から同じだったわけではありません。日々《ひび》の会話を通じて、また、次の世代やほかの地域《ちいき》へ伝《つた》わるなかで、変化《へんか》してきたものなのです。

地域《ちいき》ごとに変化《へんか》していったことば

長いあいだ、人々《ひとびと》の交通手段《しゅだん》は歩きや馬、かごなどにかぎられ、遠くへ行くにはとても時間がかかりました。電話やテレビ、インターネットもなく、自分が生まれた地域《ちいき》を離《はな》れることも、遠い地域《ちいき》の人と話す機会《きかい》も、多くはありませんでした。こうして地域《ちいき》でまとまってくらすあいだに、各地《かくち》のことばは地域《ちいき》ごとに変化《へんか》し、ちがう特徴《とくちょう》をもつようになりました。これが方言です。

山や川がことばの境目《さかいめ》になる

それぞれの地域《ちいき》が生まれるうえで、方言に大きな影響《えいきょう》をあたえてきたのは地形です。徒歩《とほ》や馬などで行き来をしていた時代には、高い山や広い川があると、その向こうに気軽に行くことはできませんでした。人々《ひとびと》の交流が限《かぎ》られていたことから、高い山や広い川をはさんだ地域《ちいき》どうしでは、ことばの特徴《とくちょう》にちがいがみられます。

自然《しぜん》や気候《きこう》の影響《えいきょう》

自然《しぜん》や気候《きこう》も、ことばに大きな影響《えいきょう》をあたえます。そこにくらす人々《ひとびと》のくらしや、ものの考え方と強く結《むす》びついているからです。たとえば寒さで手足などが赤くはれる「しもやけ」は、日本海側《がわ》の雪が多い地域《ちいき》では「ゆきやけ」とよばれていました。一方、冬でもあたたかく、しもやけになることがない沖縄県《おきなわけん》には、もともと「しもやけ」を指すことばはありませんでした。

昔の地域《ちいき》区分で分かれる方言

昔の地域《ちいき》区分も影響《えいきょう》をあたえています。日本では長いあいだ、全国を信濃国《しなののくに》（現在《げんざい》の長野県）や近江国《おうみのくに》（同滋賀県《しがけん》）といった「国」に分けて各地《かくち》をおさめていました（P.132）。いまの県境《けんざかい》とおおむね範囲《はんい》が一致《いっち》する都道府県《とどうふけん》もありますが、上総国《かずさのくに》、下総国《しもうさのくに》、安房国《あわのくに》に分かれていた千葉県のように、もとは複数《ふくすう》の国に分かれていた都道府県《とどうふけん》もあります。この国の区分が、方言の区分になっている地域《ちいき》もあります。

また、江戸《えど》時代には「国」の区分は残《のこ》っていたものの、全国に三百ほどの藩《はん》が置《お》かれ、大名《だいみょう》とよばれる有力な武士《ぶし》によってそれぞれの領地《りょうち》がおさめられました。藩《はん》と藩《はん》の境《さかい》には関所《せきしょ》を置《お》き､行き来を取りしまるなどしていたことから、ちがう藩《はん》の人との交流はかぎられていました。この藩《はん》の領域《りょういき》も、方言の区分に大きな影響《えいきょう》をあたえています。たとえば青森県で話されている津軽《つがる》方言と南部方言の境《さかい》は、江戸《えど》時代の津軽藩《つがるはん》と南部藩《なんぶはん》の藩境《はんざかい》と同じです（→P.36）。

人や物の行き来が変化《へんか》のきっかけに

昔、都《みやこ》があった京都へ食べ物をおさめていた現在《げんざい》の福井県《ふくいけん》南部の方言には、京都のことばと共通《きょうつう》する特徴《とくちょう》がみられます。このようなほかの地域《ちいき》の人との交流も､方言に影響《えいきょう》をあたえます。

江戸《えど》時代には、東海道《とうかいどう》*1をはじめとする街道《かいどう》や水運が整備《せいび》されたほか、北前船《きたまえぶね》*2などによる交易《こうえき》もさかんになり、それまでより人や物の行き来が増《ふ》えました。また、「国替《くにが》え」と言って、藩《はん》の領地《りょうち》がべつの場所に移《うつ》され、大名《だいみょう》やその家臣《かしん》が大人数で遠くへ移住《いじゅう》することもありました。この時代の人や物の行き来の影響《えいきょう》を受けている方言も、多くみられます。

*1 東海道《とうかいどう》…江戸《えど》時代に整備《せいび》された、江戸《えど》（現在《げんざい》の東京都中心部）と京都をむすぶ街道《かいどう》。
*2 北前船《きたまえぶね》…江戸《えど》時代半ばから明治《めいじ》時代にかけて、大坂（大阪《おおさか》）と北海道を行き来した船。瀬戸内海《せとないかい》・日本海沿岸《えんがん》の各地《かくち》に寄港《きこう》し、積《つ》み荷《に》を売り買いしながら航行《こうこう》した。

日本の方言はいくつに分けられるの？

方言は「都道府県《とどうふけん》ごとにひとつ」というような、単純《たんじゅん》な分かれ方はしていません。分け方にさまざまな考え方があり、決まった数はありませんが、本土については大きく三つに分ける方法《ほうほう》がよく知られています。

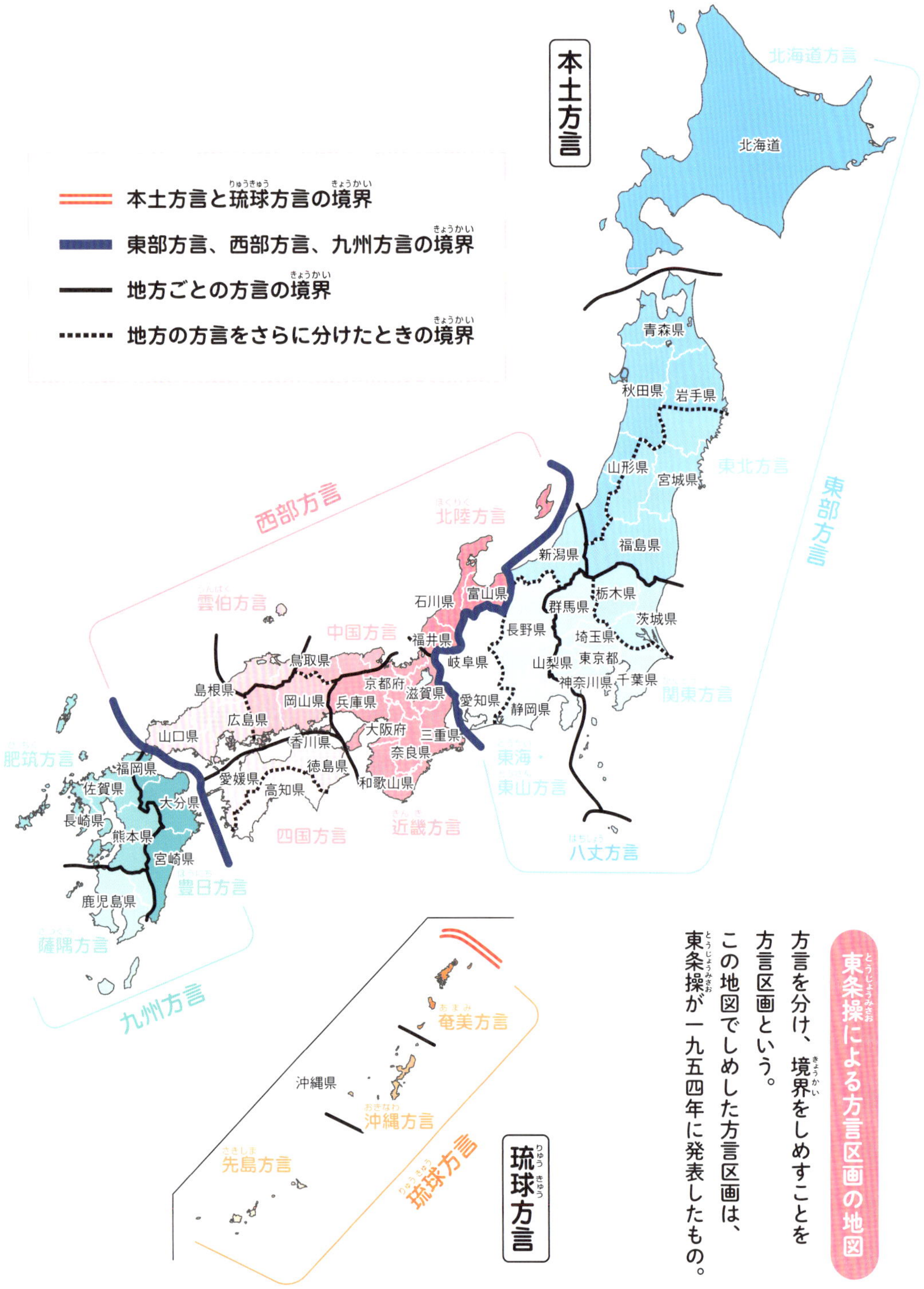
本土方言
本土方言と琉球《りゅうきゅう》方言の境界《きょうかい》
東部方言、西部方言、九州方言の境界《きょうかい》
地方ごとの方言の境界《きょうかい》
地方の方言をさらに分けたときの境界《きょうかい》
北海道方言
北海道
青森県
秋田県
岩手県
山形県
宮城県
東北方言
東部方言
新潟県
福島県
栃木県
群馬県
茨城県
長野県
埼玉県
東京都
山梨県
神奈川県
千葉県
関東方言
静岡県
東海・東山方言
八丈《はちじょう》方言
西部方言
北陸《ほくりく》方言
雲伯方言
中国方言
石川県
富山県
福井県
岐阜県
鳥取県
島根県
京都府
滋賀県
岡山県
兵庫県
愛知県
広島県
山口県
大阪府
三重県
香川県
奈良県
徳島県
愛媛県
和歌山県
高知県
四国方言
近畿方言
肥筑方言
福岡県
佐賀県
大分県
長崎県
熊本県
宮崎県
豊日方言
鹿児島県
薩隅方言
九州方言
奄美《あまみ》方言
沖縄県
沖縄《おきなわ》方言
先島《さきしま》方言
琉球方言
琉球《りゅうきゅう》方言

東条操《とうじょうみさお》による方言区画の地図

方言を分け、境界《きょうかい》をしめすことを方言区画という。この地図でしめした方言区画は、東条操《とうじょうみさお》が一九五四年に発表したもの。

大きく本土と沖縄県《おきなわけん》で分かれる

日本語の方言は、最《もっと》も大きく分けた場合、北海道から九州地方までの本土で話されている本土方言と、沖縄県《おきなわけん》で話されている琉球《りゅうきゅう》方言の二つに分けることができます。この二つは、かなり古い時代に分かれたとされています。

本土を東西と九州地方に分ける方法《ほうほう》

本土方言のより細かい分け方については、多くの考え方があります。よく知られているのは、昭和時代に東条操《とうじょうみさお》という言語学者がしめした方法《ほうほう》です。東条《とうじょう》は本土方言を東部方言と西部方言、九州方言の三つに分けました。東部方言と西部方言の境目《さかいめ》は、佐渡島《さどしま》をのぞく新潟県《にいがたけん》、岐阜県《ぎふけん》、愛知県《あいちけん》の西の県境《けんざかい》になっています。

方言の東西を分ける糸魚川《いといがわ》・浜名湖線《はまなこせん》

東条操《とうじょうみさお》の分け方以外に日本の方言の東西の境目《さかいめ》として知られているのが、新潟県《にいがたけん》糸魚川市《いといがわし》と静岡県《しずおかけん》の浜名湖《はまなこ》をむすんだ「糸魚川《いといがわ》・浜名湖線《はまなこせん》」（下図参照《さんしょう》）です。糸魚川市《いといがわし》の西端《せいたん》には「親不知《おやしらず》・子不知《こしらず》」とよばれる断崖《だんがい》があります。その南の長野県と岐阜県《ぎふけん》の県境《けんざかい》には、日本アルプス*の高い山々《やまやま》がそびえています。静岡県《しずおかけん》の西側《にしがわ》には天竜川《てんりゅうがわ》という大きな川が流れ、日本で三番目に大きな湖、浜名湖《はまなこ》があります。交通が発達《はったつ》してしなかった時代には行き来がしづらかったことから、東西の方言や、文化の境目《さかいめ》となっています。

都道府県《とどうふけん》のなかでもちがいがある

東部方言は、さらに東北方言や関東《かんとう》方言などの地方ごとに分けられます。その東北方言は北と南の二つに分かれ、ここから青森県の津軽《つがる》方言、南部《なんぶ》方言、下北《しもきた》方言というように、より細かく分かれていきます。これらの区分も分け方によって変《か》わるため、正解《せいかい》があるわけではありません。この本では、もっともよく知られている分け方を中心に紹介《しょうかい》しています。巻末《かんまつ》の資料《しりょう》ページには、この本で紹介《しょうかい》している方言の一覧《いちらん》を掲載《けいさい》しています（↓P. 130）。

方言の東西を分ける糸魚川《いといがわ》・浜名湖線《はまなこせん》

新潟県《にいがたけん》糸魚川市《いといがわし》と静岡県《しずおかけん》の浜名湖《はまなこ》をむすんだ線の周辺《しゅうへん》には、がけや高い山々《やまやま》、大きな川や湖がある。行き来がしづらかったことから、東西の文化や方言の境《さかい》となっている。

飛騨山脈《ひださんみゃく》の山々《やまやま》。三千メートル級の高い山が連《つら》なる。

新潟県《にいがたけん》糸魚川市《いといがわし》の西端《せいたん》にある、「親不知《おやしらず》・子不知《こしらず》」。

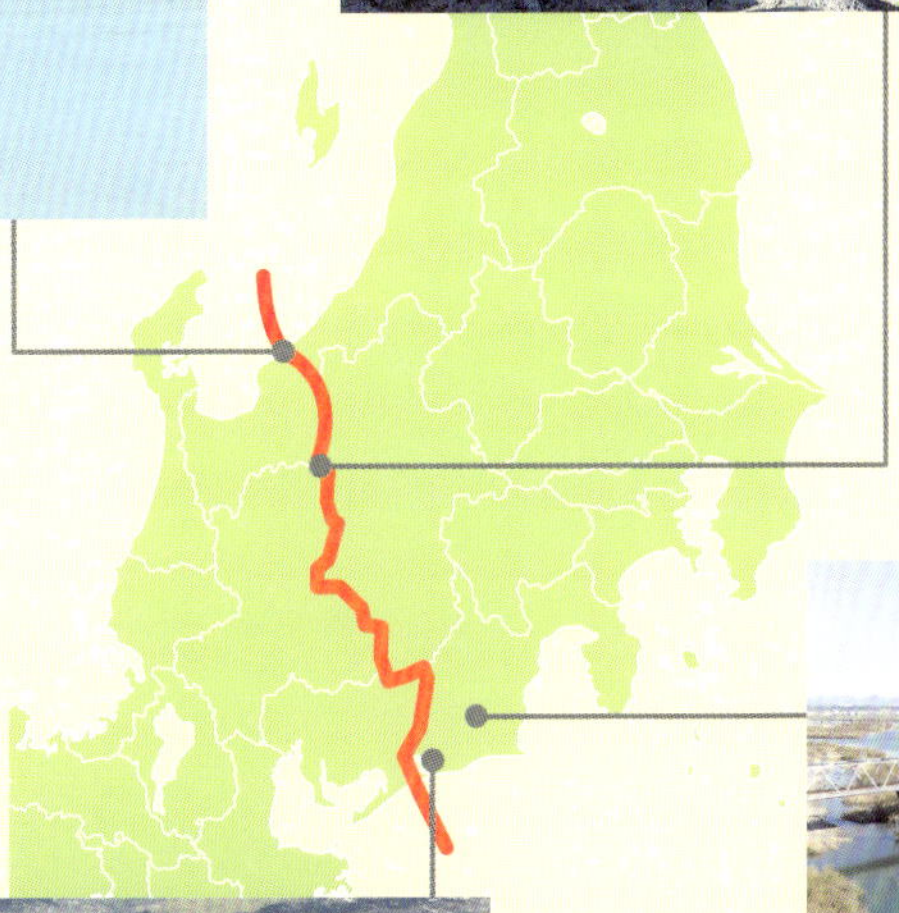

静岡県《しずおかけん》を流れる天竜川《てんりゅうがわ》。天竜川《てんりゅうがわ》は長野県から愛知県《あいちけん》、静岡県《しずおかけん》を経《へ》て、太平洋へ注ぐ一級河川《かせん》で、流れの速い急流として知られる。

浜名湖《はまなこ》。いまは橋や電車、道路で東西が結《むす》ばれているが、昔は船で渡《わた》っていた。

＊日本アルプス…中部地方にある飛騨山脈《ひださんみゃく》（北アルプス）、木曽山脈《きそさんみゃく》（中央アルプス）、赤石山脈《あかいしさんみゃく》（南アルプス）の三つの山脈《さんみゃく》を合わせて言うことば。

発音やアクセントがちがう！

同じ文章を音読しても、ちがう地域《ちいき》の人が読むと、まったくちがって聞こえることがありますね。それは発音のしかたやアクセント、イントネーションが方言によって異《こと》なるからです。

●声に出したときのちがい

方言のさまざまなちがいのうち、地域《ちいき》ごとに大きな特徴《とくちょう》があるのは発音やアクセントです。

自分の発音を気にしながら話すことは、なかなかありません。しかしだからこそ、ことばや文法《ぶんぽう》が共通語《きょうつうご》と同じでも、発音やアクセントは方言のままで話していることがよくあります。会話のなかで「あれ？ この人が話していることばは自分とはちがう。」と感じるのは、多くの場合、発音やアクセントなどの耳で聞いてわかるちがいがきっかけです。

●同じ日本語でも発音はさまざま

発音とは、単語《たんご》や文章などのことばを声に出すこと、また、その出し方のことです。発音のしかたは地域《ちいき》によって大きく異《こと》なります。

たとえば高知県や九州地方には、「じ」と「ぢ」、「ず」と「づ」という、いまの共通語《きょうつうご》では区別《くべつ》しないで発音している音を、区別《くべつ》して発音する地域《ちいき》があります。この発音のしかたは、平安時代と同じだといいます。昔の発音が受け継《つ》がれて、残《のこ》っているのです。

一方で北海道や東北地方、北陸《ほくりく》地方、鳥取県、島根県などには「す」と「し」、「じ」と「ず」、「ち」と「つ」の区別《くべつ》があいまいだったり、区別《くべつ》しなかったりする地域《ちいき》があります。「寿司《すし》」と書かれているのを見て、「すす」と発音したり、「しし」と発音したりするのです。

共通語《きょうつうご》
すし
すす
しし

●地域《ちいき》によるアクセントのちがい

アクセントは、単語《たんご》を発音するときに、どこを高く、どこを低《ひく》く発音するかという音の高さの決まりのことです。アクセントも、地域《ちいき》によって異《こと》なります。たとえば同じ「こんにちは」でも、東京都と大阪府《おおさかふ》でまったくちがって聞こえます。

大阪府
こんにちは
東京都
こんにちは

また、「雨」と「飴《あめ》」、「橋」と「箸《はし》」のような同音異義語《どうおんいぎご》は、会話ではアクセントによって区別《くべつ》をする場合もありますが、これらも地域《ちいき》によってアクセントが異《こと》なります。たとえば東京都のアクセントで「飴《あめ》」と言うと、大阪府《おおさかふ》の人は「雨」を思いうかべることになります。

東京都と大阪府《おおさかふ》のアクセントのちがいの例《れい》

大阪府《おおさかふ》
東京都
雨
あめ
あめ
飴《あめ》
あめ
あめ

おもなアクセントは三種類《しゅるい》

日本のアクセントは、いくつかのまとまりにわけることができます。東京都のアクセントに近い「東京式アクセント」、京都府《きょうとふ》や大阪府《おおさかふ》のアクセントに近い「京阪式《けいはん》アクセント」、そしてアクセントの型《かた》（ルール）がなく、単語《たんご》をアクセントで区別《くべつ》しない「無型《むけい》アクセント」です。多くの地域《ちいき》が、この三種類《しゅるい》のアクセントのいずれかにあてはまります。

ほかに、アクセントの型《かた》がひとつしかない「一型《いっけい》アクセント」、どれにもあてはまらない「特殊《とくしゅ》アクセント」があります。

無型《むけい》アクセントで話す人は、単語《たんご》をアクセントで区別《くべつ》することがないため、そのときどきで異《こと》なるアクセントで発音する。

イントネーションも地域《ちいき》で異《こと》なる

単語《たんご》だけで発音するときと、後ろに「は」や「を」、「が」などの助詞《じょし》がついたときでは、アクセントが変《か》わる場合があります。

また、単語《たんご》ごとではなく、文章全体でどこを高く、どこを低《ひく》く発音するかという決まりを、イントネーションと言います。イントネーションも、地域《ちいき》によって異《こと》なります。

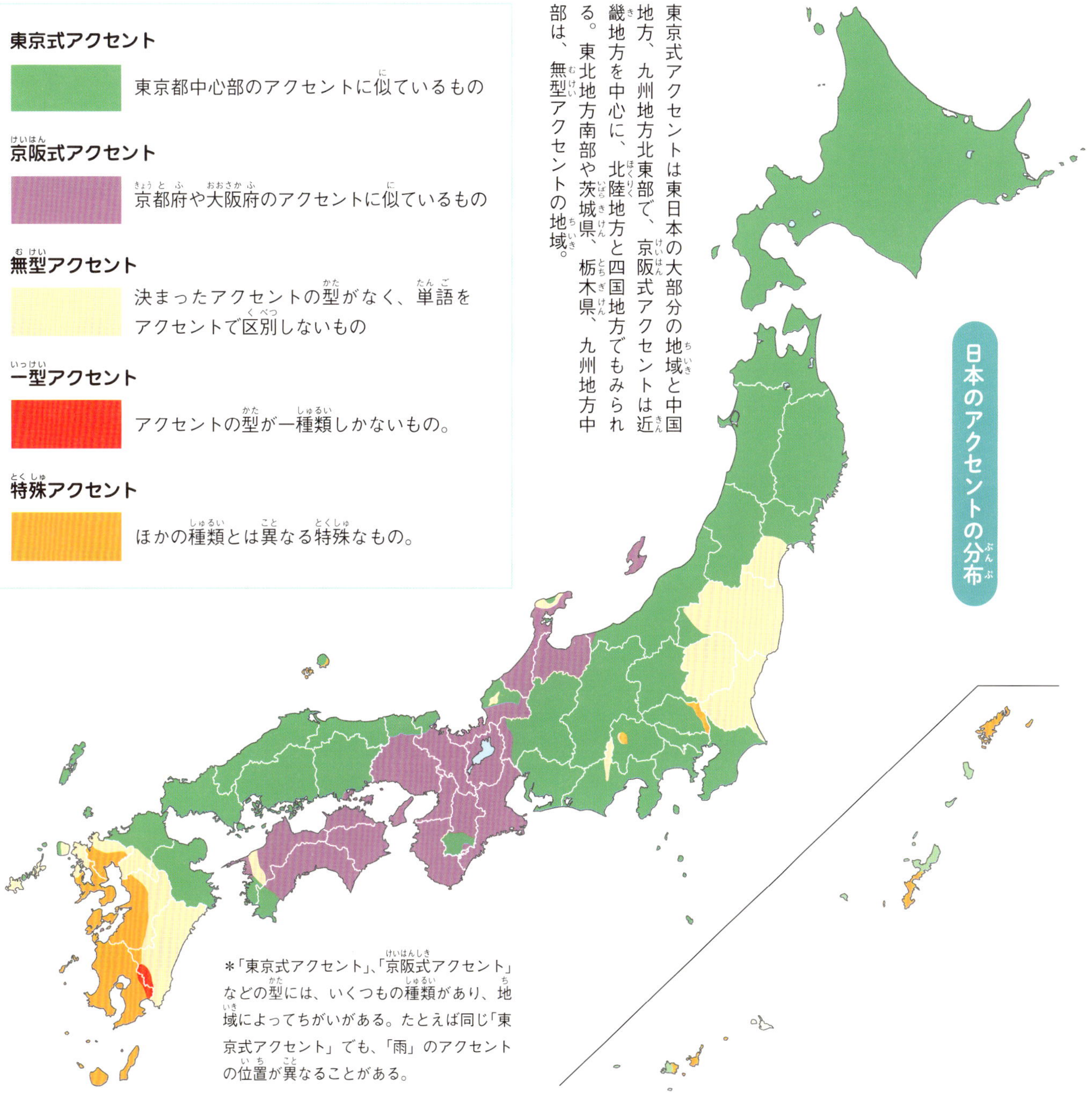

東京式アクセント

東京都中心部のアクセントに似《に》ているもの

京阪式《けいはん》アクセント

京都府《きょうとふ》や大阪府《おおさかふ》のアクセントに似《に》ているもの

無型《むけい》アクセント

決まったアクセントの型《かた》がなく、単語《たんご》をアクセントで区別《くべつ》しないもの

一型《いっけい》アクセント

アクセントの型《かた》が一種類《しゅるい》しかないもの。

特殊《とくしゅ》アクセント

ほかの種類《しゅるい》とは異《こと》なる特殊《とくしゅ》なもの。

東京式アクセントは東日本の大部分の地域《ちいき》と中国地方、九州地方北東部で、京阪式《けいはん》アクセントは近畿《きんき》地方を中心に、北陸《ほくりく》地方と四国地方でもみられる。東北地方南部や茨城県《いばらきけん》、栃木県《とちぎけん》、九州地方中部は、無型《むけい》アクセントの地域《ちいき》。

＊「東京式アクセント」、「京阪式《けいはんしき》アクセント」などの型《かた》には、いくつもの種類《しゅるい》があり、地域《ちいき》によってちがいがある。たとえば同じ「東京式アクセント」でも、「雨」のアクセントの位置《いち》が異《こと》なることがある。

ことばや文法《ぶんぽう》もちがう！

「方言」と聞いて思いうかぶのは、ことばのちがいかもしれません。実際《じっさい》に、同じものや動作でも、地域《ちいき》によってさまざまなよび方《かた》や表現《ひょうげん》があります。また、文法《ぶんぽう》も地域《ちいき》によって異《こと》なります。

身近なことばに生きる方言

私《わたし》たちは日々《ひび》、さまざまなことば（単語《たんご》）を使っています。共通語《きょうつうご》での言い方も全国に広まっていますが、地元の人どうしの日常的《にちじょうてき》な会話には、まだまだ方言が使われています。方言だと気がつかないくらい身近なことばもあります。反対に、身近でなくなった物や動作にかかわる方言は、使われなくなっていきます。

地域《ちいき》ごとに異《こと》なることば

どこで、どんな方言が使われているかをまとめた地図を「方言地図」と言います。下にしめしたのは、共通語《きょうつうご》の「捨《す》てる」の方言地図です。北海道や東北地方では「なげる」、関東《かんとう》地方では「うっちゃる」、近畿《きんき》地方では「ほーかす」というように、地方などのまとまりで同じ言い方をしていることがわかります。「ほる、ほーる」が石川県の一部や三重県《みえけん》、香川県《かがわけん》、徳島県《とくしま》などで使われているように、離《はな》れた地域《ちいき》で同じ言い方をしている場合もあります。

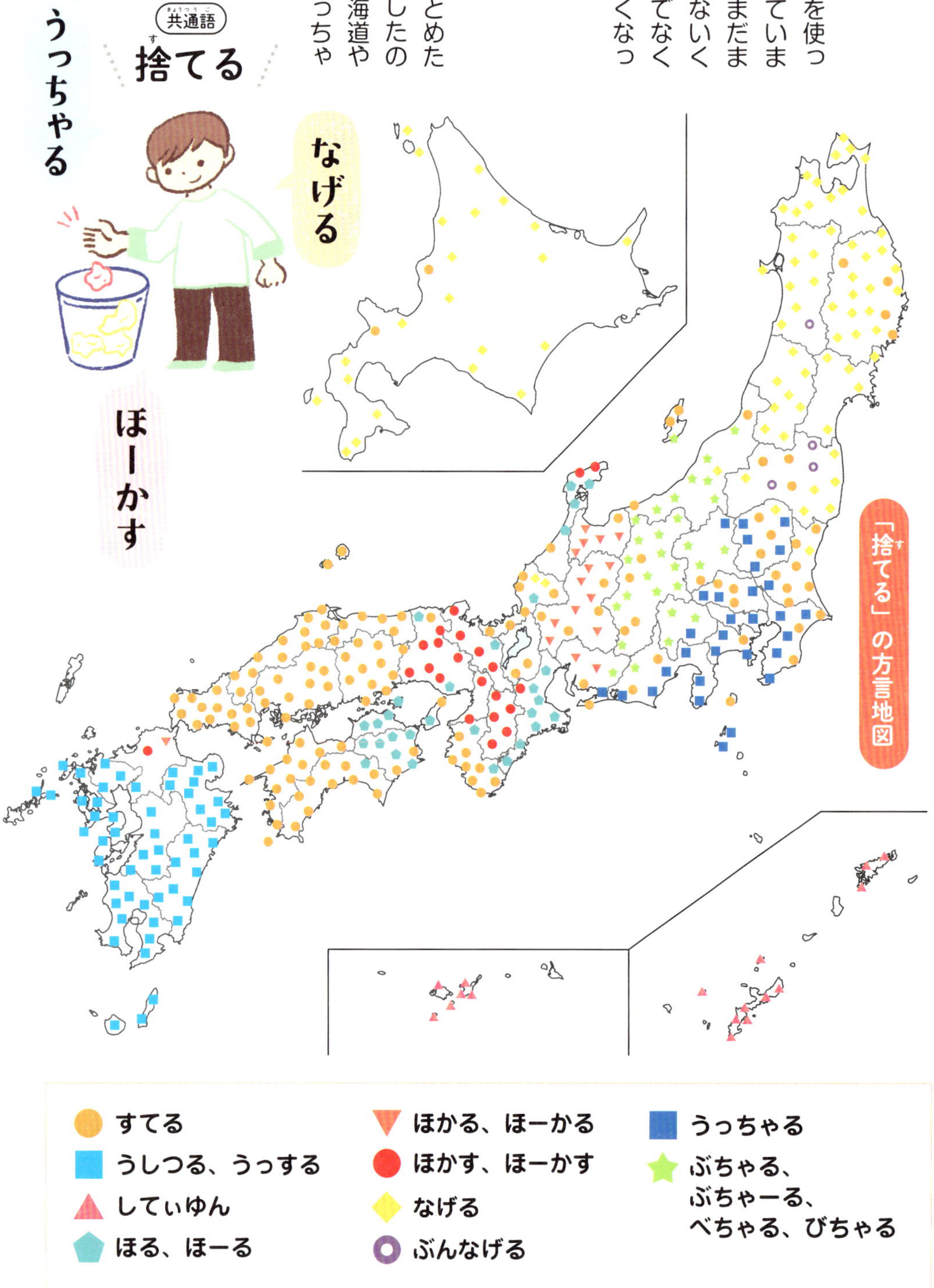
共通語《きょうつうご》
捨《す》てる
なげる
うっちゃる
ほーかす
「捨《す》てる」の方言地図
すてる
うしつる、うっする
してぃゆん
ほる、ほーる
ほかる、ほーかる
ほかす、ほーかす
なげる
ぶんなげる
うっちゃる
ぶちゃる、
ぶちゃーる、
べちゃる、びちゃる

共通語《きょうつうご》に存在《そんざい》しないことば

ことばのなかには、共通語《きょうつうご》にはないことばや表現《ひょうげん》もあります。たとえば石川県の「きんかんなまなま」は「雪道が凍《こお》りつき、つるつるになった状《じょう》態《たい》」をあらわします。これを一言であらわす共《きょう》通《つう》語《ご》はありません。石川県では毎年冬に「きんかんなまなま」になるからこそ、一言であらわすことばが生まれたのです。

また、北海道や青森県で使われる「あずましー」は「おだやかで心地よい」、「快適《かいてき》だ」、「落ち着く」などをあらわすことばで、「(時間にゆとりがあって) あずましい」、「(服の着心地がよくて) あずましい」、「(ゆっくり温泉《おんせん》につかって) あずましい」というように、はば広い場面で使います。「あずましー」以《い》外《がい》では表現《ひょうげん》できない感覚《かんかく》で、これも共通語《きょうつうご》で代わりになることばはありません。

茨城県《いばらきけん》の「来る」の変化《へんか》のしかた

共通語《きょうつうご》では「くる」の「く」の部分が、後ろにつく「ない」や「ます」などの語によって「こ」や「き」に変化《へんか》する。一方、茨城県《いばらきけん》の方言では基本《きほん》のかたちが「きる」で、「き」の部分は後ろにつく語が変《か》わっても「き」のまま変《か》わらない。

共通語《きょうつうご》	こない	きます	くる	くるとき	くれば	こい
茨城県《いばらきけん》	きない	きます	きる	きるとき	きれば	きろ

文章の決まりも異《こと》なる

文章をつくるときの決まりを文法《ぶんぽう》と言います。文《ぶん》法《ぽう》も方言によってさまざまに異《こと》なります。

たとえば「行く」、「書く」のような動詞《どうし》は、「活用」といって、後ろにつく語によって語尾《ごび》(ことばの最後《さいご》の部分) が変化《へんか》します。活用には種類《しゅるい》があり、どの動詞《どうし》が、どう活用するか決まっています。この活用のしかたも、方言によって共通語《きょうつうご》と異《こと》なる場合があります。たとえば茨城県《いばらきけん》では「来る」という動詞《どうし》の活用のしかたが共通語《きょうつうご》とは大きく異《こと》なります。

また、推量《すいりょう》をしめす「〜だろう」、打ち消す「〜ない」、断定《だんてい》する「〜だ」など、動詞《どうし》や形容詞《けいようし》などのあとにつけて意味を添《そ》えることば(助動詞《じょどうし》)も、方言によってさまざまです。

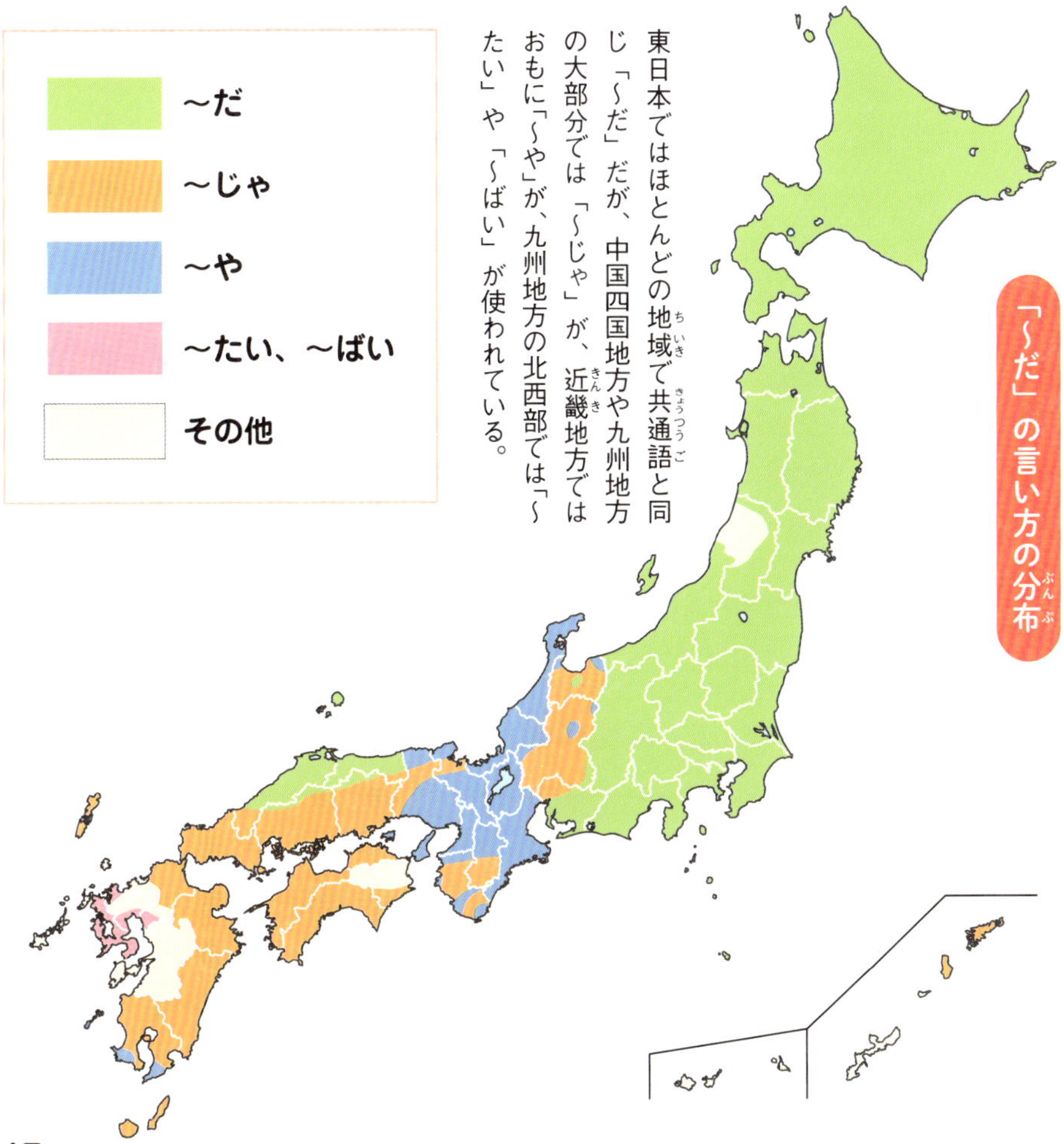

「〜だ」の言い方の分布《ぶんぷ》

東日本ではほとんどの地域《ちいき》で共通語《きょうつうご》と同じ「〜だ」だが、中国四国地方や九州地方の大部分では「〜じゃ」が、近畿《きんき》地方ではおもに「〜や」が、九州地方の北西部では「〜たい」や「〜ばい」が使われている。

東西の方言にはどんなちがいがあるの？

私《わたし》たちはよく「東日本」、「西日本」という言い方で日本を二つに分けます。東西に細長く広がる日本では、東西で食べ物や習慣《しゅうかん》などにさまざまなちがいがあります。方言も同様に、東西でちがいがみられます。

東西で異《こと》なることば

みなさんは料理《りょうり》を食べて塩気《しおけ》が強かったら、なんと言いますか。東日本ではおもに「しょっぱい」、西日本ではおもに「からい」と言います。また、「弟が校庭にいる。」という共通語《きょうつうご》の文章の「いる」は、東日本ではおもに「いる」ですが、西日本ではおもに「おる」と言います（→P.17下の分布図《ぶんぷず》）。

しょっぱい
からい
しおからい

近畿《きんき》地方などでは、とうがらしなどのからみをあらわす「からい」と区別するために、塩気《しおけ》が強いものを「しおからい」と表現《ひょうげん》することもある。

全国で使われていることば（単語《たんご》）のちがいを調べると、このように日本の東と西で大きく二つに分かれている例《れい》がいくつも見られます。東西の境目《さかいめ》としてよく取り上げられるのは、新潟県糸魚川市《にいがたけんいといがわし》と静岡県《しずおかけん》の浜名湖《はまなこ》を結《むす》んだ「糸魚川《いといがわ》・浜名湖線《はまなこせん》」です（→P.11）。

文法《ぶんぽう》にもみられる東西のちがい

文法《ぶんぽう》にも東西でちがいがみられます。たとえば打ち消す表現《ひょうげん》「〜ない」は東日本では「書かない」のように、おもに「〜ない」ですが、西日本では「書かん」のように、おもに「〜ん」が使われます。

また、桜《さくら》の花びらが散《ち》る場面を見たとき、東日本では花びらが散《ち》っている最中《さいちゅう》でも、散《ち》って地面に落ちている段階《だんかい》でも、「散《ち》ってる」と言います。一方、西日本では花びらが散《ち》っている最中《さいちゅう》には「散《ち》りよる」、地面に落ちている段階《だんかい》には「散《ち》っとる」と言います。西日本では、物事が進行しているときと結果《けっか》をしめすときの言い方を区別《くべつ》するのです。

東西だけでは説明《せつめい》できない部分も

散《ち》ってる
散《ち》りよる
散《ち》ってる
散《ち》っとる

ただし、すべてが東西で分かれるわけではありません。「しょっぱい」と「からい」、「いる」と「おる」の分布《ぶんぷ》でも、例外《れいがい》がいくつもみられます。また、「捨《す》てる」をあらわすことば（→P.14）をはじめ、地方ごと、地域《ちいき》ごとに異《こと》なることばもたくさんあります。発音やアクセント、文法などについても同様です。方言はさまざまな理由で変化《へんか》し、広まり、消えていきます（→P.8）。東西のちがいだけで説明《せつめい》できるわけではありません。

「しょっぱい」と「からい」の分布《ぶんぷ》

東日本は「しょっぱい」、西日本は「からい」が多い。北陸《ほくりく》地方では「くどい」もみられる。九州地方西部では「からか」が多い。

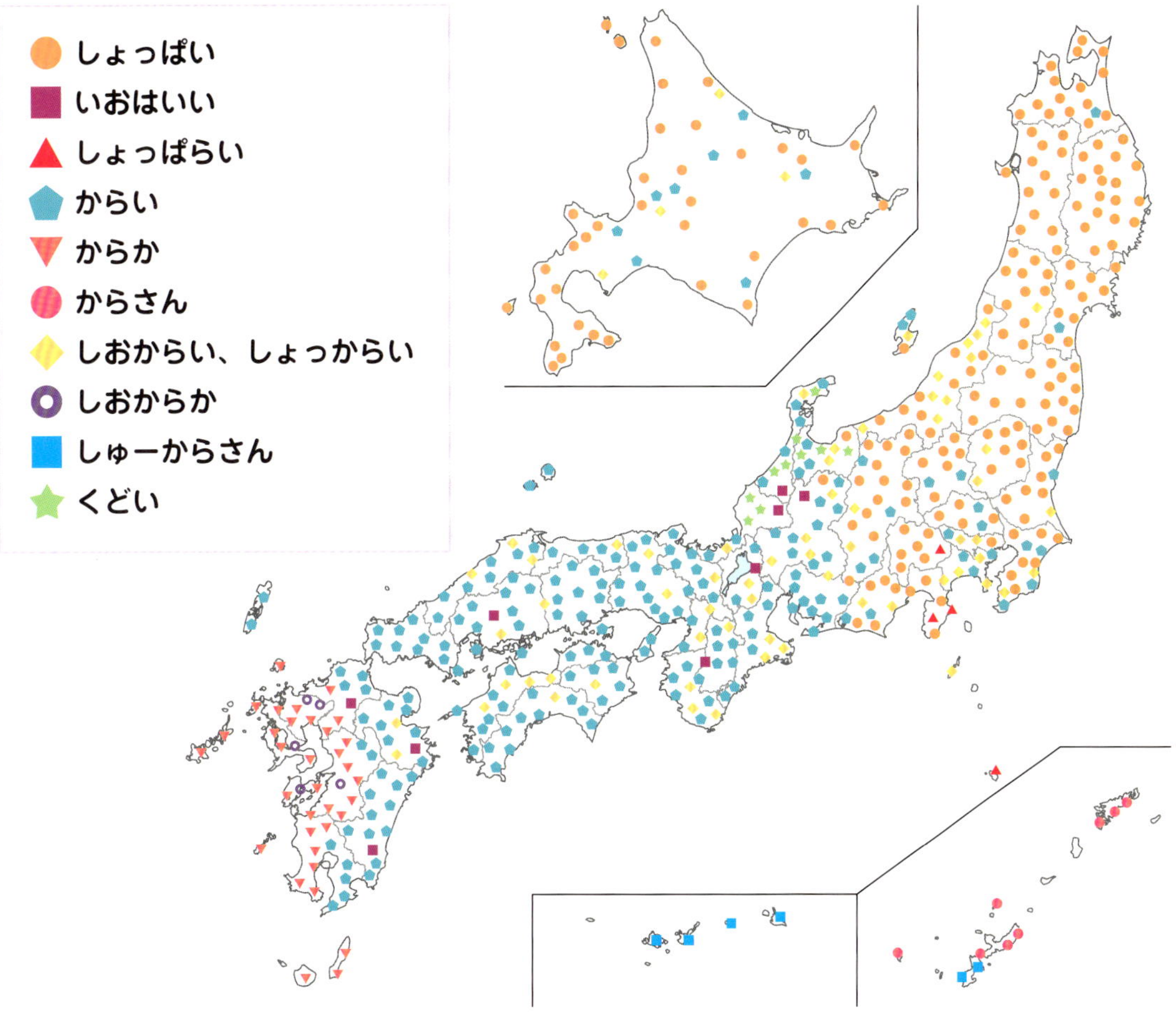
しょっぱい
いおはいい
しょっぱらい
からい
からか
からさん
しおからい、しょっからい
しおからか
しゅーからさん
くどい

「いる」と「おる」の分布《ぶんぷ》

東日本では「いる」が、西日本では「おる」が多い。九州地方西部では「おっ」や「おい」もみられる。東京都の八丈島《はちじょうじま》や和歌山県で使われる「ある」は、古い日本語の言い方だとされる。

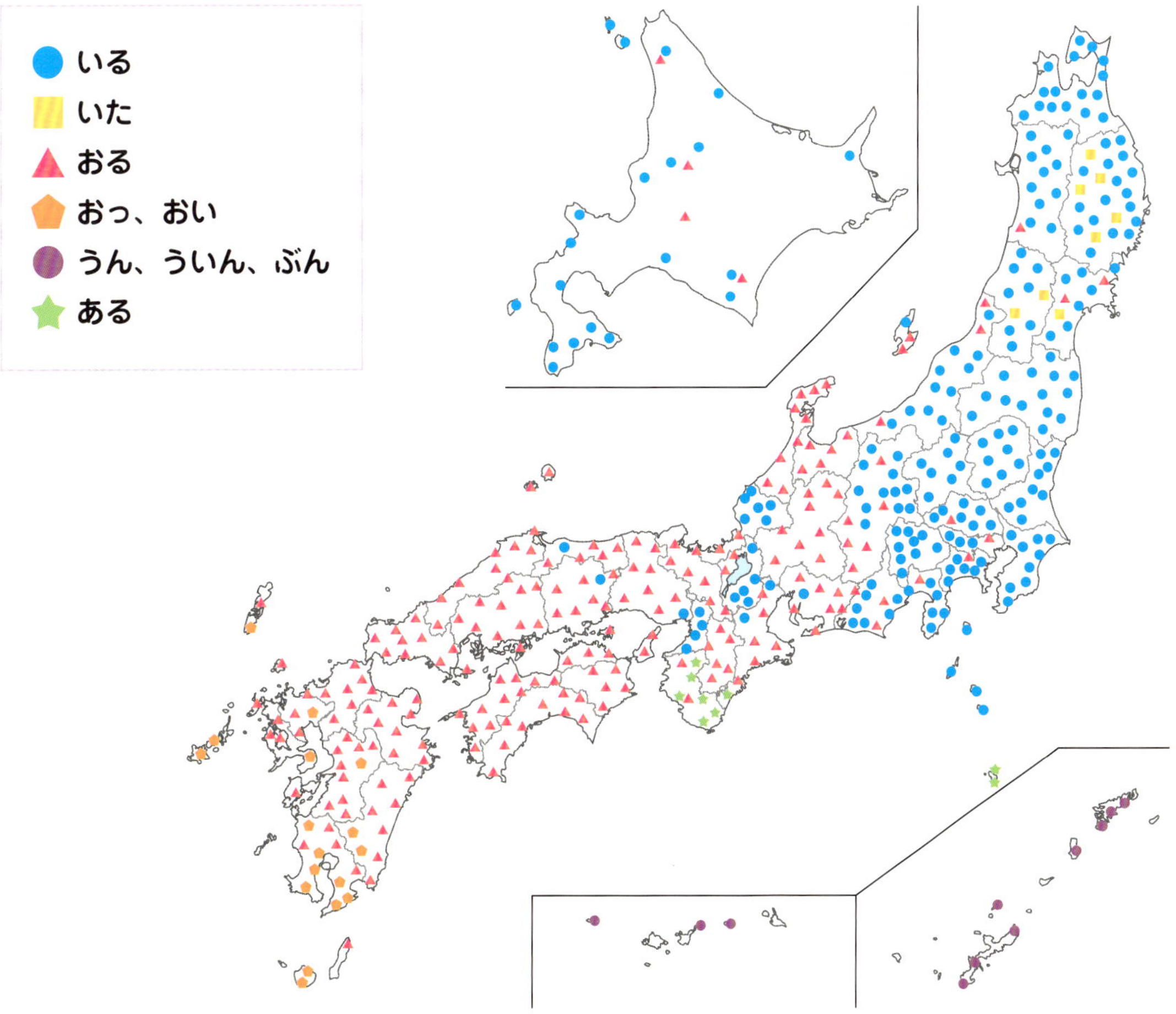
いる
いた
おる
おっ、おい
うん、ういん、ぶん
ある

コラム

同じ名前でもこんなにちがう！ くらべてみよう 東西の料理《りょうり》

出汁《だし》としょうゆのちがい

同じ料理《りょうり》でも、地域《ちいき》によってよび方が異《こと》なることがあります。反対に名前が同じでも、味つけや見た目、材料《ざいりょう》が異《こと》なる料理《りょうり》もあります。方言と同様、関東《かんとう》地方と近畿《きんき》地方で大きなちがいがみられます。

まず、料理《りょうり》によく使われる出汁《だし》やしょうゆが異《こと》なります。関東《かんとう》地方では、おもにかつお節《ぶし》で取った濃《こ》い色の出汁《だし》を使います。しょうゆは色が濃《こ》く、香《かお》りの強い濃口《こいくち》しょうゆです。一方、関西《かんさい》地方では、おもに昆布《こんぶ》で取った薄《うす》い色の出汁《だし》を使います。しょうゆは色が薄《うす》く、香《かお》りもひかえめの薄《うす》口《くち》しょうゆです。

出汁《だし》にちがいが生まれたのは、江戸《えど》時代に昆布《こんぶ》が北海道から北前船《きたまえぶね》＊で大坂《おおさか》（大阪《おおさか》）に運ばれたのち、江戸《えど》（現在《げんざい》の東京都中心部）へ積《つ》み出《だ》されたことから、質《しつ》のよい昆布《こんぶ》が近畿《きんき》地方で多く出回ったこと、また、近畿《きんき》地方の水が昆布《こんぶ》から出汁《だし》を取りやすい水質《すいしつ》だったことが関係《かんけい》していると言われています。

	出汁《だし》に使うおもな材料《ざいりょう》	しょうゆ
関東《かんとう》地方	 かつお節《ぶし》	 濃口《こいくち》
関西《かんさい》地方	 昆布《こんぶ》	 薄口《うすくち》

同じ名前でもちがう料理《りょうり》

たとえば玉子焼《たまごや》きは、関《かん》東《とう》地方では砂糖《さとう》を使った甘《あま》く、濃《こ》い味つけです。厚《あつ》めに巻《ま》かれており、食感はかためです。一方、近畿《きんき》地方では砂糖《さとう》は使わず、塩味《しおあじ》を感じる味つけです。出汁《だし》をたっぷり使うため、やわらかい食感です。

また、東京都では「たぬきうどん」と言えば天かす（あげ玉）を入れたうどんのことです。ところが大阪府《おおさかふ》には「たぬきうどん」はなく、「たぬき」と言うと油あげを入れたそばを指します。天かす入りのうどんは「ハイカラうどん」と言います。また、京都府《きょうとふ》の「たぬきうどん」はきざんだ油あげと九条《くじょう》ねぎをのせたうどんに、とろみのあるあんをかけたものです。

東西の「たぬき」がしめす料理《りょうり》

京都府《きょうとふ》	大阪府《おおさかふ》	東京都

「たぬきうどん」で、きざんだ油あげと九条《くじょう》ねぎをのせたうどんに、とろみのあるあんをかけたものを指す。	油あげが入ったそばを指す。天かすが入ったうどんやそばには「ハイカラ」をつける。	「たぬき」は天かすを指し、天かすが入っていれば、うどんでもそばでも「たぬき」と言う。

まだまだある！ 東西でちがう故郷《こきょう》の味

ほかにも、肉じゃがやすき焼《や》き、桜《さくら》もち、くずもち、ぜんざいなどは、東西で同じ名前でよばれていても、異なる味やかたちをしています。どのように異《こと》なるのか、ほかにどんな食べ物でちがいがあるのか、調べてみましょう。機会《きかい》があれば、実際《じっさい》に食べてみると、ちがいを体験《たいけん》できますよ。

＊北前船《きたまえぶね》…江戸《えど》時代半ばから明治《めいじ》時代にかけて、大坂と北海道を行き来した船。瀬戸内海《せとないかい》・日本海沿岸《にほんかいえんがん》の各地《かくち》に寄港《きこう》し、積《つ》み荷《に》を売り買いしながら航行《こうこう》した。

一章

見て楽しい　知って楽しい
身近な方言のことば

自分が小さいころから当たり前に使ってきたことばが、
実は方言だった！と知った経験《けいけん》はありませんか。
一章では写真やイラストとともに、
身近なことばを方言ではなんと言うのか紹介《しょうかい》しています。
共通語《きょうつうご》とちがう意味で使われていることばも取り上げています。
さまざまな地域《ちいき》のことばと出会う楽しさ、
おもしろさを味わってみましょう。

きみはなんて言う？

四十七都道府県《とどうふけん》の「ありがとう」

相手に感謝《かんしゃ》を伝《つた》える大切なあいさつ「ありがとう」も、地域《ちいき》によって言い方が異《こと》なります。

四十七都道府県《とどうふけん》の「ありがとう」を意味することば

各都道府県《かくとどうふけん》で、「ありがとう」の意味で使われているおもなことばを紹介《しょうかい》しています。いまではあまり使われていないものもありますが、おばあさんやおじいさんは知っているかもしれません。また、一部の地域《ちいき》でしか使われていないことばもあります。

●「ありがとう」の由来って？

共通語《きょうつうご》の「ありがとう」は、めったにないことをしめす「ありがたし」がもとになったことばです。相手が自分のためにしてくれたことに対して、「こんなことは、めったにないことだ」と感じたことをあらわします。関東《かんとう》地方を中心に、いまでは全国で使われています。

●「ありがとう」が省略《しょうりゃく》された「ありがとう」!?

感謝《かんしゃ》を伝《つた》える方言にも、さまざまな由来があります。たとえば近畿《きんき》地方を中心に各《かく》地《ち》で使われている「おおきに」は、漢字で書くと「大きに」で、「とても」や「非常《ひじょう》に」という意味です。最初《さいしょ》は「おおきに、ありがとう（本当にありがとう）。」と言っていたのが、「ありがとう」が省略《しょうりゃく》されて強調の「おおきに」だけが残《のこ》ったとされます。島根県など中国四国地方や九州地方で使われている「だんだん」も、「だんだん、ありがとう（重ね重ねありがとう）。」が省略《しょうりゃく》されたと考えられています。

●相手への思いやりが生んだ表現《ひょうげん》

一方、北陸《ほくりく》地方で使われている「きのどくな」は、自分のために相手がしてくれた苦労《くろう》を思いやり、相手が「気《き》の毒《どく》だ」という気持ちから生まれたことばです。反対に山口県の「たえーがたえー」や高知県の「たまるか」は「たえがたい」という意味で、相手にこんなに親切にしてもらって申し訳《わけ》ない、「たえがたい」という自分の気持ちが感謝《かんしゃ》のことばとして使われている例《れい》です。つつしみや謙遜《けんそん》、相手への思いやりを大切にする心が感じられますね。

フンナ

北海道の先住民《せんじゅうみん》であるアイヌ民族《みんぞく》のことば、アイヌ語では、「ありがとう」を「イヤイライケレ」や「ハープ」、「フンナ（ヒンナ）」などと表現《ひょうげん》する。このうち「フンナ」は、日本語の「ごちそうさま」のように、食事で「命をいただく」ことへの感謝《かんしゃ》の気持ちをあらわすことばとしても使われる。

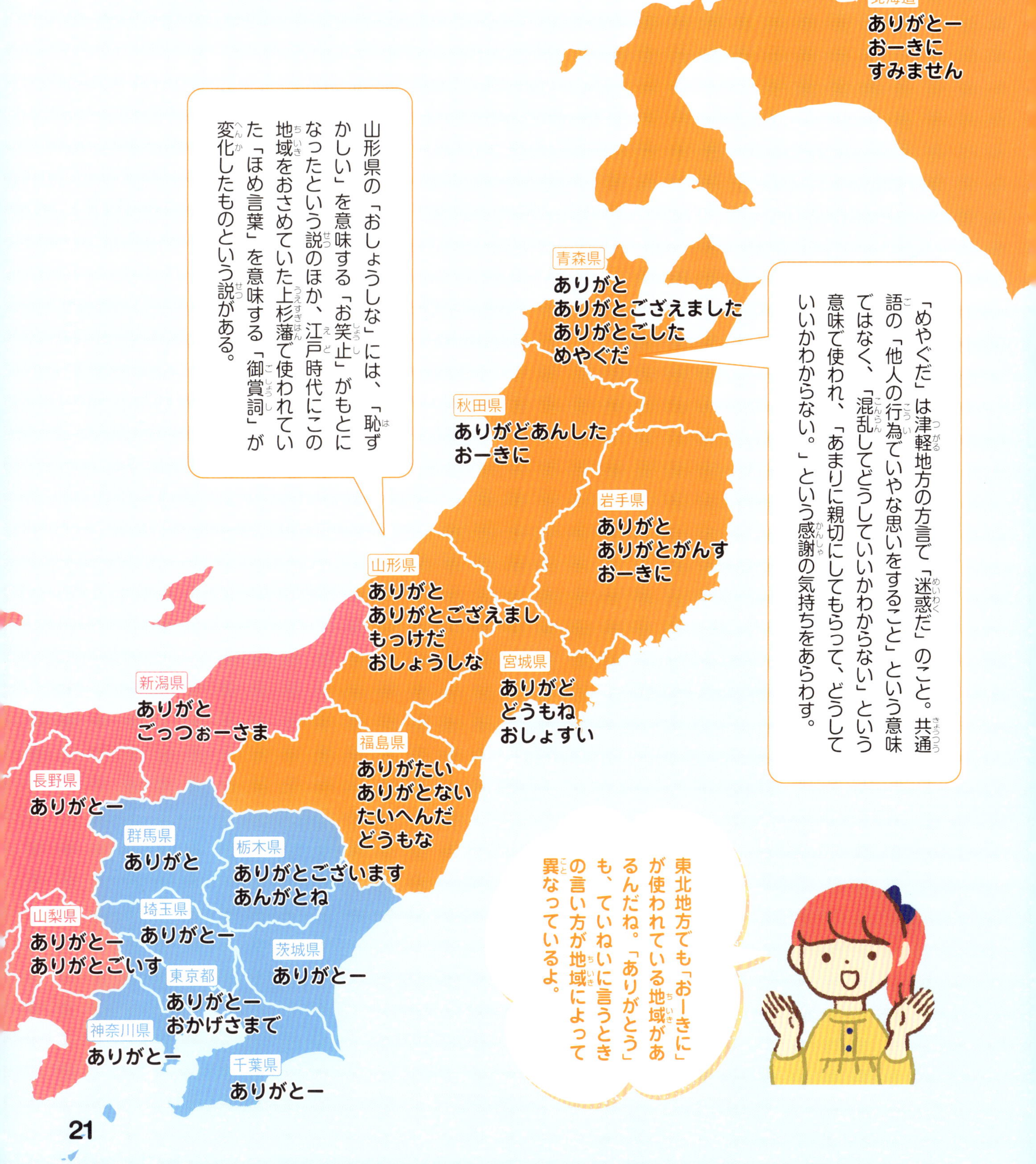
北海道
ありがとー
おーきに
すみません
青森県
ありがと
ありがとござえました
ありがとごした
めやぐだ
秋田県
ありがどあんした
おーきに
岩手県
ありがと
ありがとがんす
おーきに
山形県
ありがと
ありがとござえまし
もっけだ
おしょうしな
宮城県
ありがど
どうもね
おしょすい
新潟県
ありがと
ごっつぉーさま
福島県
ありがたい
ありがとない
たいへんだ
どうもな
長野県
ありがとー
群馬県
ありがと
栃木県
ありがとございます
あんがとね
山梨県
ありがとー
ありがとごいす
埼玉県
ありがとー
茨城県
ありがとー
東京都
ありがとー
おかげさまで
神奈川県
ありがとー
千葉県
ありがとー

山形県の「おしょうしな」には、「恥《は》ずかしい」を意味する「お笑止《しょうし》」がもとになったという説《せつ》のほか、江戸《えど》時代にこの地域《ちいき》をおさめていた上杉藩《うえすぎはん》で使われていた「ほめ言葉」を意味する「御賞詞《ごしょうし》」が変化《へんか》したものという説《せつ》がある。

「めやぐだ」は津軽《つがる》地方の方言で「迷惑《めいわく》だ」のこと。共通《きょうつう》語《ご》の「他人の行為《こうい》でいやな思いをすること」という意味ではなく、「混乱《こんらん》してどうしていいかわからない」という意味で使われ、「あまりに親切にしてもらって、どうしていいかわからない。」という感謝《かんしゃ》の気持ちをあらわす。

東北地方でも「おーきに」が使われている地域《ちいき》があるんだね。「ありがとう」も、ていねいに言うときの言い方が地域《ちいき》によって異《こと》なっているよ。

「ごっつぉーさま」は共通語《きょうつうご》の「ごちそうさま」のこと。地域《ちいき》によっては、食事のときだけでなく、ものをもらったときなどにも使う。

となり合う地域《ちいき》で同じことば、似《に》たことばが使われている場合もあれば、そうでない場合もあるね。行き来のしやすさや、江戸《えど》時代の国境《こっきょう》などが関係《かんけい》しているのかな？→P.9

同じ「ありがとー」でもアクセントはさまざま

「ありがとー」や「おーきに」は、多くの都道《とどう》府県《ふけん》で使われていますね。しかし、文字で見ると同じでも、地域《ちいき》によってアクセントは異《こと》なるため、話しているのを聞くとまったくちがう「ありがとー」、「おーきに」になります。アクセントの例《れい》を見て、声に出して言ってみましょう。

アクセントの例《れい》

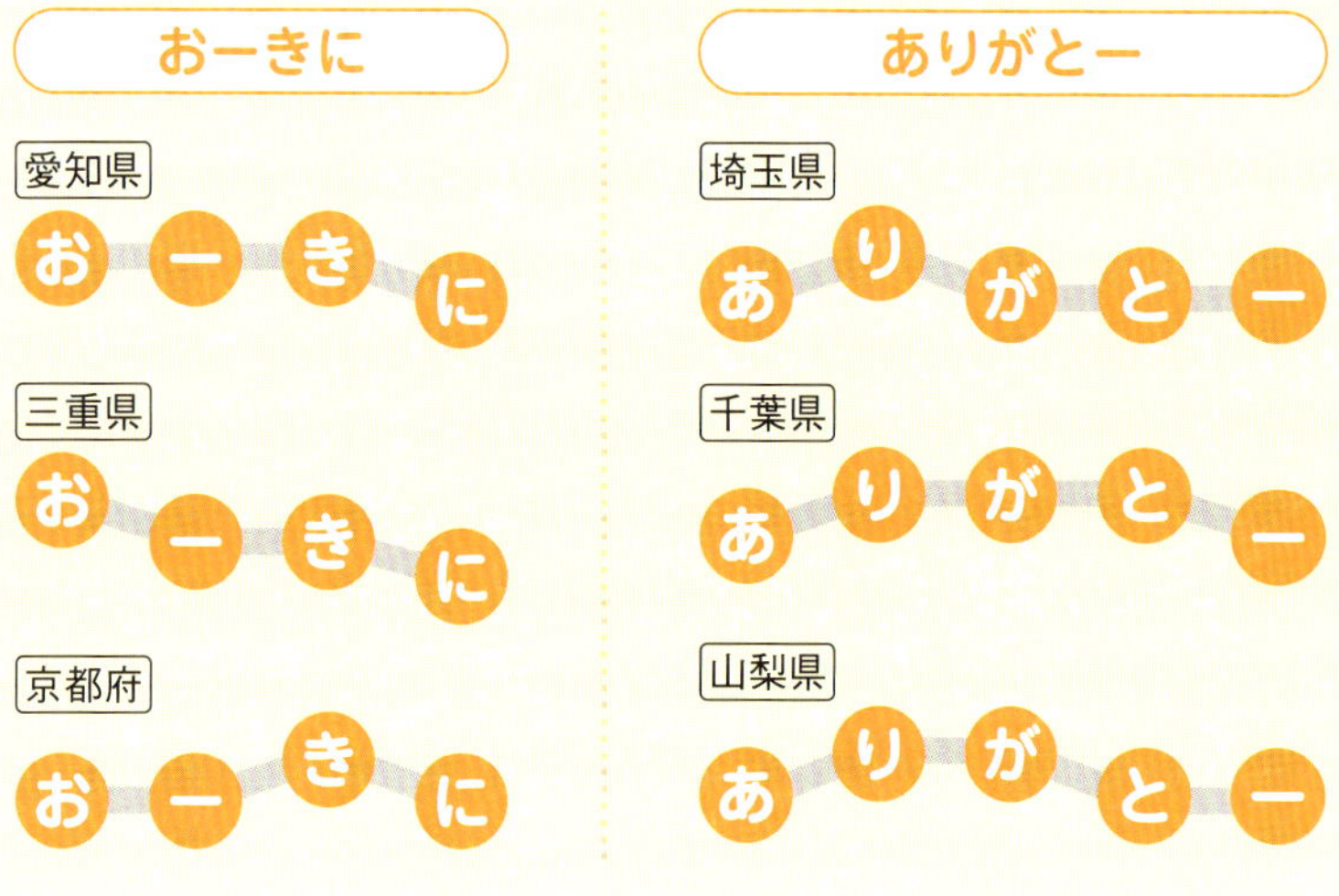

気持ちを伝《つた》える方言を調べてみよう

「ありがとう」と言われたら、「どういたしまして」と返事をしますね。この「どういたしまして」も、「すこしも」や「ちっとも」を意味する「なんもなんも」（北海道）、「大げさな」を意味する「かさだかな」（石川県）など、方言によってさまざまな言い方があります。

自分のくらしている地域《ちいき》では、なんと言っていますか。また、「おはよう」、「こんばんは」、「さようなら」、「いってきます」などのあいさつや、「ごめんなさい」はどうでしょう。それぞれどんな言い方があるか、どんな気持ちから生まれたことばなのか、調べてみましょう。

なんもなんも
北海道（どういたしまして）
おひんなり
石川県（おはよう）
かんにんえ
京都府（ごめんなさい）
おしずかに
東北地方・北陸地方（さようなら）
ばんじまして
島根県（こんばんは）
いたっきもんて
鹿児島県（いってきます）

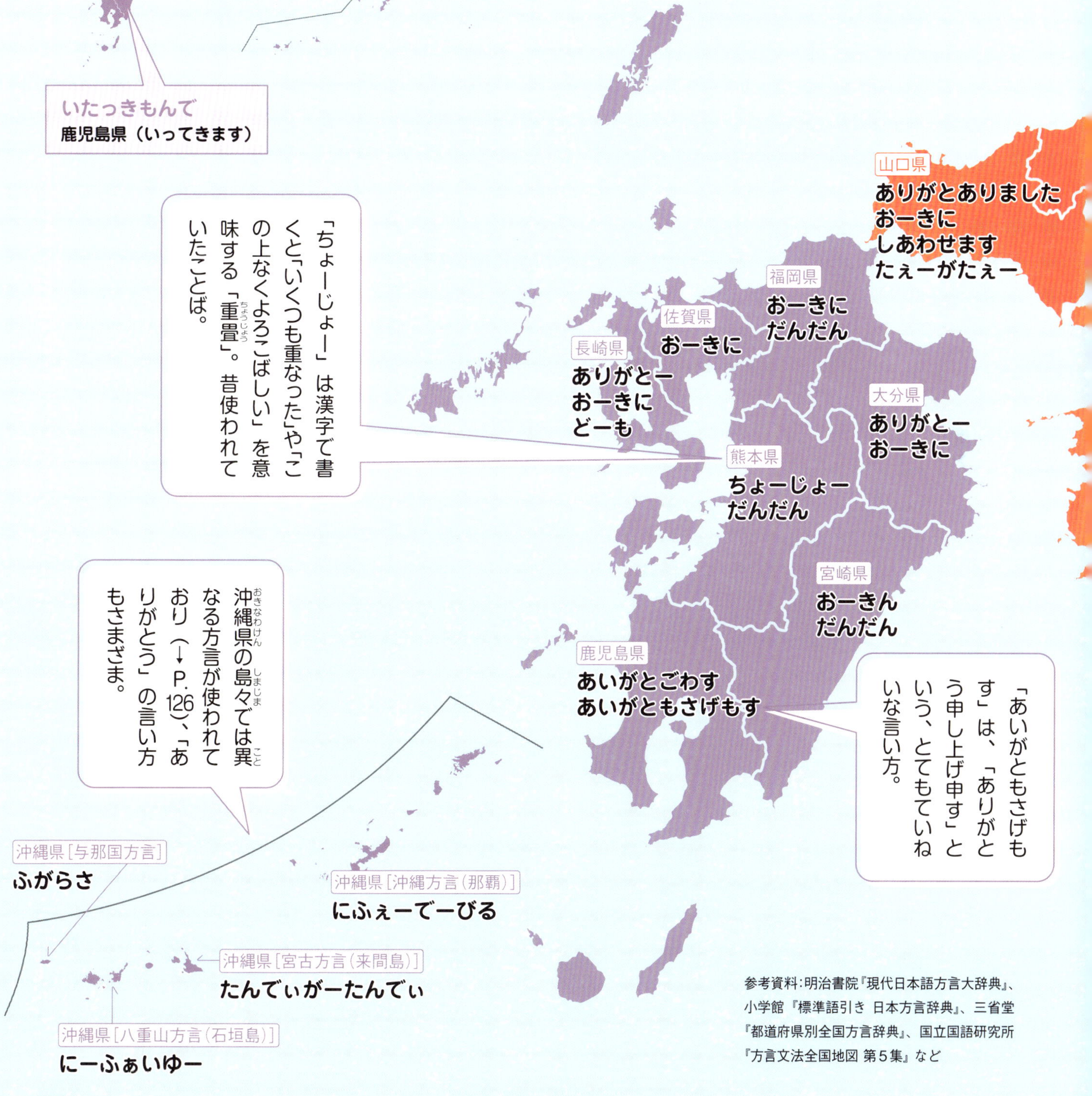
山口県
ありがとありました
おーきに
しあわせます
たぇーがたぇー
福岡県
おーきに
だんだん
佐賀県
おーきに
長崎県
ありがとー
おーきに
どーも
大分県
ありがとー
おーきに
熊本県
ちょーじょー
だんだん
「ちょーじょー」は漢字で書くと「いくつも重なった」や「この上なくよろこばしい」を意味する「重畳《ちょうじょう》」。昔使われていたことば。
宮崎県
おーきん
だんだん
鹿児島県
あいがとごわす
あいがともさげもす
「あいがともさげもす」は、「ありがとう申し上げ申す」という、とてもていねいな言い方。
沖縄県《おきなわけん》の島々《しまじま》では異《こと》なる方言が使われており（→P.126）、「ありがとう」の言い方もさまざま。
沖縄県［与那国方言］
ふがらさ
沖縄県［沖縄方言（那覇）］
にふぇーでーびる
沖縄県［宮古方言（来間島）］
たんでぃがーたんでぃ
沖縄県［八重山方言（石垣島）］
にーふぁいゆー

参考資料：明治書院『現代日本語方言大辞典』、小学館『標準語引き 日本方言辞典』、三省堂『都道府県別全国方言辞典』、国立国語研究所『方言文法全国地図 第5集』など

あそこにも！ ここにも！ 見つけよう 身近な方言

ここでは学校や家、まちで使われる、身近な方言の例《れい》を紹介《しょうかい》します。

わたしたちのくらしとともにある方言

方言は、一生懸命《いっしょうけんめい》に勉強して覚《おぼ》えていくものではありません。その地域《ちいき》でくらすなかで自然《しぜん》と身につき、日々《ひび》のコミュニケーションを豊《ゆた》かにしてくれるものです。

ここでは学校、家、まち、それぞれの場面でよく使われていることばを取り上げ、方言の例《れい》を紹介《しょうかい》しています。共通語《きょうつうご》や、ほかの方言とのちがいを見てみましょう。また、自分がくらす地域《ちいき》ではどんなふうに言っているか、思い出したり、調べたりしてみましょう。

＊ことばが話されている地域《ちいき》として取り上げているのは、代表的《だいひょうてき》な地方や都道府県《とどうふけん》です。都道府県《とどうふけん》のうち、一部の地域《ちいき》でのみ使われていることばもあります。

学校
掃《は》く
九州地方 はわく
がんばれ！
山形県 まっきれ！
熊本県 がまだせ！
沖縄県 ちばりよー！
ジャージ
「宮城県」ジャス
体育座《たいいくずわ》り
北海道・東北地方 安座《あんざ》
関西地方 三角座《さんかくずわ》り
水やり当番
長野県・群馬県 水くれ当番

ふざける
宮城県 おだつ
山梨県 わにわにする
岡山県 ちばける
黒板消し
［愛媛県・宮崎県・鹿児島県］ラーフル
定規《じょうぎ》
［静岡県、関東地方］線引き
［関西地方］さし
机《つくえ》を運ぶ
近畿地方、四国地方 机《つくえ》をかく
東海地方など 机《つくえ》をつる
恥《は》ずかしい
東北地方・北陸地方 しょし
岐阜県 こわい
佐賀県 ちゃーがつか
友だち
青森県・秋田県 けやぐ
関西地方 つれ
沖縄県 どぅし
うわばき
［東北地方・北陸地方］ズック
［和歌山県］バレエシューズ
［北海道・近畿地方・九州北部］上靴《うわぐつ》
じゃんけんのかけ声
関東地方 ちっけった！
関西地方 いんじゃんほい！
島根県 やっきっき！
仲間《なかま》に入れて
岩手県 はめて
近畿地方 よせて
九州北部 かてて
おにごっこ
大阪府 でんつき
近畿地方・中国地方など おにごと

家
洗濯物《せんたくもの》を取りこむ
福島県・栃木県・茨城県
洗濯物《せんたくもの》をこむ・おっこむ
やる気がでない
埼玉県
けったりー
散《ち》らかっている
青森県
かちゃくちゃね
新潟県
おおばら
京都府
ばんばらこ
おやつ
［福島県］こじはん
［奈良県］ほーせき
とてもおいしい
石川県
まんでまぃ
愛知県
でら うめぁー
鹿児島県
わっぜ うんま
かわいい
北海道
めんこぃ
鹿児島県
むぞか

すずめ
近畿地方南部 いたくら
沖縄県 ゆむんどぅり
片《かた》づける
関東地方・東北地方 かたす
関西地方・四国地方 なおす
たくさん
神奈川県 うんめろ
高知県 こじゃんと
福岡県 ばさらか
米をとぐ
東海地方 米をかす
いってきます
愛媛県 いってこーわい
鹿児島県 いたっきもんで
水にひたす
東北地方・新潟県 うるがす
自転車
〔東海地方〕ケッタマシーン
おかず
〔秋田県〕しぇあっこ
〔京都府〕おぞよ
〔佐賀県〕しゃー

まち
まぶしい
山形県・新潟県 かがっぽぃ
静岡県 ひどろしー
三重県 あばばぃ
怖《こわ》い
東京都 おっかない
大分県・宮崎県 おじぃ
かまきり
[関東地方] とかげ
[長崎県] おがみたろー
心配ない
福島県・山形県 さすけねぇ
栃木県・茨城県 だいじ
兵庫県 べっちょない
スーパーマーケット
大きい
静岡県・滋賀県・山口県 いかい
近畿地方 ごっつぃ
九州地方 ふとい・ふとか
転ぶ
愛媛県 かやる
宮崎県 ひっこくる
鳥取県・島根県 まくれる
小さい
長野県・山梨県 ちっくぃ
中国四国地方・九州地方 こまい
高知県・福岡県 ほそぃ

地域《ちいき》によって異《こと》なる野菜《やさい》のよび方

じゃがいもやさつまいも、かぼちゃ、とうもろこし、とうがらしは、どれもアメリカ大陸《たいりく》が原産《げんさん》の野菜《やさい》です。日本には、外国との交易《こうえき》がさかんだった16世紀《せいき》後半から17世紀初《せいきはじ》めにかけてもたらされました。そのため、これらの野菜《やさい》の共通語《きょうつうご》や方言でのよび方には、外国の地名や外国語にちなんだものがたくさんあります。

たとえば共通語《きょうつうご》の「かぼちゃ」は、東南アジアのカンボジアが由来だとされます。ポルトガル船が持ちこんだかぼちゃが、カンボジア産《さん》だったためです。近畿《きんき》地方などでは「なんきん」とよばれています。ポルトガル語でかぼちゃを意味する「abóbora（アボボラ）」が変化《へんか》した「ぼーぼら」、「ぼうふら」とよぶ地《ち》域《いき》もあります。当時、東南アジアやポルトガル、スペインを「南蛮《なんばん》」とよんだことから、「なんばん」という方言もあります。

「なんばん」がとうもろこしや、とうがらしを指す地《ち》域《いき》もあります。その地《ち》域《いき》にいつ、どのような名前で野菜《やさい》がもたらされ、広まったかによって、よび方が異《こと》なっているのです。ほかにどんなよび方があるか、ほかの野菜《やさい》ではどうか、方言地図で調べてみましょう。→P.136

東京都
鹿児島県《かごしま》
沖縄県《おきなわけん》
カンボジア

いくら？
大阪府 なんぼ？
いらっしゃい！
富山県 こらーれ！
山口県 おいでませ！
沖縄県 めんそーれ！
とうがらし
［北海道・東北地方・北陸地方］なんばん
［九州地方］こしょう
とうもろこし
［北海道・北陸地方・四国地方・九州地方］とーきび
［東海地方］こーらい
［近畿地方・中国地方］なんば、なんばん
かぼちゃ
［近畿地方・中国四国地方］なんきん
［北陸地方・中国四国地方・九州北部］ぼーぼら、ぼうふら
［宮崎県］なんばん

どういうこと?

共通語《きょうつうご》とちがう意味で使われる方言

えっ?

共通語《きょうつうご》とは異《こと》なる意味で使われている方言のことばの例《れい》を紹介《しょうかい》します。

意味のちがいにびっくり!

身近なことばのなかには、方言と共通語《きょうつうご》で、まったく異《こと》なる意味で使われているものがあります。「共通語《きょうつうご》での意味が正しい」というわけではなく、「共通語《きょうつうご》ではこういう意味」、「この方言ではこういう意味」という、ちがいがあるだけです。それぞれの方言の、共通語《きょうつうご》とは異《こと》なることばの使い方にふれてみましょう。

いきなり

共通語での意味　物事が急に起こるようす。

宮城県などの方言では……　とても。非常《ひじょう》に。

いきなり
おいしい

うまそな

共通語での意味　おいしそうな。

石川県などの方言では……　元気そうな。よく育った。

うまそな
子ども

だます

共通語での意味　うそを言うなどして、本当でないことを本当だと思わせる。

千葉県などの方言では……　(赤ちゃんや子どもを)あやす。

赤ちゃんを
だます

とぶ

共通語での意味　羽根などで空中を移動《いどう》する。

静岡県などの方言では……　走る。

さあ、
とべ!

はしゃぐ

共通語での意味　調子に乗ってふざけたり、騒《さわ》いだりする。

岐阜県などの方言では……　乾《かわ》く。

洗濯物《せんたくもの》がはしゃぐ

かじる

共通語での意味　固《かた》いものを、歯を立ててかむ。

山梨県などの方言では……　（かゆいところなどを）爪《つめ》でひっかく。

背中《せなか》をかじる

こわす

共通語での意味　ものに力を加《くわ》えて、もとの形を失《うしな》わせる。

岐阜県などの方言では……　お金を両替《りょうがえ》する。

お金をこわす
1000
100
500
100

はしる

共通語での意味　（走る）足をすばやく動かして移動《いどう》する。

島根県などの方言では……　はげしく痛《いた》む。

歯がはしる

おきる

共通語での意味　横たわっていたものが立ち上がる。目覚《めざ》める。

香川県などの方言では……　（お腹《なか》が）いっぱいになる。

お腹《なか》がおきる
オハヨー

かってくる

共通語での意味　（買う）お金を出して手に入れてくる。

熊本県などの方言では……　借《か》りてくる。

図書館で本をかってくる
貸出

自分の知っている意味とはちがっていると、ふしぎな感じがするけれど、おもしろいね。自分の身近な方言にもないか、思い出してみよう。

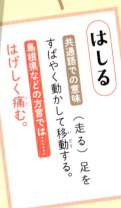

コラム

地域《ちいき》によって「かごめかごめ」の歌詞《かし》がちがう!?

方言だけではなく、よく知られている童謡《どうよう》や、遊び歌の歌詞《かし》も地域《ちいき》によって異《こと》なります。ここでは、遊び歌の「かごめかごめ」の歌詞《かし》の例《れい》を紹介《しょうかい》しています。自分の知っている歌詞《かし》とくらべてみましょう。

＊三省堂《さんせいどう》『日本伝承童謡集成《にほんでんしょうどうようしゅうせい》』をもとに作成《さくせい》。

関東地方《かんとうちほう》

かごめ、かごめ、
かごの中の鳥は、いついつ出やる、
夜明けの晩《ばん》につるとかめがすべった、
うしろの正面だあれ。

埼玉県《さいたまけん》

かごめ、かごめ、
かごん中の鳥は、いつ出て遊ぶ、
月夜の晩《ばん》に、赤いずきんかぶって、
一人で遊ぶ。

岡山県《おかやまけん》

かごめ、かごめ、
かごの中の鳥はいついつめあう、
えんまさまのこしかけ、
わたしもいっしょにかごみましょう。

石川県

かごめ、かごめ、
かごの中の鳥は、いついつ出あった、
夜明けの晩《ばん》にりすとかにとすってんどん、
うしろの正面だれだ。

全国に広まった千葉県野田市の歌詞《かし》

もっともよく知られている「かごめかごめ」は、ここで関東《かんとう》地方の歌詞《かし》として紹介《しょうかい》している歌詞《かし》です。この歌詞《かし》は、千葉県野田市で歌われていたものがもとになっています。20世紀初《せいきはじ》めに、野田市出身の山中直治《なおじ》という作曲家が、地元で歌われていた「かごめかごめ」のメロディと歌詞《かし》を聴《き》き取って楽譜《がくふ》にまとめたことから、全国に広まったと言われています。

二章

方言辞《じ》典《てん》

都《と》道《どう》府《ふ》県《けん》別《べつ》

二章では四十七都道府県《とどうふけん》の方言について、概要《がいよう》とともに、発音、アクセント、文法《ぶんぽう》、ことば（単語《たんご》）の四つに分けて解説《かいせつ》しています。

また、その方言がどのような地域《ちいき》で話されているのかわかるよう、都道府県《とどうふけん》の地図や写真とともに、方言が話されている地域《ちいき》の紹介《しょうかい》をのせています。

北海道

県内の主な方言

　北海道の方言は、二つに分けることができます。渡島《おしま》半島を中心とする道南地域《ちいき》と沿岸部《えんがんぶ》一帯《いったい》で話されている海岸部方言、内陸部《ないりくぶ》で話されている内《ない》陸部《りくぶ》方言です。

　北海道は、もとはアイヌ民族《みんぞく》が住む地域《ちいき》でした。道南地域《ちいき》には古くから東北地方を中心とする本州出身の人々《ひとびと》が移住《いじゅう》し、東北地方の方言が広まりました。これが漁師《りょうし》などによって海岸沿《ぞ》いに伝《つた》わり、現在《げんざい》の海岸部方言のもとになったとされます。

　内陸部《ないりくぶ》には明治《めいじ》時代以降《いこう》、開拓《かいたく》のために国内各《かく》地《ち》から人が移住《いじゅう》しました。そのため内陸部《ないりくぶ》方言にはさまざまな地域《ちいき》のことばが見られる一方、全体としては共通語《きょうつうご》に近いとされます。

　これらの方言とは別《べつ》に、アイヌ民族《みんぞく》のあいだでは、アイヌ語という日本語とは異《こと》なる言語が受《う》けつがれています。

発音の特徴

　海岸部方言では、語中や語尾《ごび》の「か行」が「が行」に、「た行」が「だ行」になります。また、「し」と「す」、「ち」と「つ」の区別《くべつ》がはっきりしません。これらは、東北地方でもみられる特徴《とくちょう》です。一方、内陸部《ないりくぶ》方言の発音は共通語《きょうつうご》に近いとされます。

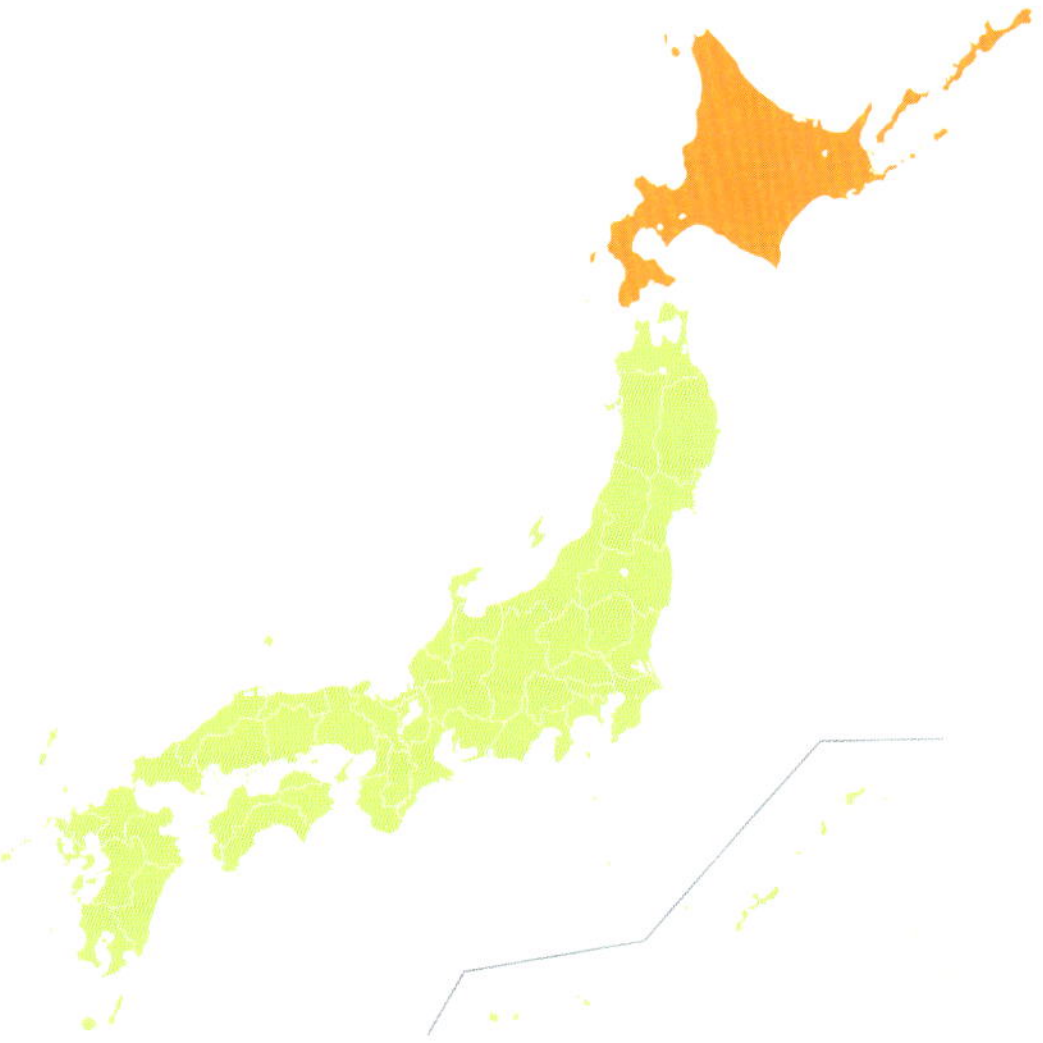

函館市《はこだてし》の五稜郭跡《ごりょうかくあと》。明治《めいじ》時代には旧幕府軍《きゅうばくふぐん》と新政府軍《しんせいふぐん》が戦《たたか》った戊辰戦争《ぼしんせんそう》の最後《さいご》の戦《たたか》い、箱館戦争《はこだてせんそう》の戦場《せんじょう》となった。

方言が話されている地域

海岸部方言

函館市《はこだてし》をはじめとした道南地域《ちいき》や、釧路市《くしろし》などの沿岸部《えんがんぶ》で話されている。函館市《はこだてし》は江戸《えど》時代から港町として栄《さか》えた地域《ちいき》。江戸《えど》時代末《まっ》期《き》に築《きず》かれた星形の西洋式城郭《じょうかく》、五稜郭《ごりょうかく》の跡《あと》がある。釧路《くしろ》市《し》の釧路《くしろ》湿原《しつげん》は日本最大級《さいだいきゅう》の湿原《しつげん》で、タンチョウやキタキツネなど、さまざまな生き物がくらす。

釧路湿原《くしろしつげん》に生息するタンチョウ。

内陸部《ないりくぶ》方言

札幌市《さっぽろし》や旭川市《あさひかわし》など、内陸部《ないりくぶ》で話されている。札幌市《さっぽろし》は明治《めいじ》時代以降《いこう》、北海道開拓《かいたく》の中心地だった。毎年二月には、北海道を代表する祭「さっぽろ雪《ゆき》まつり」が開催《かいさい》される。旭川《あさひかわ》市《し》には動物の生態《せいたい》を間近に観察《かんさつ》できる旭山動物園《あさひやまどうぶつえん》がある。

函館市《はこだてし》をはじめとした道南地域《ちいき》の郷土料理《きょうどりょうり》、いかめし。いかの胴《どう》にもち米やうるち米をつめ、しょうゆや砂糖《さとう》などで煮《に》こんだもの。

写真提供：「おいしい函館」

北海道東部の中標津《なかしべつ》町《ちょう》の牧場《ぼくじょう》。北海道では明治《めいじ》時代以降《いこう》、開《かい》拓《たく》とともに酪農《らくのう》がさかんになり、全国の生乳生産量《せいにゅうせいさんりょう》の半分以上《いじょう》を生産《せいさん》している（2022年度）。

さっぽろ雪《ゆき》まつりでは、雪や氷でつくられた像《ぞう》が展示《てんじ》される。

見れ、大雪山《たいせつざん》だよ!
（見て! 大雪山《たいせつざん》だよ!）
北海道中央部にある道内最高峰《さいこうほう》、大雪山《たいせつざん》の旭岳《あさひだけ》。

アクセントの特徴 →P.13

全域《ぜんいき》で、ほぼ東京式アクセントです。

声に出してみよう!!

［札幌市《さっぽろし》］

雨　あ め

歌う　う た う

高い　た か い

文法の特徴

海岸部方言、内陸《ないりく》部《ぶ》方言、どちらも人に「～しろ」と命令《めいれい》するときには、「見れ」、「起きれ」のように「～れ」をつけて表現《ひょうげん》します。これは東北地方の方言がもとになっています。

また、「雪が降《ふ》る」を「雪降《ふ》る」、「本を読む」を「本読む」と言うなど、助詞《じょし》の「が」や「を」をよく省略《しょうりゃく》します。

ことばの例

しばれる

北海道南部　東北地方・山形県・新潟県

意味　とても寒い。凍《こお》りつく。

今朝しばれるね。
（今朝はとっても寒いね。）
冬の北海道函館市《はこだてし》。函館《はこだて》市《し》は北海道のなかではあたたかい地域《ちいき》だが、冬には平《へい》均《きん》気温が氷点下になることがある。

なまら

北海道

意味　とても。非常《ひじょう》に。

なんも

北海道　北陸地方・三重県

意味　いえいえ。ちっとも。

解説　「なんもなんも」で「どういたしまして」や「いいよ」という意味になる。「ありがとう」や「ごめんね」と言われたときに返す言葉。

なんもなんも。
（気にしないで。）

はく

北海道

意味　（手袋《てぶくろ》などを）はめる。

手袋《てぶくろ》はこう。
（手袋《てぶくろ》をはめよう。）

めんこい

北海道　東北地方・北陸地方　関東地方北部

意味　かわいい。かわいらしい。

解説　地域《ちいき》によって「めごい」「めんけぇ」など、さまざまな言い方がある。

なまらめんこい～!
（とってもかわいい～!）
日本では北海道にのみ生息するシマエナガ。

わや

北海道　関東地方をのぞく全国各地

意味　めちゃくちゃ。

例文　「わやだね。」（めちゃくちゃだね。）

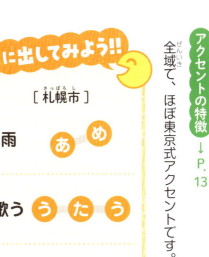

青森県

県内の主な方言

青森県の方言は、おもに弘前市《ひろさきし》や青森市《あおもりし》などの津軽地域《つがるちいき》で話される津軽《つがる》方言と、八戸市《はちのへし》などの南部地域《ちいき》で話される南部方言の二つに分かれます。下北《しもきた》半島で話されることばを下北《しもきた》方言とよぶこともあります。

江戸《えど》時代、津軽地域《つがるちいき》は津軽藩《つがるはん》（弘前藩《ひろさきはん》）が、南部地域《ちいき》は南部藩《なんぶはん》（盛岡藩《もりおかはん》）がおさめており、交流が限《かぎ》られていたことから、二つの方言には大きなちがいがあります。

青森県北部の野辺地町《のへじまち》と平内町《ひらないまち》の町境《ちょうきょう》の小さな川が、江戸《えど》時代には津軽藩《つがるはん》と南部藩《なんぶはん》の藩境《はんざかい》だった。藩境《はんざかい》の近くには番所とよばれる施設《しせつ》が置《お》かれ、番人が人や物の行き来をきびしく取りしまった。

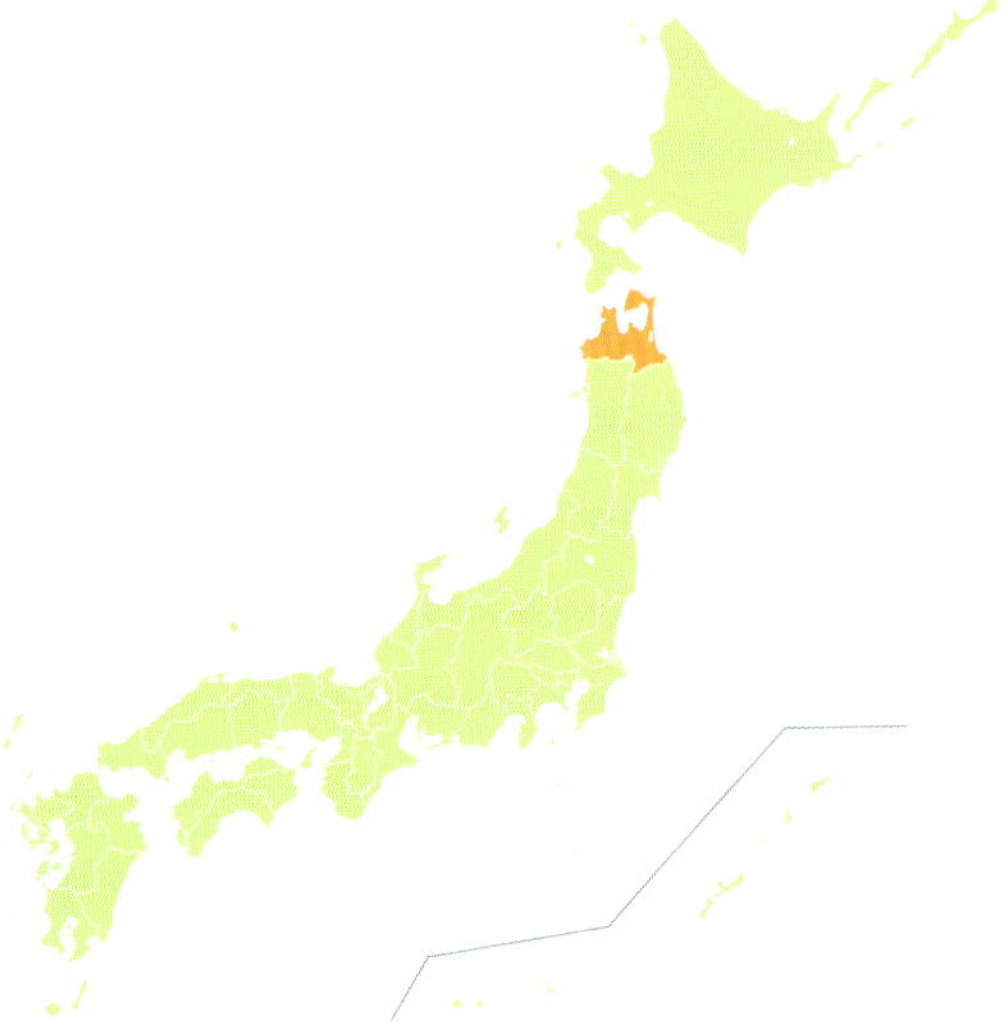

方言が話されている地域

下北《しもきた》方言

むつ市や大間町《おおままち》などの下北《しもきた》半島で話されている。むつ市にある恐山《おそれざん》は、死者のたましいが集まる場所とされる山。大間町《おおままち》は津軽海峡《つがるかいきょう》でとれるクロマグロの水あげで有名。

津軽《つがる》方言

青森市《あおもりし》や弘前市《ひろさきし》など、県西部の津軽地域《つがるちいき》で話されている。津軽地域《つがるちいき》は江戸《えど》時代、津軽藩《つがるはん》の領土《りょうど》で、弘前市《ひろさきし》はその中心地だった。青森市《あおもりし》や弘前市《ひろさきし》などでは、毎年八月に「ねぶた」や「ねぷた」とよばれる巨大《きょだい》な灯《とう》ろうをのせた山車《だし》を引く祭りがおこなわれる。

南部方言

八戸市《はちのへし》や十和田市《とわだし》をはじめとする、県東部の南部地域《ちいき》で話されている。八戸市《はちのへし》は工業のほか、いかやさばなどの水あげがさかん。十和田市《とわだし》南西部と秋田県の境《さかい》には十和田湖《とわだこ》があり、十和田湖《とわだこ》から流れる奥入瀬渓流《おいらせけいりゅう》周辺《しゅうへん》には豊《ゆた》かな自然《しぜん》が広がる。

弘前市《ひろさきし》にある弘前城《ひろさきじょう》。津軽地域《つがるちいき》をおさめた津軽家《つがるけ》の城《しろ》で、江戸《えど》時代に築《きず》かれた天守などが残《のこ》る。

写真提供：弘前公園総合情報サイト

弘前市《ひろさきし》のりんご畑。津軽地域《つがるちいき》ではりんごの栽培《さいばい》がさかん。

南部地域《ちいき》の郷土料理《きょうどりょうり》、せんべい汁《じる》。小麦粉《こむぎこ》でつくったせんべいを、野菜《やさい》やとり肉などとともに煮《に》たもの。江戸《えど》時代、南部地域《ちいき》とともに南部藩《なんぶはん》の領土《りょうど》だった岩手県の北部から中部でも食べられている。

写真出典：農林水産省「うちの郷土料理」

奥入瀬渓流《おいらせけいりゅう》。周辺《しゅうへん》には自然《しぜん》林が広がり、新緑や紅葉《こうよう》を楽しみに多くの人が訪《おとず》れる。

発音の特徴

青森県の方言では、「い」と「え」、「し」と「す」、「じ」と「ず」を区別《くべつ》しません。「いか」が「いが」になるなど、語中や語尾《ごび》の「か行」が「が行」、「た行」が「だ行」の音になります。

また、「学校」を「がこ」と発音するなど、つまる「っ」やのばす音を省略《しょうりゃく》するという特《とく》徴《ちょう》があります。

南部地域《ちいき》の八戸《はちのへ》港《こう》は、日本有数のいかの水あげ港として有名。

アクセントの特徴 →P.13

県全域《ぜんいき》でほとんど東京式アクセントですが、ことばの頭から高い音や低《ひく》い音が連続《れんぞく》するという特《とく》徴《ちょう》があります。

文法の特徴

津軽《つがる》方言と南部方言では、文法《ぶんぽう》にもちがいがあります。たとえば推測《すいそく》をしめす「〜だろう」は、津軽《つがる》方言では「〜べ」、「〜びょん」と言いますが、南部方言では「〜ごった」と言います。

また、理由をしめす「〜だから」の言い方も異《こと》なり、たとえば「雨が降《ふ》っているから」は津軽《つがる》方言では「雨降《あめふり》てるはんで」、南部方言では「雨降《あめふり》てるすけ」と言います。

ことばの例

あずましー

青森県　北海道

意味　おだやかで心地よい。快適《かいてき》だ。

解説　のんびりして、くつろいだ気分をあらわす。

例文　あずましー湯っこだなー。（いい湯だなあ。）

かちゃくちゃね

青森県　山形県

意味　散《ち》らかっている。いらいらする。

け

青森県　東北地方

意味　食べなさい。召《め》し上がれ。

解説　「け」は「かゆい」や「ください」、「かゆ」などもあらわす。

津軽地域《つがるちいき》の郷土料理《きょうどりょうり》、けの汁《しる》。大根やにんじん、ごぼうなどの野菜《やさい》や、あぶらあげなどを細かくきざんで煮《に》こみ、味噌《みそ》で味付《あじつ》けしたもの。「かゆの汁《しる》」が名前の由来になったとされる。

写真出典：農林水産省「うちの郷土料理」

ごんぼほる

青森県　岩手県・秋田県

意味　だだをこねる。

解説　ごんぼ（ごぼう）を掘《ほ》るのがたいへんなことが由来になっているという。

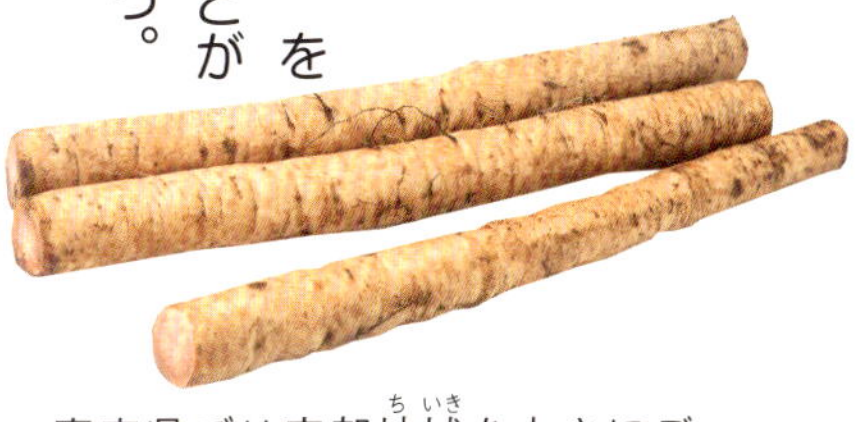

青森県では南部地域《ちいき》を中心にごぼうの生産《せいさん》がさかんで、日本一の生産量《せいさんりょう》をほこる（2022年度）。

めぐせ

青森県　津軽地域

意味　恥《は》ずかしい。

解説　南部方言では「正直だ」という意味になる。南部方言で「恥《は》ずかしい」は「しょし」と言う。

わがね

青森県　南部地域　北海道・東北地方

意味　駄目《だめ》だ。

解説　津軽《つがる》地域《ちいき》では「まね」と言う。

例文　遅《おく》れで来ればわがね。（遅《おく》れて来たらだめだ。）

岩手県

県内の主な方言

岩手県の方言は、大きく二つに分けられます。県の北部から中部にかけて話されている中北部方言と、南部で話されている南部方言です。

中北部方言は、江戸《えど》時代に南部藩《なんぶはん》（盛岡藩《もりおかはん》）がおさめていた地域《ちいき》で話されており、青森県や秋田県などの東北地方北部の方言と共通《きょうつう》の特徴《とくちょう》があります。一方、南部方言は仙台藩《せんだいはん》がおさめていた地《ち》域《いき》で話され、宮城県《みやぎけん》や福島県などの東北地方南部の方言と同じ特徴《とくちょう》がみられます。

発音の特徴

どちらの方言も、語中や語尾《ごび》の「か行」が「が行」に、「た行」が「だ行」になって発音されます。また、「し」と「す」、「じ」と「ず」、「ち」と「つ」の発音を区別《くべつ》しません。ただし、中北部方言では「す」が「し」になりやすく、南部方言では「し」が「す」になりやすいといった、地域《ちいき》によるちがいがあります。

また、「犬っこ」、「お茶っこ」のように、生き物や物をあらわすことばのあとに「っこ」をつけることがあります。これは北海道やほかの東北地方でもみられます。

盛岡市《もりおかし》を流れる北上川《きたかみがわ》。東北地方最大《さいだい》の川で、岩手県中央部を北から南へ流れ、宮城県《みやぎけん》で太平洋《たいへいよう》に注ぐ。

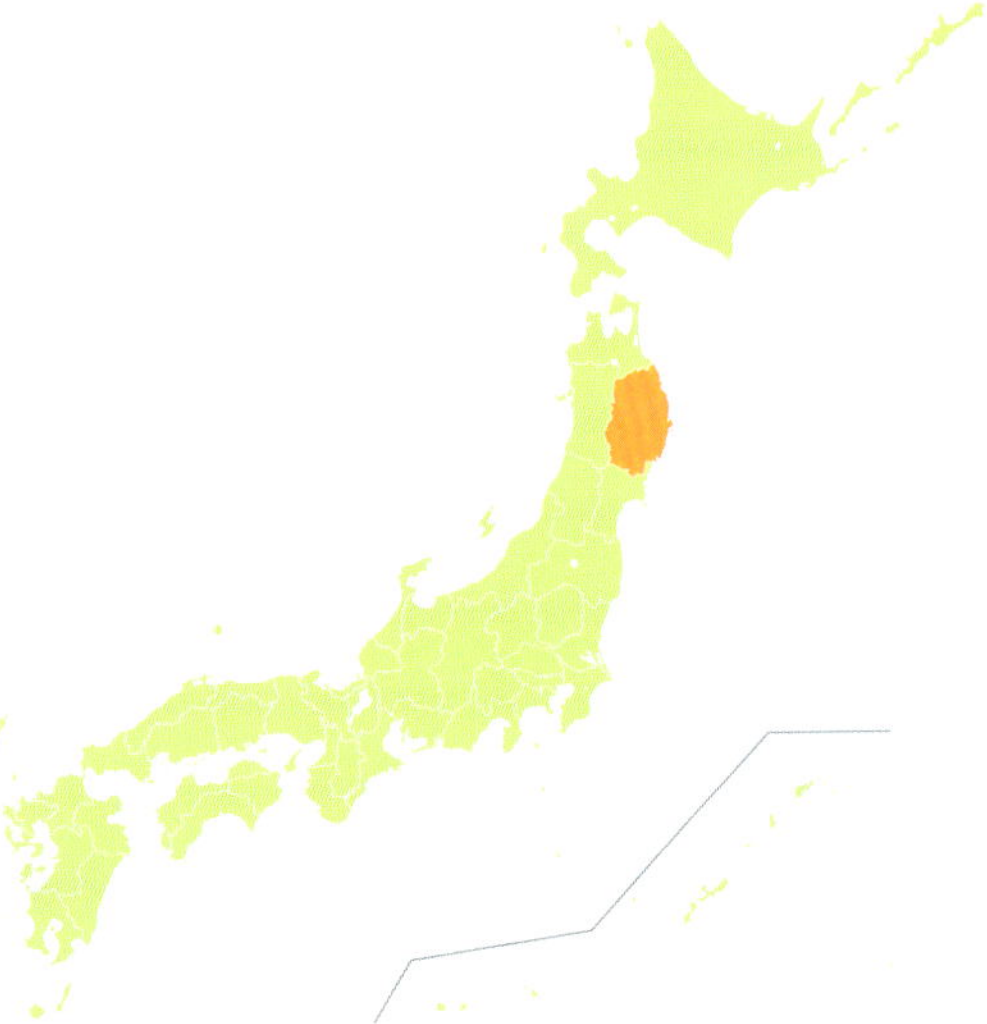

方言が話されている地域

中北部方言

盛岡市《もりおかし》や久慈市《くじし》、宮古市《みやこし》など、江戸《えど》時代に南部藩《なんぶはん》がおさめていた県北部から中部で話されている。盛岡市《もりおかし》は江戸《えど》時代に南部藩《なんぶはん》の中心地として発展《はってん》した地域《ちいき》。三陸沖《さんりくおき》に面した久慈市《くじし》や宮古市《みやこし》では漁業《ぎょぎょう》がさかん。

南部方言

北上市《きたかみし》や花巻市《はなまきし》、遠野市《とおのし》、平泉町《ひらいずみちょう》など、県南部で話されている。花巻市《はなまきし》は『銀河《ぎんが》鉄道《てつどう》の夜《よる》』などで知られる小説家《しょうせつか》、宮沢《みやざわ》賢治《けんじ》の出身地。遠野市《とおのし》には多くの民話《みんわ》が伝《つた》えられており、カッパが住むという「カッパ淵《ぶち》」がある。平泉町《ひらいずみちょう》は平安時代末期《まっき》に栄《さか》えた奥州藤原氏《おうしゅうふじわらし》という一族の本《ほん》拠地《きょち》があった地域《ちいき》。

南部鉄器《なんぶてっき》の鉄びん。南部鉄器《なんぶてっき》は盛岡市《もりおかし》や奥州市《おうしゅうし》でつくられている金工品。江戸《えど》時代に南部藩《なんぶはん》の藩主《はんしゅ》が京都から職人《しょくにん》をまねき、茶釜《ちゃがま》をつくらせたのがはじまり。

盛岡市《もりおかし》や花巻市《はなまきし》の名物、わんこそば。「わんこ」は「椀《わん》」に「っこ（こ）」がついた言い方で、椀《わん》に入ったひと口分のそばを食べ終わるたびに、給仕《きゅうじ》をする人が新しいそばを入れるという方法《ほうほう》で食べる。

岩手県《いわてけん》平泉町《ひらいずみちょう》にある毛越寺《もうつうじ》の浄土庭園《じょうどていえん》。毛越寺《もうつうじ》は奥州藤原氏《おうしゅうふじわらし》の二代当主《にだいとうしゅ》基衡《もとひら》と三代当主《さんだいとうしゅ》秀衡《ひでひら》によって造営《ぞうえい》された。伽藍《がらん》はすべて失《うしな》われたが、平安時代に造《つく》られた浄土庭園《じょうどていえん》はいまも受けつがれている。

チャグチャグ馬コ。「馬コ」は「馬っこ」と発音する。毎年六月に、着飾《きかざ》った馬を連《つ》れて、岩手県滝沢市《たきざわし》の鬼越蒼前《おにこしそうぜん》神社から盛岡市《もりおかし》の盛岡八幡宮《もりおかはちまんぐう》まで行進する。くらしをささえる馬への感謝《かんしゃ》の気持ちから、江戸《えど》時代にはじまったという。

アクセントの特徴 ↓P.13

沿岸部《えんがんぶ》を中心に、広く東京式のアクセントが使われています。

文法の特徴

共通語《きょうつうご》の「〜だから」は、中北部方言では「〜（だ）すけぁ」、南部方言では「〜（だ）がら」と言います。また、相手の行為《こうい》をうやまった言い方をするとき、中北部方言は「〜はる」、南部方言は「お〜ある」をつけます。

中北部方言
読まはる。
南部方言
お読めぁる。
銀河鉄道の夜
宮沢賢治

ことばの例

あべ

岩手県
秋田県・宮城県

意味 行きましょう。

例文 おれと一緒《いっしょ》にあべ！（私《わたし》と一緒《いっしょ》に行こう！）

おしずかに

岩手県
青森県・秋田県・福島県

意味 気をつけてお帰りください。さようなら。

解説 なにかにさまたげられることなく、静《しず》かに帰ることができるようにという気持ちから生まれたことば。

岩手山《いわてさん》に沈《しず》む夕日。岩手山《いわてさん》は県の最高峰《さいこうほう》であり、東北地方を南北にはしる奥羽山《おううさん》脈《みゃく》の最高峰《さいこうほう》でもある。

おしずかに。
（気をつけてお帰りください。）

きどころね

岩手県
東北地方・関東地方

意味 うたたね。仮眠《かみん》。

解説 寝間着《ねまき》などに着替《きが》えることなく、そのまま寝《ね》てしまうことをあらわす。

じぇじぇじぇ

久慈市小袖地区

意味 （驚《おどろ》きをしめす）

解説 県北地域《ちいき》の久慈市小《くじしこ》袖《そで》地区に伝《つた》わる方言。「じぇ」や「じぇじぇ」も使われ、驚《おどろ》きが大きいほど「じぇ」の回数が増《ふ》える。盛岡市《もりおかし》では「じゃじゃじゃ」と言う。

じぇじぇじぇ!!

しゃっけ

岩手県
東北地方・関東地方北部・東海地方

意味 冷《つめ》たい。

解説 「冷《ひ》やっこい」が変化《へんか》したもの。「さっけ」、「はっこえ」なども言う。

しゃっけえ！
（冷《つめ》たい！）

とじぇんこだ

岩手県
秋田県・宮城県・山形県

意味 さびしい。たいくつだ。

解説 「さびしい」や「たいくつ」を意味する「徒然《とぜん》」が由来だとされる。

とじぇんこだ……。
（たいくつだ……。）

宮城県

県内の主な方言

宮城県《みやぎけん》は、ほとんどの地域《ちいき》が江戸《えど》時代に仙台藩《せんだいはん》の領地《りょうち》でした。そのため、県内で話すことばに大きなちがいはありません。アクセントのちがいから、県の北部で話される北部方言と、南部で話される南部方言に分けることがあります。

発音の特徴

「し」、「す」、「しゅ」はすべて「す」と発音され、「ち」、「つ」、「ちゅ」はすべて「つ」と発音されます。また、語中や語尾《ごび》の「か行」は「が行」に、「た行」は「だ行」の音になります。これらは、東北地方で広く見られる特徴《とくちょう》です。

宮城県《みやぎけん》の三陸海岸周辺《さんりくかいがんしゅうへん》は牡蠣《かき》の産地《さんち》として有名。

方言が話されている地域

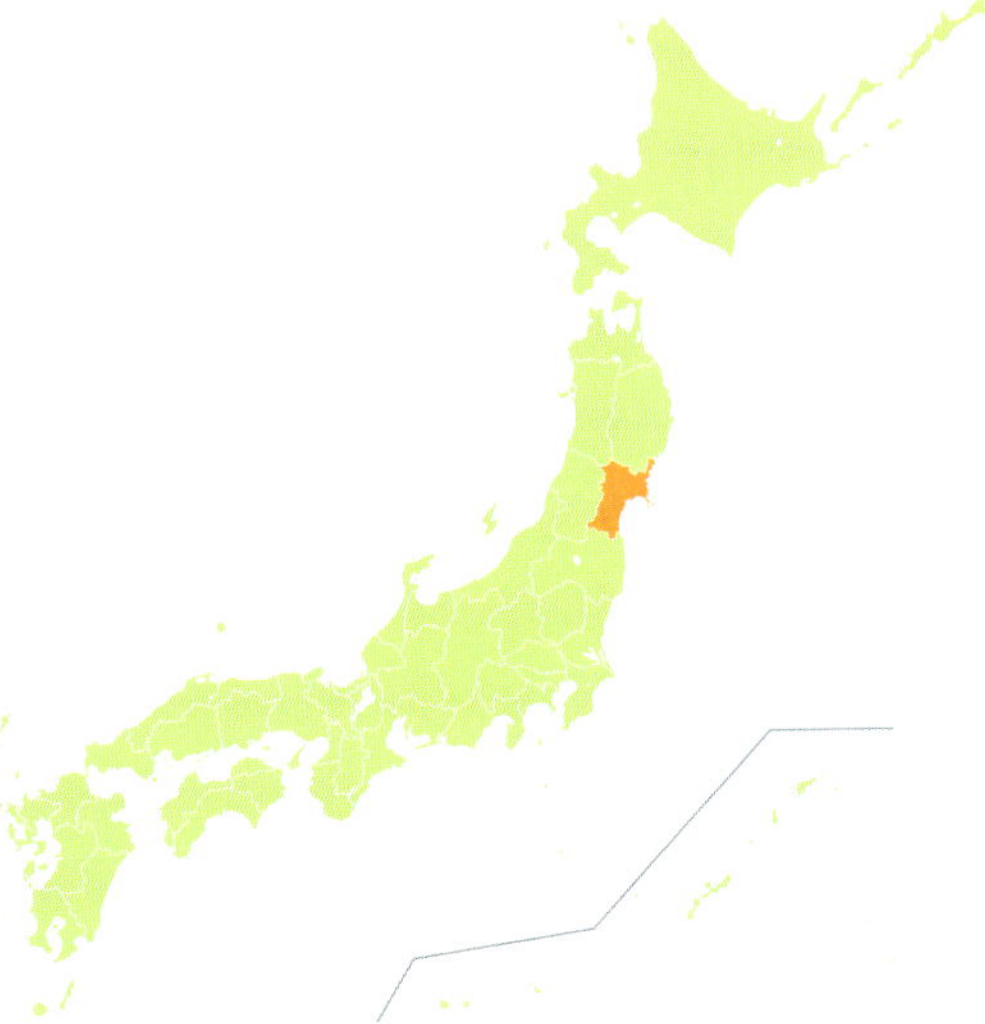

北部方言

仙台市《せんだいし》より北の県北部で話されている。県北部の気仙沼市《けせんぬまし》や石巻市《いしのまきし》の沿岸《えんがん》に広がる三陸《さんりく》海岸は、湾《わん》が複雑《ふくざつ》に入り組んだリアス海岸で、漁業《ぎょぎょう》がさかん。松島町《まつしままち》は、日本でもっとも美しい景色《けしき》のひとつとされる松島《まつしま》で知られる。大崎市《おおさきし》の鳴子温泉《なるこおんせん》は東北地方有数の温泉地《おんせんち》。

気仙沼市《けせんぬまし》の気仙沼港《けせんぬまこう》でのかつおの水あげ。気仙沼市《けせんぬまし》の生のかつおの水あげ量《りょう》は、28年連続《れんぞく》で日本1位《い》（2024年時点）。

南部方言

仙台市《せんだいし》をふくむ県南部で話されている。仙台市《せんだいし》は江戸《えど》時代に伊達政宗《だてまさむね》を初代藩《しょだいはん》主《しゅ》とする仙台藩《せんだいはん》の城下町《じょうかまち》として発展《はってん》した地域《ちいき》で、東北地方を代表する都市。県南西部の山形県との県境《けんざかい》には火山の集まり、蔵王連峰《ざおうれんぽう》がある。白石市《しろいしし》は白石城《しろいしじょう》の城下町《じょうかまち》として、また、奥州街道《おうしゅうかいどう》＊の宿場町として栄《さか》えた。

松島《まつしま》。260あまりの大小の島々《しまじま》がうかぶ松島湾《まつしまわん》の景色《けしき》を指す。江戸《えど》時代には俳人《はいじん》、松尾芭蕉《まつおばしょう》も訪《おとず》れた。

仙台城跡《せんだいじょうし》にある伊達政宗《だてまさむね》の銅像《どうぞう》。伊達政宗《だてまさむね》は安土桃山《あづちももやま》時代から江戸《えど》時代にかけて活躍《かつやく》した武将《ぶしょう》で、仙台藩《せんだいはん》の初代藩主《しょだいはんしゅ》。現在《げんざい》の仙台市《せんだいし》の発展《はってん》の基礎《きそ》を築《きず》いた。

蔵王連峰《ざおうれんぽう》の宮城県側《みやぎけんがわ》にある「御釜《おかま》」。火口にできた湖で、光の当たり方によって湖面の色がさまざまに変《か》わることから「五色沼《ごしきぬま》」ともよばれる。

＊奥州街道《おうしゅうかいどう》…江戸《えど》時代に整備《せいび》された、江戸《えど》（現在《げんざい》の東京都中心部）と東北地方をむすんだ街道《かいどう》。

アクセントの特徴

→P.13

県内の方言のちがいはアクセントです。北部方言はほぼ東京式ですが、南部方言は無型《むけい》アクセントで、「雨」と「飴《あめ》」をアクセントで区別《くべつ》しません。

文法の特徴

文章の最後《さいご》に、「〜だ」、「〜だよ」、「〜じゃない」を意味する「だっちゃ」をよくつけて話します。

また、さまざまな場面で「〜べ」や「〜っぺ」を使います。たとえば「まもなぐ来っぺ。（もうすぐ来るだろう。）」のように推測《すいそく》して言うときや、「がんばっぺ。（がんばろう。）」のように意思をあらわすとき、「明日、海さ行くべ。（明日、海に行こう。）」のように人をさそうとき、すべて「〜べ」や「〜っぺ」で表現《ひょうげん》します。

明日、七夕まつりさ行くべ！
（明日、七夕まつりに行こう！）

仙台市《せんだいし》で毎年８月６〜８日におこなわれる仙台七夕《せんだいたなばた》まつり。はなやかな七夕かざりが市内のあちこちにかざられ、多くの人でにぎわう。江戸《えど》時代、伊達政宗《だてまさむね》が藩主《はんしゅ》だった時代からつづく伝統《でんとう》行事。

ことばの例

いずい
宮城県
東北地方・東京都八丈島など

意味 違和感《いわかん》がある。居心地《いごこち》が悪い。

解説 「恐《おそ》ろしい」をあらわす「えずい」ということばが変化《へんか》したものだと考えられている。

めぁえんずえや。
（目がごろごろするぞ。）

ジャス
宮城県

意味 ジャージ。

解説 近年になって仙台市《せんだいし》で使われるようになり、県内に広まったとされる。

だから
宮城県
東北地方

意味 そうだ。

解説 強い同意をあらわす。より強い同意をあらわすときには、「んだっちゃだれ」が使われる。

宮城県《みやぎけん》といえば伊達政宗公《だてまさむねこう》だっちゃ！（宮城県《みやぎけん》といえば伊達政宗公《だてまさむねこう》だよね！）
だから〜！（だよね〜！）

ちょす
宮城県
北海道・東北地方・新潟県

意味 さわる。いじる。かまう。

ちょすな！
（さわったらだめだよ！）

宮城県《みやぎけん》の名物、ずんだ餅《もち》。「ずんだ」とよばれる、すりつぶしたえだまめに砂糖《さとう》や塩《しお》などを加《くわ》え、もちにからめてつくる。

ねっぱす
宮城県
岩手県・山形県・福島県

意味 はりつける。くっつける。

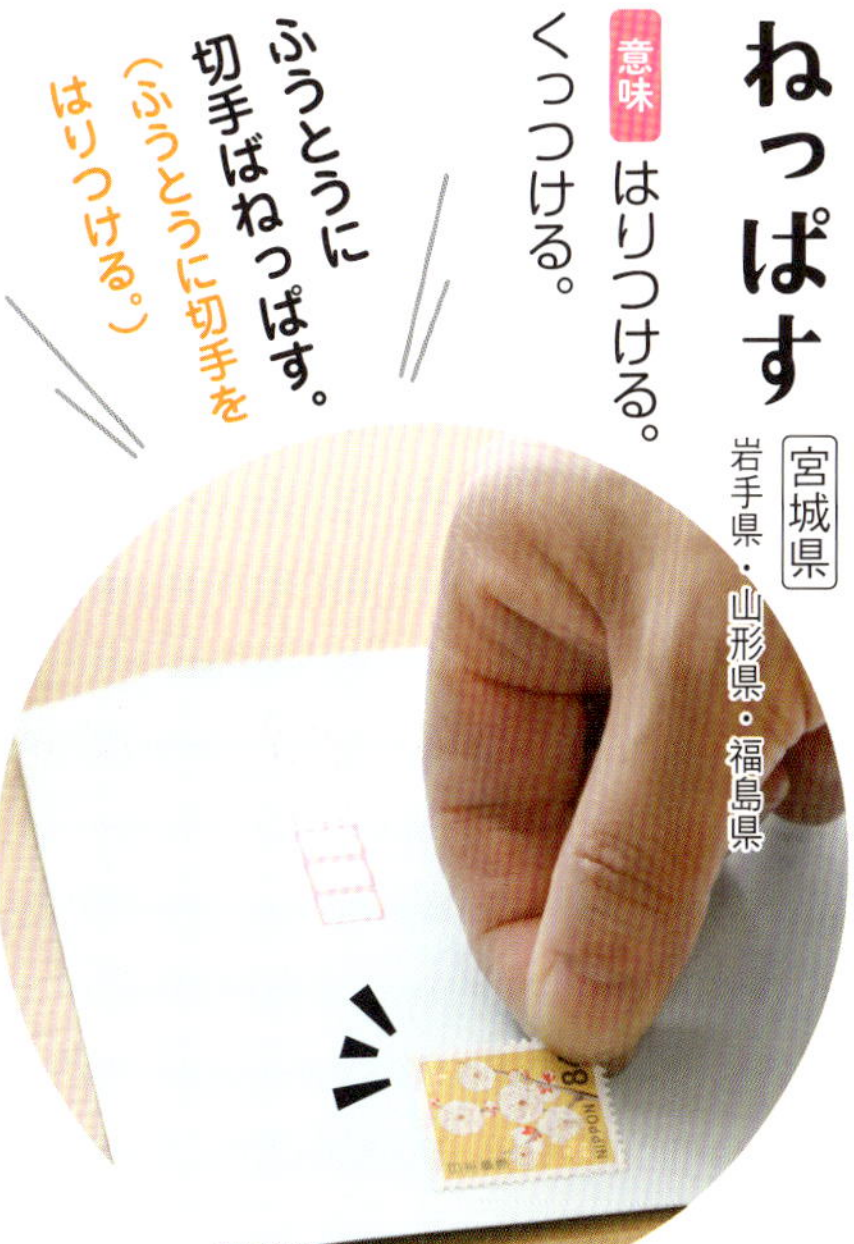
ふうとうに切手ばねっぱす。
（ふうとうに切手をはりつける。）

むじる
宮城県
山形県・福島県など

意味 （道を）曲がる。

例文 あの角、右さむじらえ。（あの角を右にまがって。）

秋田県

県内の主な方言

秋田県の方言は、それぞれ県の北部、中部、南部で話されている北部方言、中央方言、南部方言の三つに分けることができます。江戸《えど》時代に県の大部分が秋田藩《あきたはん》の領土《りょうど》だったため、県内の方言に大きなちがいはないと言います。

ただし、南部藩《なんぶはん》がおさめていた県北部の鹿角地《かづのち》域《いき》と、さまざまな藩《はん》の領土《りょうど》に分かれていた県南部沿岸《えんがん》の由利地域《ゆりちいき》で話されている方言には、ほかとは異《こと》なる特徴《とくちょう》もみられます。

発音の特徴

「い」と「え」、「し」と「す」の発音を区別《くべつ》しない、「せ」が「しぇ」や「へ」と発音されるといった特徴《とくちょう》があります。また、語中や語尾《ごび》の「か行」が「が行」に、「た行」が「だ行」になります。これらは、東北地方でよくみられる特徴《とくちょう》です。

白神《しらかみ》山地のブナ林。

大館市《おおだてし》や鹿角市《かづのし》を中心とする秋田県の郷《きょう》土料理《どりょうり》、きりたんぽ鍋《なべ》。つぶしたごはんを棒《ぼう》に巻《ま》きつけて焼《や》いた「たんぽ」を野菜《やさい》やきのこ、とり肉とともに煮《に》こんでつくる。

方言が話されている地域

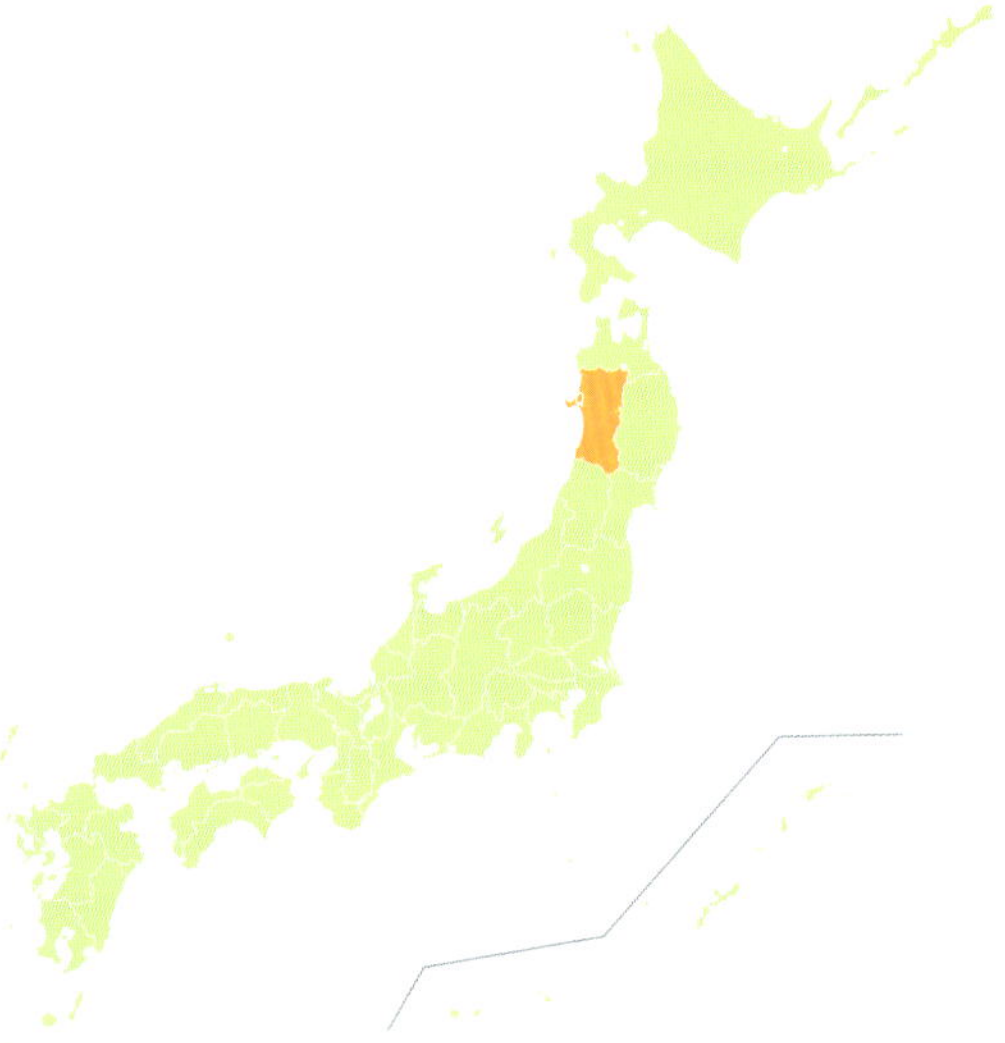

北部方言

大館市《おおだてし》などの県北部で話されている。大館市《おおだてし》は地元でとれる秋田杉《あきたすぎ》からつくる「大館曲《おおだてま》げわっぱ」という伝統工芸品《でんとうこうげいひん》で知られる。県北西部から青森県南西部にかけては、ブナの原生林が広がる白神《しらかみ》山地がある。

中央方言

秋田市《あきたし》や男鹿《おが》半島などの県中部で話されている。秋田市《あきたし》は江戸《えど》時代に久保田藩《くぼたはん》の城下町《じょうかまち》として栄《さか》えた地域《ちいき》。男鹿《おが》半島は「ナマハゲ」という、仮面《かめん》とみのを身につけた神の使いが家々《いえいえ》をまわる行事で知られる。

ナマハゲ。大みそかの夜、木でできた包丁《ほうちょう》などを手に「泣《な》く子はいねがぁー」などとさけびながら家々《いえいえ》をまわる。人々《ひとびと》がなまけないよう注意し、わざわいをはらい、豊作《ほうさく》をもたらすとされる。

南部方言

横手市《よこてし》や由利本荘市《ゆりほんじょうし》などの県南部で話されている。横手市《よこてし》は豪雪地帯《ごうせつちたい》として知られ、毎年二月には雪でつくったかまくらに水の神をまつる「横手《よこて》のかまくら」がおこなわれる。

横手《よこて》のかまくら。かまくらの中に子どもたちが入り、「入ってたんせ。(入ってください)。」、「おがんでたんせ。(おがんでください)。」と人をまねき、菓子《かし》でもてなす。

アクセントの特徴 →P.13

県の全域《ぜんいき》で、ほぼ東京式アクセントです。

声に出してみよう!!

［鹿角市《かづのし》］

雨　あめ

歌う　うたう

高い　たかい

文法の特徴

「～だろう」と推量《すいりょう》するときの表現《ひょうげん》は、方言によって異《こと》なります。鹿角地域《かづのちいき》では「～ごった」、由利地域《ゆりちいき》では「～でろ」や「～がろ」、そのほかの地域《ちいき》では「～べ」、「～びょん」と言います。

秋田県大仙市《だいせんし》で毎年８月に開かれる「大曲《おおまがり》の花火《はなび》」は、100年以上《いじょう》の歴史《れきし》をもつ、日本最高峰《さいこうほう》の花火の競技《きょうぎ》大会のひとつ。

明日、大曲《おおまがり》の花火さ行ぐびょん！
（明日、大曲《おおまがり》の花火に行くつもりだよ！）

ことばの例

いだまし

秋田県　北海道南部・東北地方・新潟県

意味　惜《お》しい。もったいない。

例文　いだましごどした。（惜《お》しいことをした。）

がっこ

秋田県　宮城県・山形県・岐阜県

意味　漬《つ》け物《もの》。

例文　このいぶりがっこ、んめぁなあ。（このいぶりがっこ、おいしいなあ。）

秋田県の郷土料理《きょうどりょうり》、いぶりがっこ。大根の漬《つ》け物《もの》をいぶしてつくる冬の保存食《ほぞんしょく》。

ごしゃぐ

秋田県　岩手県・宮城県・山形県

意味　怒《おこ》る。叱《しか》る。

解説　「後世《ごせ》を焼《や》く」がもとになったとされる。「後世《ごせ》」は「死んだあとに行く苦しみのない世界」を指し、それを怒《いか》りでだいなしにすることをあらわしているとされる。

ナマハゲにごしゃがれる……。
（なまはげに怒《おこ》られる……。）

しが

秋田県 南部　北海道・東北地方・関東地方北部

意味　つらら。

解説　県北部と鹿角地域《かづのちいき》では「たろんぺ」、県中部では「しがま」、県南部では「しが」、由利地域《ゆりちいき》の一部では「たろご」などとよぶ。また、氷や雪を指す地域《ちいき》もある。

ねまる

秋田県　北海道・東北地方・中部地方

意味　座《すわ》る。

まんず、ねまれ。
（まあ、座《すわ》って。）

秋田犬《あきたいぬ》。秋田県原産《げんさん》の犬で、国の天然記念物《てんねんきねんぶつ》に指定されている。

はやす

秋田県　東北地方・新潟県・中国地方

意味　切る。

解説　「切る」という不吉《ふきつ》なことばを口にしないために生まれた、古いことば。

りんごはやす。
（りんごを切る。）

山形県

県内の主な方言

山形県の方言は大きく二つに分けられます。日本海に面した庄内地域《しょうないちいき》で話されている庄内方言《しょうないほうげん》と、内陸部《ないりくぶ》で話されている内陸方言《ないりくほうげん》です。さらに内陸方言《ないりくほうげん》は、北部、中部、南部でそれぞれ話されている最上方言《もがみほうげん》、村山方言、置賜方言《おきたまほうげん》の三つに分けられます。

連《つら》なる山々《やまやま》によって行き来がしづらかったことから、庄内方言《しょうないほうげん》と内陸方言《ないりくほうげん》ではアクセントが大きく異《こと》なるほか、発音や文法《ぶんぽう》、使うことばについてもさまざまなちがいがあります。

庄内平野《しょうないへいや》と月山《がっさん》。山形県中部にそびえる月山《がっさん》は、県の沿岸部《えんがんぶ》と内陸部《ないりくぶ》をへだてる山のひとつ。となり合《あ》う羽黒山《はぐろさん》、湯殿山《ゆどのさん》とともに出羽三山《でわさんざん》とよばれ、古くから信仰《しんこう》の対象《たいしょう》となってきた。

方言が話されている地域

庄内方言《しょうないほうげん》

酒田市《さかたし》や鶴岡市《つるおかし》など、日本海《にほんかい》に面した庄内地域《しょうないちいき》で話されている。最上《もがみ》川《がわ》の河口《かこう》がある酒田市《さかたし》は、江戸《えど》時代に日本海側《にほんかいがわ》有数の港町として栄《さか》えた。庄内《しょうない》平野では米づくりもさかん。

ベニバナ。加工《かこう》すると紅《べに》色《いろ》の染料《せんりょう》となる。江戸《えど》時代には酒田《さかた》から北前船《きたまえぶね》*で上方《かみがた》（現在《げんざい》の大阪府《おおさかふ》や京《きょう》都府《とふ》）へと運ばれた。

酒田市《さかたし》の日和山《ひよりやま》公園に展示《てんじ》されている北前船《きたまえぶね》の模型《もけい》。

里いもを煮《に》こんでつくる山形県の郷《きょう》土料理《どりょうり》、いも煮《に》も、地域《ちいき》によって里いも以外《いがい》の具材《ぐざい》や味つけが異《こと》なる。

最上方言《もがみほうげん》

内陸《ないりく》北部の最上地域《もがみちいき》で話されている。最上地域《もがみちいき》は周囲《しゅうい》を奥羽山脈《おううさんみゃく》などの山々《やまやま》に囲《かこ》まれ、地域《ちいき》の約八割《やくはちわり》が森林。江戸《えど》時代には新庄藩《しんじょうはん》の領地《りょうち》で、新庄市《しんじょうし》はその中心地として発展《はってん》した。

新庄市《しんじょうし》で毎年8月に開かれる新庄《しんじょう》まつりは、260年以上《いじょう》の歴史《れきし》をもつ。はなやかな20台の山車《だし》がまちをめぐる。

村山方言

県庁所在地《けんちょうしょざいち》の山形《やまがた》市《し》など、山形盆地《やまがたぼんち》を中心とした内陸《ないりく》中部の村山地域《ちいき》で話されている。山《やま》形盆地《がたぼんち》では昼夜の寒暖差《かんだんさ》をいかした、さくらんぼなどの果物《くだもの》の生産《せいさん》がさかん。

置賜方言《おきたまほうげん》

内陸《ないりく》南部の置賜地域《おきたまちいき》で話されている。江戸《えど》時代には米沢藩《よねざわはん》の領地《りょうち》で、米沢市《よねざわし》はその城下《じょうか》町《まち》として発展《はってん》した。米沢藩《よねざわはん》第九代藩主《はんしゅ》の上杉鷹山《うえすぎようざん》は、産業《さんぎょう》の発展《はってん》や教育に力を入れた理想のリーダーとして有名。

＊北前船《きたまえぶね》…江戸《えど》時代半ばから明治《めいじ》時代にかけて、大坂（大阪《おおさか》）と北海道を行き来した船。瀬戸内海《せとないかい》・日本海沿岸《にほんかいえんがん》の各地《かくち》に寄港《きこう》し、積《つ》み荷《に》を売り買いしながら航行《こうこう》した。

共通語《きょうつうご》
すし
庄内方言
しし
内陸方言
すす

米沢市《よねざわし》の郷土料理《きょうどりょうり》、塩引《しおび》きずし。塩漬《しおづ》けにしたさけを押《お》しずしにしたもの。昔は新鮮《しんせん》な魚が手に入りづらかった米沢市《よねざわし》で、祝《いわ》い事《ごと》の際《さい》に食べられてきた。

写真出典：農林水産省「うちの郷土料理」

発音の特徴

「し」と「す」、「じ」と「ず」、「つ」と「ち」の区別《くべつ》がありません。ただし、「し」は庄内《しょうない》方言では「し」、内陸《ないりく》方言では「す」と発音することが多く、「す」は庄内《しょうない》方言では「し」、内陸《ないりく》方言では「す」と発音することが多いという傾向《けいこう》があります。

アクセントの特徴 ↓P.13

庄内《しょうない》方言と最上《もがみ》方言は、ほぼ東京式アクセントです。村山方言と置賜《おきたま》方言は無型《むけい》アクセントで、「雨」と「飴《あめ》」をアクセントで区別《くべつ》しません。

文法の特徴

庄内《しょうない》方言と内陸《ないりく》方言では、推測《すいそく》や、可能《かのう》なことをしめすときの言い方が異《こと》なります。たとえば「雨が降《ふ》るだろう」は庄内《しょうない》方言では「雨降《あめふり》んろー」、内陸《ないりく》方言では「雨降《ふ》んべー」といいます。

地域《ちいき》によって、語尾《ごび》もさまざまです。たとえば「そうだ（んだ）」を強い気持ちで伝《つた》えたいとき、庄内《しょうない》方言では「んだの一」、最上《もがみ》方言では「んだじゅ」、村山方言では「んだず」、置賜《おきたま》方言では「んだごで」と言います。

ことばの例

あざぐ

山形県　茨城県

意味　ほかの人のものを、ごちゃごちゃ引っかき回して探《さが》すこと。

おれの机《つくえ》、あざぐな！
（わたしの机《つくえ》を、引っかきまわさないで！）

うるがす

山形県　東北地方・新潟県

意味　水にひたして水をふくませたり、やわらかくしたりする。

解説　北海道や東北地方で広く使われる。「うるがす」「うろかす」と言う地域《ちいき》もある。

米うるがしておげ。
（米を水にひたしておいて。）
白米
炊きこみ
無洗米
発芽玄米
おかゆ

おしょうしな

山形県 置賜地域　新潟県・長野県・静岡県

意味　ありがとう。

解説　「しょうし」は「気の毒《どく》だ」という意味をもつ「笑止《しょうし》」がもとになっている。同じ内陸《ないりく》でも、最上地域《もがみちいき》は「ありがとさま」、村上地域《ちいき》は「ありがとうさん」と言う。

まぐまぐでゅう

山形県 庄内地域

意味　吐《は》き気がして気持ちが悪い。混乱《こんらん》してあたふたする。

解説　「まぐまぐ」は「気持ちが悪い」、「混乱《こんらん》する」という意味。「でゅう」は、擬音語《ぎおんご》などのあとにつけて「〜する」をあらわす。

今日はあっちゃぐでまぐまぐでゅう…。
（今日は暑くて気持ちが悪い…。）

山形盆地《やまがたぼんち》にある山形市《やまがたし》は、きびしい暑さで知られる。

もっけだのー

山形県 庄内地域

意味　申《もう》し訳《わけ》ない。ありがとう。

解説　「申《もう》し訳《わけ》ない」は内陸《ないりく》地方では「ぶじょほ」という。

やばつぇ！

やばち

山形県　北海道・東北地方

意味　（水にぬれて気持ちが悪いときに発することば。）

解説　とつぜん、冷《つめ》たい水が体にかかったときにおどろいて言うことば。「やばつい」「やばつぇ」と言う地域《ちいき》もある。

福島県

県内の主な方言

福島県は、東部の阿武隈《あぶくま》高地と西部の奥羽山脈《おううさんみゃく》を境《さかい》に、沿岸部《えんがんぶ》から浜通《はまどお》り地域《ちいき》、中通り地域《ちいき》、会《あい》津《づ》地域《ちいき》の三つの地域《ちいき》に分かれています。方言もこの地域《ちいき》区分に沿《そ》って、浜通《はまどお》り方言、中通り方言、会津《あいづ》方言の三つに分けられます。

県の南北でもちがいがあり、北部は東北地方の、南部は関東《かんとう》地方の方言と共通《きょうつう》の特徴《とくちょう》があります。

発音の特徴

語中や語尾《ごび》の「か行」が「が行」に、「た行」が「だ行」になります。また、「し」と「す」と「しゅ」、「じ」と「ず」と「じゅ」、「ち」と「つ」と「ちゅ」の発音の区別《くべつ》がありません。これらは東北地方の方言で広くみられる特徴《とくちょう》です。

福島県伊達市《だてし》の特産品《とくさんひん》、あんぽ柿《がき》。渋柿《しぶがき》を硫黄《いおう》でいぶしてから乾燥《かんそう》させてつくる。果肉《かにく》がゼリーのようにやわらかく、甘《あま》い。

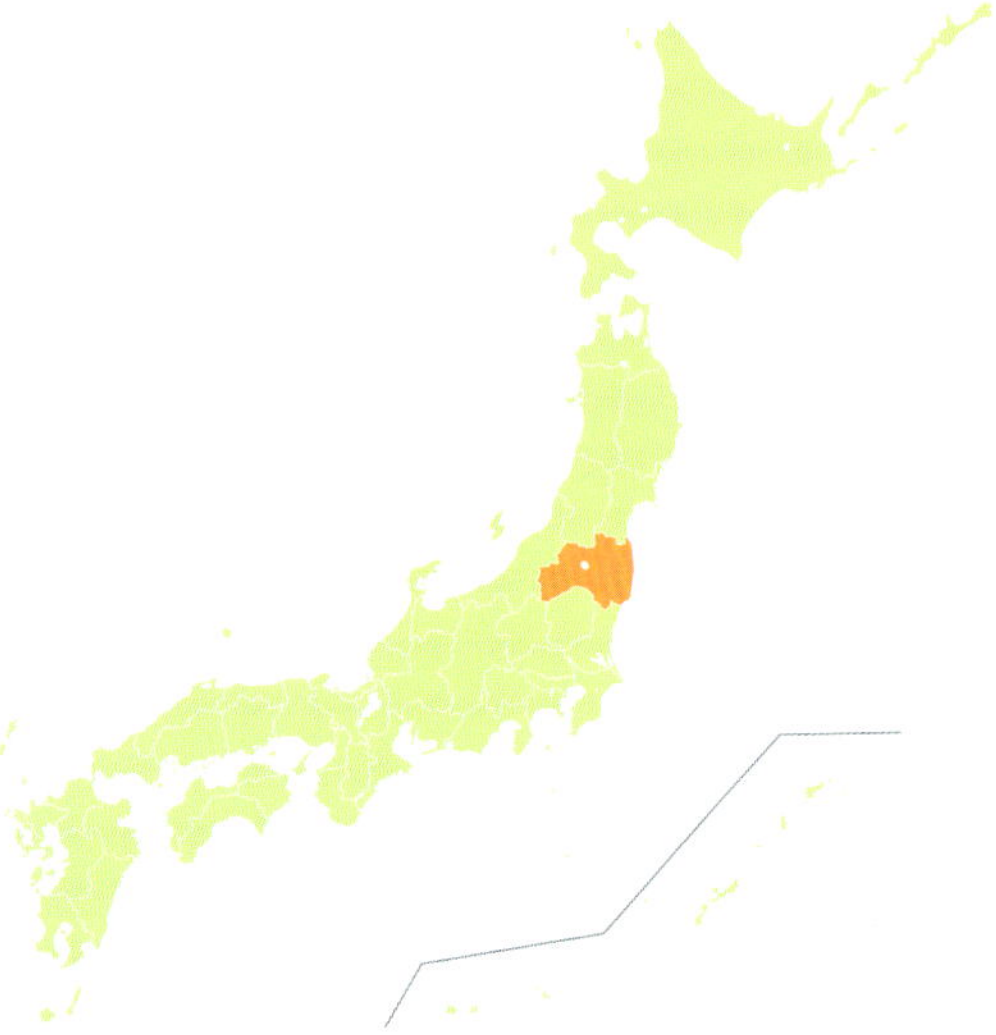

方言が話されている地域

中通り方言

福島市《ふくしまし》や郡山市《こおりやまし》、白河《しらかわ》市《し》など、県中部の中通り地域《ちいき》で話されている。福島盆地《ふくしまぼんち》や郡山盆《こおりやまぼん》地《ち》が広がる中通り地域《ちいき》では、夏は暑く、冬は寒い気候《きこう》をいかしたももやりんご、なしなどの果物《くだもの》の生産《せいさん》がさかん。

白河市《しらかわし》にある白河関跡《しらかわのせきあと》。奈良《なら》時代から平安時代まで、東北地方へ行くときに通る関所《せきしょ》があった。和歌によみこむ歌枕《うたまくら》として人気となり、平安時代の歌人、西行《さいぎょう》や、江戸《えど》時代の俳《はい》人《じん》、松尾芭蕉《まつおばしょう》も訪《おとず》れた。

福島市《ふくしまし》で育てられているもも。

浜通《はまどお》り方言

相馬《そうま》市《し》やいわき市《し》など、県沿《えん》岸部《がんぶ》の浜通《はまどお》り地域《ちいき》で話されている。県沿岸部《えんがんぶ》は年間を通してあたたかく、いわき市《し》では観光業《かんこうぎょう》がさかん。さんまやかつおなどの水あげでも有名。

会津《あいづ》方言

会津若松市《あいづわかまつし》や喜多方市《きたかたし》など、県内陸部《ないりくぶ》の会津地域《あいづちいき》で話されている。会津若《あいづわか》松市《まつし》は、現在《げんざい》の県西部をおさめた会津藩《あいづはん》の城下町《じょうかまち》として栄《さか》えた地域《ちいき》。明治《めいじ》時代には旧《きゅう》幕府軍《ばくふぐん》と新政府軍《しんせいふぐん》が戦《たたか》う戊辰戦争《ぼしんせんそう》の戦場《せんじょう》となった。喜多方市《きたかたし》はラーメンのまちとして知られる。

会津地域《あいづちいき》に伝《つた》わる郷土玩具《きょうどがんぐ》、赤べこ。赤色の牛の張《は》り子《こ》人形で、「べこ」は東北地方の方言で「牛」のこと。わざわいをはらい、幸運をよびよせる縁起物《えんぎもの》として人気。

下郷町《しもごうまち》の大内宿《おおうちじゅく》。江《え》戸《ど》時代に現在《げんざい》の会津《あいづ》若松市《わかまつし》と栃木県日光《とちぎけんにっこう》市《し》をむすぶ街道《かいどう》の宿場町だった。

相馬市《そうまし》などの相馬地域《そうまちいき》に伝《つた》わる伝統《でんとう》行事、相馬野馬追《そうまのまおい》。数百基《き》の騎馬武者《きばむしゃ》が会場を駆《か》ける「甲冑競馬《かっちゅうけいば》」などがおこなわれる。

写真提供：相馬野馬追執行委員会

アクセントの特徴

↓P.13

県のほとんどの地域《ちいき》で無型《むけい》アクセントです。そのためアクセントのちがいでは同じ音のことばを区別《くべつ》できません。しかし「花」を「はな」、「鼻」を「はなど」、「雲」を「くも」、虫の「クモ」を「くぼ」と言うなど、別《べつ》の音をつけたり、音を変《か》えたりして、区別《くべつ》できるようにしていることばもあります。

はな
（花）

福島県福島市《ふくしまし》にある花見山公園《はなみやまこうえん》。春になると、さくらをはじめとしたさまざまな花が咲《さ》き、多くの人が訪《おとず》れる。

はなど
（鼻）

文法の特徴

「～しよう」、「～だろう」、「いっしょに～しよう」と言うときには、「雨だべー」、「いっしょに行ぐべー」のように「べー」をつけます。これは関東《かんとう》地方でもみられる特徴《とくちょう》です。

相手をうやまう言い方として、文の最後《さいご》につける「～ない」、「～なし」があります。たとえば「んだない」、「んだなし」は、どちらも「そうですね」という意味です。

ことばの例

あぐど
福島県 東北地方・中部地方

意味 かかと。

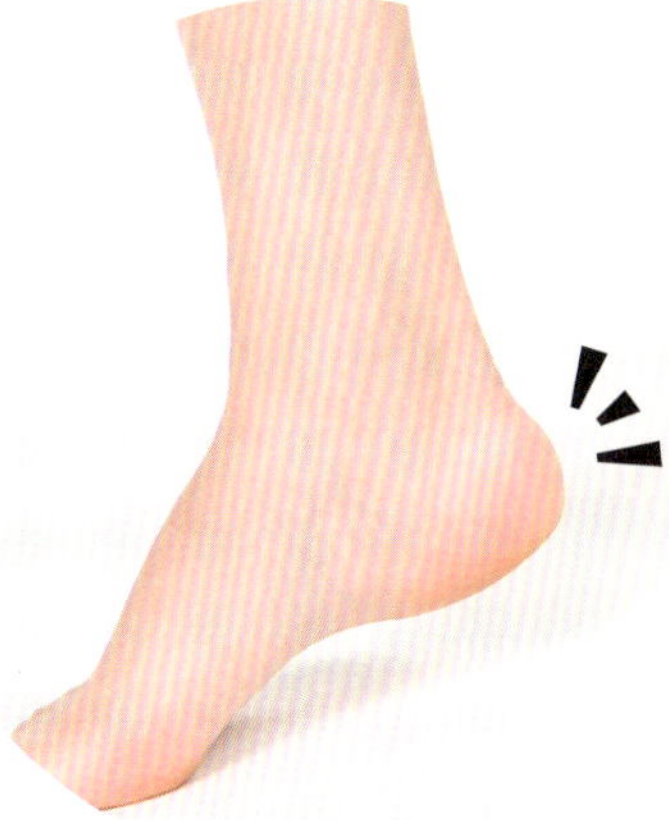

こじはん
福島県 東北地方・関東地方

意味 おやつ。軽食。

解説 地域《ちいき》によって「こじゅはん」、「おこじゅ」などとも言う。農作業の合間に食べるおにぎりなどの軽食、「小《こ》昼飯《ぢゅうはん》」がもとになったとされる。

くるみゆべし。くるみを混《ま》ぜこんだあまじょっぱい餅菓子《もちがし》で、福島県や山形県をはじめとした東北地方の郷土菓子《きょうどがし》として知られる。

さすけねぇ
福島県 山形県

意味 大丈夫《だいじょうぶ》だ。気にしなくてよい。

ぶんず色
福島県

意味 くすんだむらさき色。山ぶどう色。

例文 くちびる、ぶんず色になってるよ。（くちびるが、くすんだむらさき色になっているよ。）

ぽーぽい
福島県 浜通り地域

意味 あたたかい。

ぽーぽいうぢにあがれ～。
（あったかいうちに食べなさ～い。）

さんまのぽーぽー焼《や》き。すり身《み》にしたさんまをまるめて焼《や》いたもので、福島県浜通《ふくしまけんはまどお》り地域《ちいき》にある、いわき市《し》の郷土料理《きょうどりょうり》。焼《や》くときにさんまの油《あぶら》で火《ひ》がぽーぽーと燃《も》えることから名前《なまえ》がついたという。

写真出典：農林水産省「うちの郷土料理」

りんごがみそになる
福島県 山形県・長野県

意味 りんごの鮮度《せんど》が落ちて、ぼそぼそになる。

このりんご、みそだ。
（このりんご、ぼそぼそだ。）

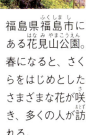

茨城県

県内の主な方言

茨城県《いばらきけん》の方言は、県北部で話されている北部方言、県の中央部で話されている中部方言、県西部で話されている西部方言、県南部で話されている南部方言の四つに分けることができます。

茨城県《いばらきけん》は関東《かんとう》地方の北部に位置《いち》し、北で東北地方と接《せっ》していることから、関東《かんとう》地方だけでなく、東北地方の方言と共通《きょうつう》する特徴《とくちょう》もみられます。特《とく》に県北方言は、東北地方の方言に近いとされます。

発音の特徴

県南部の一部の地域《ちいき》をのぞく、県内のほとんどの地域《ちいき》で語中や語尾《ごび》の「か行」が「が行」に、「た行」が「だ行」になります。これは東北地方の方言と同じ特徴《とくちょう》です。

「い」と「え」は区別《くべつ》せず、「い」が「え」に、「え」が「い」になることがあります。「い」と「え」の中間のような音で発音することもあります。

日立市《ひたちし》に江戸《えど》時代から伝《つた》わる伝統芸《でんとうげい》能《のう》、日立風流物《ひたちふうりゅうもの》。高さ15メートルの巨大《きょだい》な山車《だし》の上で、からくり人形による芝居《しばい》が演《えん》じられる。

方言が話されている地域

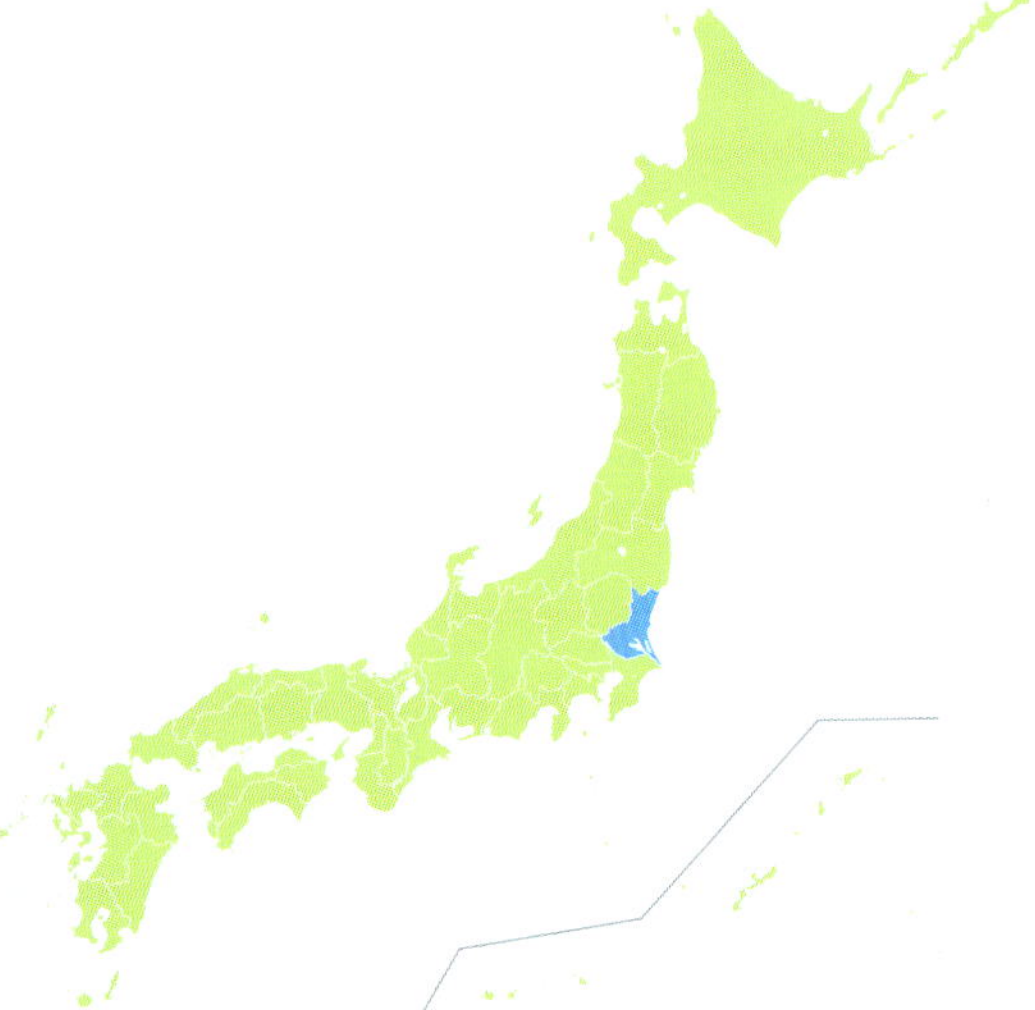

北部方言

日立市《ひたちし》などの県北部で話されている。東で太平洋に面し、内陸《ないりく》部《ぶ》は大部分が山地。日立市《ひたちし》では明治《めいじ》時代の鉱山《こうざん》の開発をきっかけに工業が発展《はってん》した。久慈川《くじがわ》や那珂川《なかがわ》はあゆがよくとれる川として有名。

中部方言

水戸市《みとし》や笠間市《かさまし》などの県の中央部で話されている。江戸《えど》時代に水戸藩《みとはん》の城下町《じょうかまち》として栄《さか》えた水戸市《みとし》には、「日本三名園《にほんさんめいえん》」のひとつ、偕楽園《かいらくえん》がある。笠間市《かさまし》は笠間焼《かさまやき》という焼《や》き物《もの》の産地《さんち》として知られる。

西部方言

筑西市《ちくせいし》や古河市《こがし》などの県西部で話されている。古河市《こがし》は江戸《えど》時代、城下町《じょうかまち》として、また、日光街道《にっこうかいどう》*の宿場町として栄《さか》え、古い町なみが残《のこ》る。栃木県《とちぎけん》との県境《けんざかい》にある結城市《ゆうきし》では、結城紬《ゆうきつむぎ》という絹織物《きぬおりもの》が千年以上《いじょう》にわたり受《う》けつがれている。

県南部にある霞ケ浦《かすみがうら》。国内第2位《い》の面《めん》積《せき》がある湖で、県の面積《めんせき》の約《やく》3分の1をしめる。写真奥《おく》に見えるのは筑波山《つくばさん》。

南部方言

土浦市《つちうらし》などの県南部で話されている。東京都心へ通勤《つうきん》・通学する人が多い。霞ケ浦《かすみがうら》があるほか、千葉県との境《さかい》には利根川《とねがわ》が流れ、豊《ゆた》かな水や湿地《しっち》をいかした米づくりやれんこんの栽培《さいばい》がさかん。

水戸市《みとし》の偕楽園《かいらくえん》は、江戸《えど》時代に水戸藩主《みとはんしゅ》によってつくられた日本庭園。梅《うめ》の名所として知られる。

＊日光街道《にっこうかいどう》…江戸《えど》時代に整備《せいび》された、江戸《えど》（現在《げんざい》の東京都中心部）と日光《にっこう》（現在《げんざい》の栃木県日光市《とちぎけんにっこうし》）をむすんだ街道《かいどう》。

アクセントの特徴 → P. 13

一部の地域《ちいき》をのぞいて無型《むけい》アクセントで、「雨」と「飴《あめ》」をアクセントで区別《くべつ》しません。この特徴《とくちょう》は、東北地方南部の方言にもみられます。

県全体で、文の終わりのほうを高い音で発音するという特徴《とくちょう》もあります。

文法の特徴

茨城県《いばらきけん》の「来る」の変化《へんか》のしかた

共通語《きょうつうご》	こない	きます	くる	くるとき	くれば	こい
茨城県《いばらきけん》	きない	きます	きる	きるとき	きれば	きろ

「行ぐべよ（行こうよ）」、「そうだっぺ（そうだろう）」のように、「〜しよう」、「いっしょに〜しよう」、「〜だろう」と表現《ひょうげん》したいとき、文末《ぶんまつ》に「べ」や「ぺ」、「だっぺ」をつけます。

また、「まだ来《こ》ない」が「まだきない」になるなど、「来る」の変化《へんか》のしかたが、共通語《きょうつうご》とは異《こと》なります。

「ぶん投げる（投げる）」の「ぶん」、「おっぱじめる（はじめる）」の「おっ」のように、ことばの頭によく「ん」や「っ」のつく音をつけます。これは関東《かんとう》地方で広くみられる特徴《とくちょう》です。

早く きろー！
（早く 来ーい！）

ことばの例

あおなじみ
茨城県　千葉県

意味　青あざ。

例文　ひざぶっつけで、あおなじみできちゃった。（ひざをぶつけて、青あざができちゃった。）

あっぱとっぱ
茨城県　福島県・千葉県など

意味　あわてるようす。

例文　急に雨が降《ふ》ってきたがら、あっぱとっぱしちゃったよ。（急に雨が降《ふ》ってきたから、あわてちゃったよ。）

えぎっぽあがる
茨城県

意味　元気がでる。

そぼろ納豆《なっとう》食ったら えぎっぽあがってきた！
（そぼろ納豆《なっとう》を食べたら 元気が出てきた！）

茨城県《いばらきけん》県央地域《ちいき》の郷土料理《きょうどりょうり》、そぼろ納豆《なっとう》。納豆《なっとう》と切《き》り干《ぼ》し大根《だいこん》をしょうゆなどに漬《つ》けこんだもの。県央地域《ちいき》にある水戸市《みとし》は、納豆《なっとう》の名産地《めいさんち》として知られ、さまざまな納豆料理《なっとうりょうり》が食べられている。

写真出典：農林水産省「うちの郷土料理」

ごじゃっぺ
茨城県

意味　でたらめ。いい加減《かげん》。

解説　「ごじゃ」は「わけのわからないこと」や「むちゃ」を、「っぺ」は「〜な人」をあらわす。

例文　あえづはごじゃっぺだ。（あいつはいい加減《かげん》な人だ。）

さぶろー
茨城県　山形県・福島県・栃木県

意味　スコップ。

解説　「シャベル」が変化《へんか》したものだと言われている。

シャベルは英語《えいご》、スコップはオランダ語。関東《かんとう》地方では大きいものをスコップ、小さいものをシャベル、関西《かんさい》地方では小さいものをスコップ、大きいものをシャベルと言う人が多い。

しみじみ
茨城県　千葉県

意味　しっかり。ちゃんと。

しみじみ やりなさい！
（まじめに やりなさい！）

栃木県

県内の主な方言

栃木県《とちぎけん》の方言は、大きく二つに分けられます。那須塩原市《なすしおばらし》や宇都宮市《うつのみやし》、日光市《にっこうし》など、県の北部から中部にかけて話されている北部方言と、栃木市《とちぎし》や足利市《あしかがし》などの南部で話されている南部方言です。足利市《あしかがし》付近《ふきん》で話されていることばはアクセントに特徴《とくちょう》があり、これを足利《あしかが》方言として分けることもあります。

北で福島県と接《せっ》しており、北部方言は東北地方の方言と、南部方言は関東《かんとう》地方の方言と共通《きょうつう》の特《とく》徴《ちょう》があります。

発音の特徴

北部方言では、語中や語尾《ごび》の「か行」が「が行」に、「た行」が「だ行」になります。これは東北地方でもみられる特徴《とくちょう》です。

北部でも南部でも「い」と「え」を区別《くべつ》せず、「い」が「え」に、「え」が「い」になることがあります。「い」と「え」の中間のような音で発音することもあります。

栃木県《とちぎけん》ではいちごの栽培《さいばい》がさかんで、長年、日本一の生産量《せいさんりょう》をほこる。

方言が話されている地域

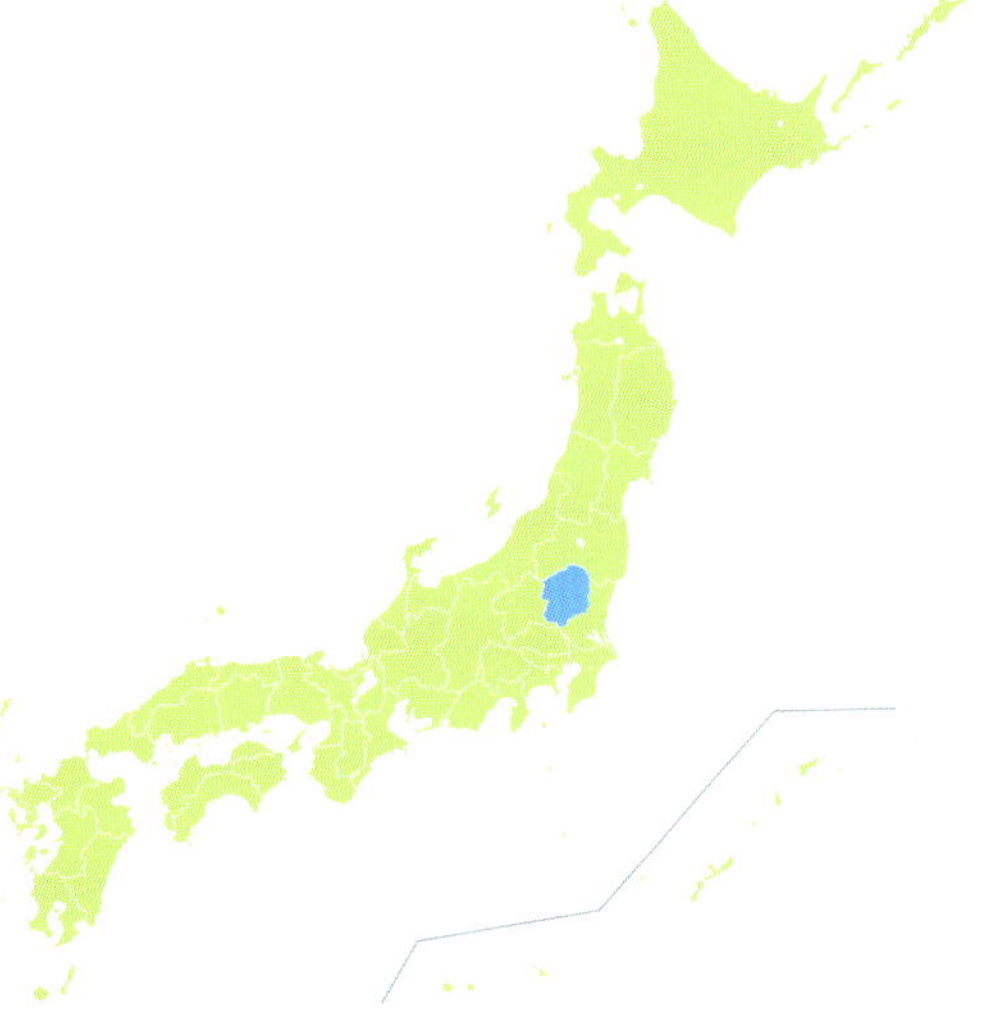

北部方言

県の北部から中部にかけて話されている。日光市《にっこうし》には豊《ゆた》かな自然《しぜん》や温泉《おんせん》、千二百年以上《いじょう》前に開かれたとされる日光二荒山神社《にっこうふたらさんじんじゃ》、江戸幕《えどばく》府《ふ》を開いた徳川家康《とくがわいえやす》をまつる日光《にっこう》東照宮《とうしょうぐう》などがあり、世界中から観《かん》光客《こうきゃく》が訪《おとず》れる。宇都宮市《うつのみやし》は江戸《えど》時代に日光街道《にっこうかいどう》*の宿場町として、また、城下町《じょうかまち》として栄《さか》えた。那須《なす》塩原市《しおばらし》は温《おん》泉《せん》や酪農《らくのう》、益子町《ましこまち》は益《まし》子焼《こやき》という焼《や》き物《もの》で知られる。

日光二荒山神社《にっこうふたらさんじんじゃ》の中宮祠《ちゅうぐうし》。奥《おく》に見えるのは日光二荒山神社《にっこうふたらさんじんじゃ》がご神体としてまつる男体山《なんたいさん》。

南部方言

県南部で話されている。県南部は工業がさかんで、東京都心部へ通勤《つうきん》する人も多くくらす。小山市《おやまし》や栃木市《とちぎし》は日光街道《にっこうかいどう》の宿場町として栄《さか》えた地《ち》域《いき》。小山市《おやまし》は、となり合う茨城県《いばらきけん》結《ゆう》城市《きし》とともに結城紬《ゆうきつむぎ》という絹織物《きぬおりもの》の産地《さんち》として知られる。

足利《あしかが》方言

県南西部にある足利市《あしかがし》周《しゅう》辺《へん》で話されている。足利《あしかが》市《し》は室町幕府《むろまちばくふ》を開いた武《ぶ》将《しょう》、足利尊氏《あしかがたかうじ》をはじめとする足利氏《あしかがし》ゆかりの地。「日本でもっとも古くからある学校」とされる足《あし》利学校《かががっこう》がある。

足利市《あしかがし》の中央部を流れる渡良瀬《わたらせ》川《がわ》。市の北部には足尾《あしお》山地が、南部には関東平《かんとう》野が広がる。

栃木市《とちぎし》の巴波川《うずまがわ》と白壁《しらかべ》の土《ど》蔵《ぞう》。栃木市《とちぎし》は江戸《えど》時代から巴波川《うずまがわ》の水運で栄《さか》え、いまも古い建物《たてもの》が残《のこ》る。

＊日光街道《にっこうかいどう》…江戸《えど》時代に整備《せいび》された、江戸《えど》（現在の東京都中心部）と日光（現在《げんざい》の栃木県日光市《とちぎけんにっこうし》）をむすんだ街道《かいどう》。

アクセントの特徴

↓P.13

足利市付近《あしかがしふきん》のみ東京式アクセントで、それ以外《いがい》の地域《ちいき》はアクセントを区別《くべつ》しない無型《むけい》アクセントです。栃木県《とちぎけん》の多くの人は「雨」と「飴《あめ》」をアクセントで区別《くべつ》しません。

また、足利市《あしかがし》をのぞく大部分の地域《ちいき》では、文の終わりのほうを高い音で発音します。

文法の特徴

「～だろう」、「いっしょに～しよう」と言うときは「そーだんべー（そうだろう）」、「いっしょに行くべー（いっしょに行こう）」のように、文《ぶん》末《まつ》に「だんべー」や「べー」をつけます。

北部方言では、場所や方向をしめす「～へ」、「～に」のかわりに「～さ」を使うことがあります。たとえば「学校さ行く（学校に行く）」のように言います。

また、「犬め」「牛め」のように、身近な動物を最後《さいご》に「め」をつけてよびます。これは茨城県《いばらきけん》の方言にもみられる、親しみをこめたよび方です。

いっしょに食うべー。
（いっしょに食べよう。）

栃木県《とちぎけん》の郷土料理《きょうどりょうり》、しもつかれ。正月料理《りょうり》で残《のこ》ったさけの頭、節分《せつぶん》でまいた豆の残《のこ》り、根菜《こんさい》などを酒粕《さけかす》とともに煮《に》こんだもの。茨城県《いばらきけん》や埼玉県《さいたまけん》などでもつくられている。

写真出典：農林水産省「うちの郷土料理」

ことばの例

あったらもん

栃木県

関東地方・北陸地方・近畿地方など

意味　大切なもの。もったいない。

解説　「おしい」や「もったいない」を意味する「あたら」から生まれたことば。

これはあったらもんだから、とっておけ。
（これは大切なものだから、とっておきなさい。）

益子焼《ましこやき》のポット。益子焼《ましこやき》は栃《とち》木《ぎ》県《けん》益子町《ましこまち》などでつくられている焼《や》き物《もの》で、国の伝統的工《でんとうてきこう》芸品《げいひん》に指定されている。

いってみる

栃木県

茨城県

意味　帰る。失礼《しつれい》する。

例文　そろそろいってみます。（そろそろ失礼《しつれい》します。）

くさる

栃木県 中部・南部

山形県・福島県・群馬県・千葉県など

意味　ぬれる。

解説　ぬれてそのまま放っておくと、悪くなってしまうような衣服《いふく》や髪《かみ》の毛《け》などに使われる。石のように水にぬれてもくさらないものには、「ぬれる」を使う。

雨にぬれたトチノキ（栃《とち》の木《き》）の葉。トチノキは県名の由来になったという説《せつ》もあり、栃木《とちぎ》県《けん》の県の木に選《えら》ばれている。

だいじ

栃木県

茨城県・埼玉県・千葉県など

意味　心配ない。だいじょうぶ。

解説　「心配ない」を意味する「大事ない」から生まれたことば。

むすぐったい

栃木県 北部・中部

福島県・茨城県・静岡県など

意味　くすぐったい。

むすぐったい！
（くすぐったい！）

もそい

栃木県

意味　長持ちする。長続《ながつづ》きする。減《へ》らない。

解説　ものがなくなるまでの時間が思ったよりも長く、それに価値《かち》があるときに使う。「むそい」、「むせー」などとも言う。

例文　この飴《あめ》はもそいから、なめてみらっせ。（この飴《あめ》はなかなか減《へ》らないから、なめてみてください。）

群馬県

県内の主な方言

群馬県《ぐんまけん》の方言は、館林市《たてばやしし》など県の東部で話されている東部方言と、それ以外《いがい》の地域《ちいき》で話されている方言の二つに分けることができます。東部以外《いがい》の方言を、県北部で話されている北部方言、県中部で話されている中部方言、県南西部で話されている西部方言に分けることもあります。

東部方言とそれ以外《いがい》の方言では、発音やアクセントに大きなちがいがあります。

発音の特徴

東部方言では、「い」と「え」の区別《くべつ》があいまいで、「い」が「え」になったり、「え」が「い」になったりします。「い」と「え」の中間のような音で発音することもあります。これは東北地方や、茨城県《いばらきけん》や栃木県《とちぎけん》でもみられる特徴《とくちょう》です。

赤城山《あかぎやま》とふもとに広がる前橋市《まえばしし》や高崎市《たかさきし》の町なみ。県中部にそびえる赤城山《あかぎやま》は、群馬県《ぐんまけん》を象徴《しょうちょう》する山として親しまれている。

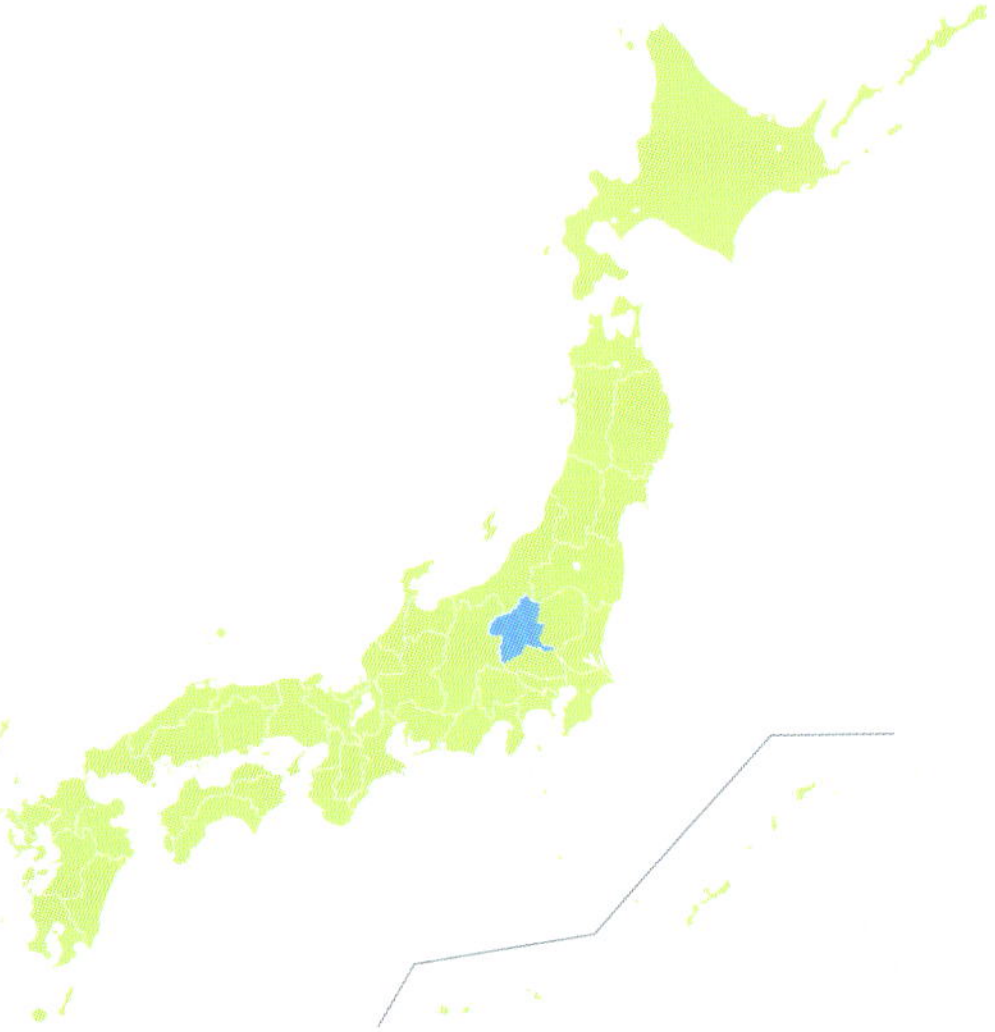

方言が話されている地域

北部方言

沼田市《ぬまたし》や草津町《くさつまち》などの県北部で話されている。赤城山《あかぎやま》や榛名山《はるなさん》をはじめ、多くの山々《やまやま》に囲《かこ》まれた地域《ちいき》。片品村《かたしなむら》など北端部《ほくたんぶ》の県境周辺《けんざかいしゅうへん》には、本州最《さい》大規模《だいきぼ》の湿原《しつげん》、尾瀬ケ原《おぜがはら》が広がる。草津町《くさつまち》は温泉地《おんせんち》として有名。

草津町《くさつまち》の草津《くさつ》温泉《おんせん》。自然《しぜん》にわき出る温泉《おんせん》の量《りょう》は日本一とされ、多くの温泉施設《おんせんしせつ》や旅館がある。

東部方言

館林市《たてばやしし》などの県東部で話されている。県東部は関東平野《かんとう》の北端《ほくたん》にあたり、平地が広がる。北の栃木県《とちぎけん》、南の埼玉県《さいたまけん》にはさまれ、これらの県とのつながりが深い。館林市《たてばやしし》は、江戸《えど》時代に館林城《たてばやしじょう》の城下町《じょうかまち》として栄《さか》えた地域《ちいき》。

館林市《たてばやしし》のつつじが岡公園《おかこうえん》。古くからつつじの名所として知られ、江戸《えど》時代には歴代《れきだい》の館林城《たてばやしじょう》主《しゅ》によって大切に保護《ほご》された。

中部方言

県庁所在地《けんちょうしょざいち》の前橋市《まえばしし》や高崎市《たかさきし》など、平地が広がる県中部で話されている。前橋市《まえばしし》と高崎市《たかさきし》は、多くの人がくらす県の中心地。富岡市《とみおかし》には、明治《めいじ》時代に設立《せつりつ》され、日本の生糸《きいと》の輸出《ゆしゅつ》をささえた富岡製糸場《とみおかせいしじょう》の建物《たてもの》が残《のこ》る。

富岡製糸場《とみおかせいしじょう》。日本初《はつ》の近代的《きんだいてき》な製糸工場《せいしこうじょう》で、ユネスコの世界文《せかいぶん》化遺産《かいさん》に登録《とうろく》されている。

写真提供：富岡市

西部方言

下仁田町《しもにたまち》などの関東《かんとう》山地が広がる県の南西部で話されている。下仁田町《しもにたまち》は下仁《しもに》田《た》ねぎやこんにゃくの産地《さんち》として有名。

下仁田《しもにた》ねぎ。

アクセントの特徴 →P.13

東部方言は無型《むけい》アクセントで、「雨」と「飴《あめ》」をアクセントで区別《くべつ》しません。それ以外《いがい》の地域《ちいき》の方言は東京式のアクセントです。

文法の特徴

「どっか行くべー。(どこか行こう。)」のように、「〜しよう」、「いっしょに〜しよう」、「〜だろう」と表現《ひょうげん》したいときは、文末《ぶんまつ》に「べー」をつけます。「〜しよう」「いっしょに〜しよう」というときには「べー」、「〜だろう」というときには「だんべー」と、二つを使い分けている地域《ちいき》もあります。

「ひん曲がる」の「ひん」、「すっ転ぶ」の「すっ」のように、ことばの頭によく「ん」や「っ」のつく音をつけます。これは関東《かんとう》地方で広くみられる特徴《とくちょう》です。

すっ転ぶ
(転ぶ)

群馬県高崎市《ぐんまけんたかさきし》でつくられている、高崎《たかさき》だるま。長寿《ちょうじゅ》とされるツルとカメが、それぞれまゆとひげとしてえがかれている。いくら転がしても起き上がるだるまは、七転び八起きをあらわす縁起物《えんぎもの》として人気。

ことばの例

おこさま

群馬県　東北地方・関東地方・中部地方など

意味 かいこ。

解説 「おかいこさま」のこと。かいこ(蚕《かいこ》)は、カイコガの幼虫《ようちゅう》のこと。くわという植物の葉を食べて育ち、まゆをつくる。まゆからは絹糸《きぬいと》ができる。群馬県《ぐんまけん》をはじめ、かいこを育てる養蚕業《ようさんぎょう》によって栄《さか》えた地域《ちいき》では、かいこを大切にし、うやまう気持ちから、ていねいなよび方が残《のこ》っている。

群馬県桐生市周辺《ぐんまけんきりゅうししゅうへん》でつくられている絹織物《きぬおりもの》、桐生織《きりゅうおり》。国の伝統的工芸品《でんとうてきこうげいひん》に指定されている。桐生市周辺《きりゅうししゅうへん》では、1300年ほど前にはすでに絹織物《きぬおりもの》がつくられていた。

かいこ。

おこんじょ

群馬県中部・東部　栃木県、埼玉県など

意味 いじわる。

解説 「こんじょ」は「根性《こんじょう》」のこと。「根性《こんじょう》が悪い」ことから言うようになったとされる。

なから

群馬県　関東地方北部、長野県、新潟県など

意味 ほとんど。だいたい。

解説 同じことばを、「半分」という意味で使う地域《ちいき》も多い。

なからできたよ。
(ほとんどできたよ。)

ぼっと

群馬県中部・西部　東北地方南部・関東地方北部など

意味 偶然《ぐうぜん》。もしかすると。

例文 ぼっとかして、宝《たから》くじが当たるかもね。(もしかして、宝《たから》くじが当たるかもね。)

めんめ

群馬県　山梨県、長野県、静岡県など

意味 めん類《るい》。特《とく》にうどんを指す。

解説 小さい子どもに使うことが多い。

めんめ食うべー。
(うどんを食べよう。)

群馬県《ぐんまけん》の郷土料理《きょうどりょうり》、おっきりこみうどん。小麦《こむぎ》粉《こ》でつくったはばの広いめんを、下ゆでせず、切ったそのままで野菜《やさい》やきのこなどとともに煮《に》こんだもの。

写真提供：観光ぐんま写真館

埼玉県

県内の主な方言

埼玉県《さいたまけん》の方言は、県東部で話されている東部方言、県中部で話されている中部方言、県西部で話されている西部方言の、三つに分けることができます。

関東《かんとう》地方の中央部に位置《いち》することから、周辺《しゅうへん》の地域《ちいき》の影響《えいきょう》が大きく、県内の方言としてのまとまりはあまりありません。東部方言は県の北東で接《せっ》する茨城県《いばらきけん》や栃木県《とちぎけん》と、中部方言は南で接《せっ》する東京都と、西部方言は北西で接《せっ》する群馬県《ぐんまけん》と、それぞれ特徴《とくちょう》が似《に》ています。

発音の特徴

埼玉県《さいたまけん》では「あい」、「いえ」、「おい」、「おえ」の音がすべて「えー」と発音されます。たとえば「白い」は「しれー」、「覚《おぼ》える」は「おべーる」になります。

また、「暑い」を「あっちー」と発音するなど、つまる「っ」がことばのとちゅうによく入ります。

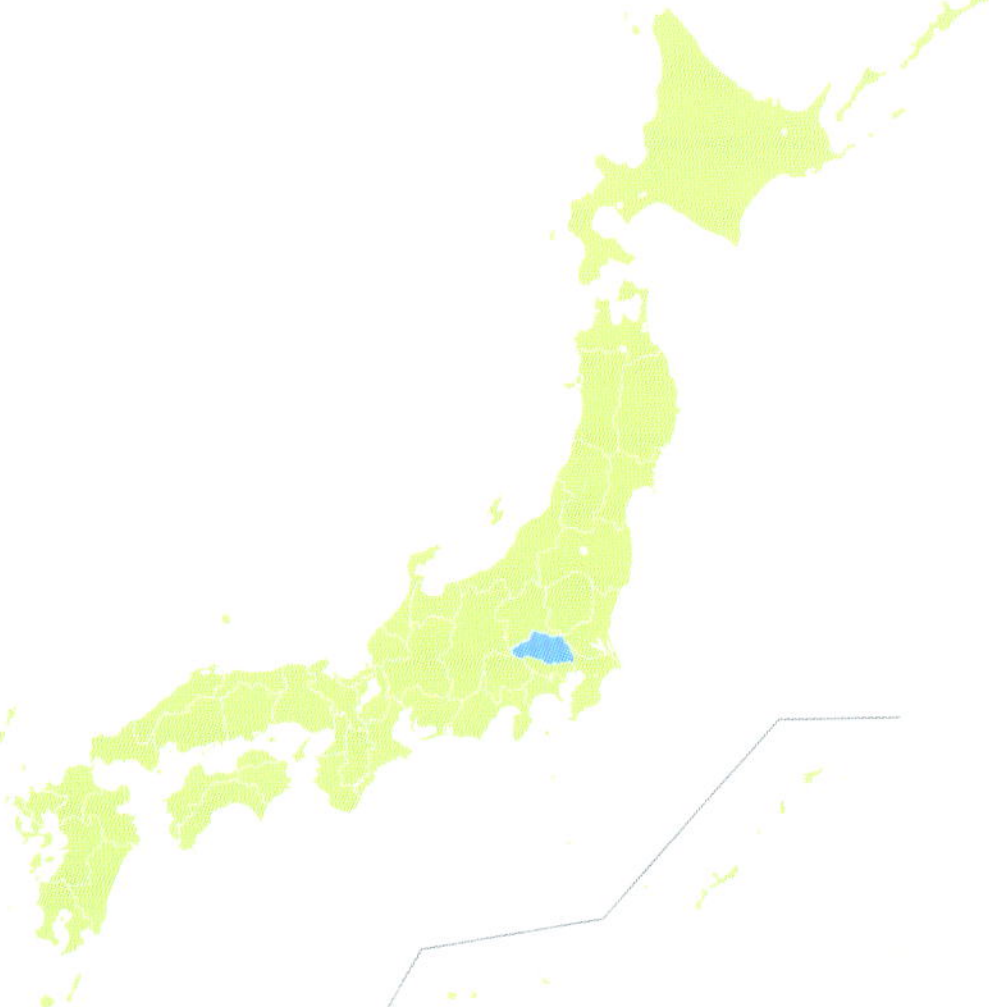

方言が話されている地域

中部方言

さいたま市や熊谷市《くまがやし》、川越市《かわごえし》など、県中部で話されている。江戸《えど》時代には江戸《えど》（現在《げんざい》の東京都中心部）とのつながりが強く、現在《げんざい》も東京都に通勤《つうきん》・通学する人が多くくらす。熊谷市《くまがやし》は夏の暑さがきびしいことで有名。江戸《えど》時代には中《なか》山道《せんどう》*2の宿場町として栄《さか》えた。川《かわ》越市《ごえし》も江戸《えど》まで米や野菜《やさい》を運ぶ拠《きょ》点《てん》として発展《はってん》した地域《ちいき》。

川越市《かわごえし》には、江戸《えど》の文化に影響《えいきょう》を受けたとされる古い蔵造《くらづく》りの町なみが残《のこ》る。

西部方言

秩父市《ちちぶし》や長瀞町《ながとろまち》などの県西部で話されている。県西部は関東《かんとう》山地が広がる、自然《しぜん》の豊《ゆた》かな地域《ちいき》。秩《ちち》父盆地《ぶぼんち》にある秩父市《ちちぶし》は、山にかこまれ、米づくりに向かないことから、古くから養蚕《ようさん》*3や織物《おりもの》づくりがさかんだった。

秩父銘仙《ちちぶめいせん》の着物。秩父市《ちちぶし》で江戸《えど》時代からつくられている絹織物《きぬおりもの》で、国の伝統的工《でんとうてきこう》芸品《げいひん》に指定されている。

加須市《かぞし》の水田。

東部方言

春日部市《かすかべし》や加須市《かぞし》などの県東部で話されている。県東部には関東平野《かんとう》が広がり、中川《なかがわ》などの川にもめぐまれていることから米づくりがさかん。春日部市《かすかべし》は江《え》戸《ど》時代に日光《にっこう》街道《かいどう》*1の宿場町だった。

*1 日光街道《にっこうかいどう》…江戸《えど》時代に整備《せいび》された、江戸《えど》と日光《にっこう》（現在《げんざい》の栃木県日光市《とちぎけんにっこうし》）をむすんだ街道《かいどう》。
*2 中山道《なかせんどう》…江戸《えど》時代に整備《せいび》された、江戸《えど》と京都をむすんだ街道《かいどう》。
*3 養蚕《ようさん》…蚕《かいこ》という虫を育ててまゆをとる仕事。まゆからは生糸《きいと》がつくられる。

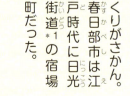

アクセントの特徴 ↓P.13

中部方言と西部方言は東京式のアクセントです。西部方言には、江戸《えど》時代の江戸《えど》で使われていたアクセントが残《のこ》っています。東部方言は、一部で特殊《とくしゅ》なアクセントが使われています。

文法の特徴

県全域《ぜんいき》で、「〜しよう」、「いっしょに〜しよう」というときには「べー」を、「〜だろう」というときには「だんべー」を動詞《どうし》のあとにつけます。これは、となり合う群《ぐん》馬県《まけん》と同じ言い方です。

西部地方では、「そうだむし（そうだね）。」のように、「〜ね」、「〜だね」というときには、文末《ぶんまつ》に「むし」をつけます。

また、「ぶん回す（回す）」、「ひっからまる（からまる）」のように、ことばの頭によく「ん」や「っ」のつく音をつけます。これは関東《かんとう》地方で広くみられる特徴《とくちょう》です。

あちゃ（それでは）
むし（〜だね）
だんべに（〜だろう）
つるしがき

埼玉県《さいたまけん》西部の皆野町《みなのまち》で、毎年8月14日に開かれている秩父音頭《ちちぶおんど》まつり。県西部で親しまれている民謡《みんよう》、「秩父音頭《ちちぶおんど》」には、秩父《ちちぶ》を象徴《しょうちょう》するものとして「あちゃ むし だんべに つるしがき」という合いの手が入る。

ことばの例

あちゃ
埼玉県西部　群馬県

意味　それでは。それなら。

例文　あちゃ、行ってくらー。（それじゃ、行ってくるよ。）

うっちゃる
埼玉県　関東地方・山梨県・静岡県など

意味　捨《す》てる。放っておく。

例文　ごみをうっちゃる。（ごみを捨《す》てる。）

かんます
埼玉県　東北地方南部・関東地方北部・長野県など

意味　かき混《ま》ぜる。かき回す。

卵《たまご》をかんます。（卵《たまご》をかき混《ま》ぜる。）

けったりー
埼玉県　関東地方・中部地方など

意味　つかれた。やる気がでない。

解説　腕《うで》（かいな）がだるいことをあらわす、「かいだるい」がもとになったことば。「かったるい」とも言う。

けったりー。（やる気が出ない。）

ちょーきゅー
埼玉県西部　山梨県・長野県・岐阜県など

意味　ちょうど。ぴったり。正確《せいかく》。

解説　長く続《つづ》くことを意味する、「長久《ちょうきゅう》」から生まれたことば。

例文　あの人はちょーきゅーな人だ。（あの人はきちょうめんな人だ。）

なびる
埼玉県　関東地方北部

意味　塗《ぬ》る。なすりつける。

パンにジャムをなびる。（パンにジャムを塗《ぬ》る。）

千葉県

県内の主な方言

千葉県の方言は、三つに分けることができます。県北部の東側《ひがしがわ》で話されている東北部方言と、県北部の西側《にしがわ》で話されている西北部方言、県南部で話されている南部方言です。三つの方言は、発音の特徴《とくちょう》などにちがいがみられます。

東北部方言には、東北地方や近畿《きんき》地方の方言の特徴《とくちょう》がみられます。江戸《えど》時代、千葉県の北を流れる利根川《とねがわ》の沿岸《えんがん》は、舟《ふね》で江戸《えど》（現在《げんざい》の東京都中心部）へ荷物を運ぶ水運で栄《さか》えました。東北地方からの荷物も、さかんに運ばれました。また、現在《げんざい》の銚子市周辺《ちょうししゅうへん》には、利根川《とねがわ》を通じて江戸《えど》に運ぶしょうゆづくりのために、近畿《きんき》地方から多くの人が移住《いじゅう》してきました。これらが東北部方言の特徴《とくちょう》に、影響《えいきょう》をあたえたと考えられています。

千葉県銚子市《ちょうしし》（写真左）と茨城県《いばらきけん》神栖市《かみすし》（写真右）のあいだを流れる利根川《とねがわ》。利根川《とねがわ》は関東《かんとう》地方を北から東へと流れる、日本有数の大河《たいが》として知られる。

方言が話されている地域

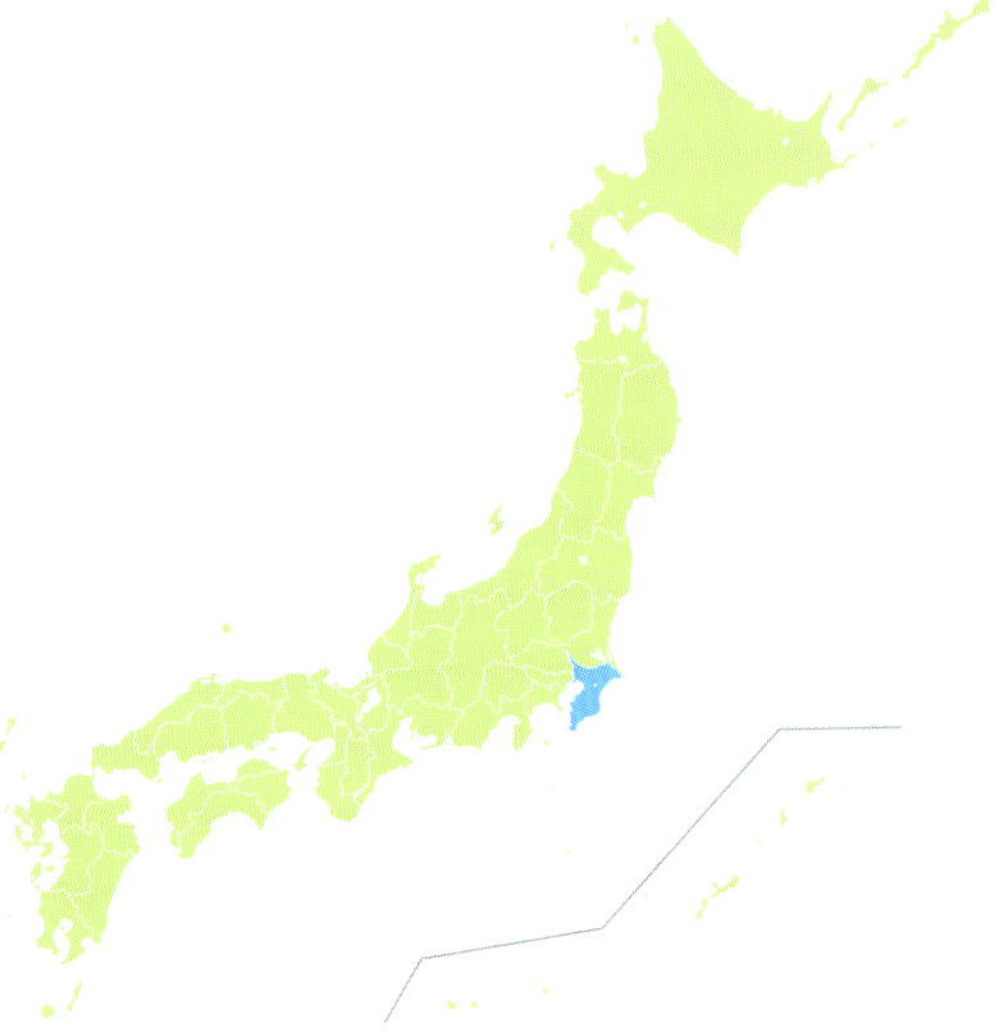

西北部方言

千葉市《ちばし》や船橋市《ふなばしし》など、県北部の西側《にしがわ》で話されている。千葉市《ちばし》や船橋市《ふなばしし》は、関東《かんとう》地方有数の大都市。江戸《えど》時代に街道《かいどう》で江戸《えど》とつながり、多くの人や物が行き来した。現在《げんざい》も東京都心部へ通勤《つうきん》・通学する人が多くくらす。内陸部《ないりくぶ》に広がる関東《かんとう》平野では農業がさかん。

東北部方言

銚子市《ちょうしし》や香取市《かとりし》など、県北部の東側《ひがしがわ》で話されている。銚子市《ちょうしし》にある銚子漁港《ちょうしぎょこう》は日本有数の水揚《みずあ》げ量《りょう》をほこり、さばやいわしなどが水揚《みずあ》げされる。利根川《とねがわ》の沿岸部《えんがんぶ》は、江戸《えど》時代からしょうゆの一大産地《さんち》。

南部方言

館山市《たてやまし》や勝浦市《かつうらし》などの房《ぼう》総《そう》半島南部で話されている。主に昔、安房国《あわのくに》だった地域《ちいき》で、県北部にあたる下総国《しもうさのくに》、県中部にあたる上総国《かずさのくに》とは別《べつ》の国だった。まわりを海にかこまれ、多くの漁港《ぎょこう》がある。

東京湾《とうきょうわん》に面した千葉市《ちばし》の中心部。商業施設《しせつ》や文化施設《しせつ》が集まる。

千葉県の特産品《とくさんひん》、落花生《らっかせい》。八街市《やちまたし》や千葉市《ちばし》などでさかんに栽培《さいばい》されている。

館山市《たてやまし》の鶴谷八幡宮《つるがやはちまんぐう》で毎年九月におこなわれる安房国司祭《あわこくしさい》。千年以上《いじょう》にわたって受《う》けつがれてきた祭りで、地元の人々《ひとびと》からは「やわたんまち」とよばれて親しまれている。

写真提供：公益社団法人千葉県観光物産協会

香取市《かとりし》の佐原《さわら》地区は、江戸《えど》時代に利根川《とねがわ》の水運の拠点《きょてん》として栄《さか》えた。現在《げんざい》も利根川《とねがわ》の支流《しりゅう》、小野川《おのがわ》に沿《そ》って商家などの古い建物《たてもの》が残《のこ》る。

発音の特徴

東北部方言では、語中や語尾《ごび》の「か行」が「が行」に、「た行」が「だ行」になります。これは東北地方でもみられる特徴《とくちょう》です。

西北部のうち、東京湾沿岸《とうきょうわんえんがん》の一部地域《ちいき》では、語中の「か行」が「は行」になるという特徴《とくちょう》がみられます。一方、南部方言では語中の「か行」は「あ行」になります。たとえば「はたけ」は西北部方言では「はたへ」、南部方言では「はたえ」と発音されます。

アクセントの特徴

↓P. 13

北部の利根川流域《とねがわりゅういき》のごく一部の地域《ちいき》は無型《むけい》アクセント、それ以外《いがい》は東京式のアクセントです。

文法の特徴

県全域《ぜんいき》で、「～しよう」、「～だろう」、「いっしょに～しよう」というときには「べー」を動詞《どうし》のあとにつけます。これは、群馬県《ぐんまけん》や埼玉県《さいたまけん》などと同じ言い方です。

だれかに命令《めいれい》するときには、「～たい」をつけます。たとえば「食べたいよ」は、「食べなさいよ」という意味です。

また、「しちゃおいねー（しちゃだめだ）」のように、「おいねー」がつくと、禁止《きんし》をあらわします。

なめろう食べたいよ～！
（なめろう食べなさ～い！）

なめろうは、房総《ぼうそう》半島沿岸部《えんがんぶ》の郷土料理《きょうどりょうり》。あじなどの新鮮《しんせん》な魚を、みそなどとともに包丁《ほうちょう》でたたいてつくる。「皿をなめるほどおいしい」ことから名づけられたという。

写真提供：農林水産省「うちの郷土料理」

ことばの例

あじょーにもかじょーにも

千葉県

意味 どうにもこうにも。

解説 「あじょ」は「どう」、「かじょ」は「こう」を意味する。「あじょした？」は「どうした？」という意味になる。

例文 あじょーかじょーにも、しょーねーよ。（どうにもこうにも、しかたがないよ。）

うんならがす

千葉県 神奈川県

意味 はりきる。一生懸命《いっしょうけんめい》（一所懸命《いっしょけんめい》）になる。

解説 「うんならかす」と言うこともある。神奈《かな》川県《がわけん》では「早く走る」という意味で使われる。

うんならがしていくべー！
（はりきっていくぞー！）

おっぺす

千葉県 関東地方

意味 押《お》す。押《お》しつける。

解説 ボタンを押《お》す、車を押《お》す、人を押《お》すなど、さまざまな場面で使われる。

一階をおっぺしてくらっせえー。
（一階を押《お》してください。）

だます

千葉県 東北地方・中部地方

意味 （子どもなどを）あやす。

例文 赤ちゃんをだました。（赤ちゃんをあやした。）

やんでく

千葉県南部

意味 歩いていく。

岬《みさき》までやんでいくべー。
（岬《みさき》まで歩いていこう。）

太平洋《たいへいよう》に面した千葉県東部の九十九里浜《くじゅうくりはま》。日本最大級《さいだいきゅう》の砂浜《すなはま》海岸で、旭市《あさひし》の刑部岬《ぎょうぶみさき》からいすみ市《し》の太東岬《たいとうみさき》までの全長は約《やく》66キロメートルにもなる。

東京都

県内の主な方言

東京都の方言は、東京本土の方言と、八丈島《はちじょうじま》で話されている八丈《はちじょう》方言、八丈島《はちじょうじま》以外《いがい》の離島《りとう》で話されている伊豆諸島《いずしょとう》方言に分けることができます。

本土の方言は、江戸《えど》時代に江戸《えど》（現在《げんざい》の東京都中心部）の城下町《じょうかまち》の西側《にしがわ》にある山の手地域《ちいき》で話されていた山の手方言と、城下町《じょうかまち》の東側《ひがしがわ》にあたる下町地域《ちいき》で話されていた下町方言、八王子市などで話されている多摩《たま》方言に分かれます。山の手方言は共通語《きょうつうご》のもとになったことばです。下町方言には、江戸《えど》のことばが残《のこ》っています。これらの本土の方言は、いまではほとんど区別《くべつ》がありません。離島《りとう》のうち、八丈《はちじょう》方言は、千年以上《いじょう》前の東日本の日本語が残《のこ》る独特《どくとく》のことばです。

発音の特徴

下町方言では、「し」が「ひ」になったり、「ひ」が「し」になったりします。たとえば「東」を「しがし」、「七」を「ひち」と発音するのです。また、「大工」が「でーく」、「教える」が「おせーる」となるように、「あい」や「あえ」、「いえ」は「えー」と発音されます。「しゅ」を「し」、「じゅ」を「じ」と発音することもあります。

東京都千代田区周辺《ちよだくしゅうへん》。中央にある皇居《こうきょ》の敷地《しきち》には、昔、江戸城《えどじょう》があった。皇居《こうきょ》をはさんで写真の手前が山の手、奥《おく》が下町にあたる。

方言が話されている地域

山の手方言

東京都中心部の西側《にしがわ》にあたる本郷《ほんごう》（文京区《ぶんきょうく》）や牛込《うしごめ》（新宿区《しんじゅくく》）、赤坂《あかさか》（港区《みなとく》）などの山の手地域《ちいき》で話されてきた。江戸《えど》時代、山の手地域《ちいき》にはおもに武士《ぶし》がくらしていた。

多摩《たま》方言

東京都西部の八王子市《はちおうじし》や府中市《ふちゅうし》などの多摩地域《たまちいき》で話されている。多摩地域《たまちいき》は西部に関東《かんとう》山地が広がる、自然《しぜん》の豊《ゆた》かな地域《ちいき》。江戸《えど》時代、多摩地域《たまちいき》には農地が広がり、江戸《えど》で食べられる野菜《やさい》などを栽培《さいばい》していた。

八王子市《はちおうじし》にある高尾山《たかおさん》の登山道。

伊豆諸島《いずしょとう》方言

八丈島《はちじょうじま》以外《いがい》の伊豆諸島《いずしょとう》、小笠《おがさ》原諸島《わらしょとう》で話されている。

八丈《はちじょう》方言

東京都本土から二百八十七キロメートル離《はな》れた八丈島《はちじょうじま》と、青ヶ島《あおがしま》で話されている。日本本土から遠く、人の行き来が少なかったことから特殊《とくしゅ》な方言が残《のこ》った。

下町方言

東京都中心部の東側《ひがしがわ》にあたる浅草《あさくさ》（台東区《たいとうく》）や神田《かんだ》（千代田区《ちよだく》）、日本橋《にほんばし》（中央区《ちゅうおうく》）、深川《ふかがわ》（江東区《こうとうく》）などの下町地域《ちいき》で話されてきた。江戸《えど》時代、下町地域《ちいき》にはおもに町人がくらしていた。

台東区《たいとうく》の浅草神社《あさくさじんじゃ》で、毎年5月におこなわれる三社祭《さんじゃまつり》。約《やく》100基《き》の神輿《みこし》が浅草《あさくさ》のまちをめぐる。

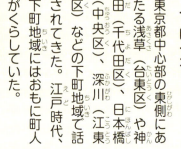

しんじく
（新宿）

東京都新宿区《しんじゅくく》の高層《こうそう》ビル群《ぐん》。新宿区《しんじゅくく》は都庁《とちょう》やオフィス街《がい》、繁華街《はんかがい》があり、多くの人でにぎわう。

アクセントの特徴 ↓P.13

本土は東京式です。八丈《はちじょう》方言は無型《むけい》アクセントで、「雨」と「飴《あめ》」をアクセントで区別《くべつ》しません。

声に出してみよう!!

［東京都区部］

雨　あ　め

歌う　う　た　う

高い　た　か　い

文法の特徴

山の手方言では「ごめんあそばせ（ごめんくださいませ）」のようなていねいな表現《ひょうげん》が使われます。下町方言では、「しっ散《ち》らかす（散《ち》らかす）」の「しっ」のように、ことばの頭によく「っ」や「ん」のつく音をつけます。これは関東《かんとう》地方で広くみられる特徴《とくちょう》です。

八丈《はちじょう》方言では、「～だろう」というとき、「のーわ」をつけます。たとえば「行くだろう」は「行くのーわ」と言います。

ことばの例

おじゃりやれ

東京都 八丈島

意味 いらっしゃい。ようこそ。

解説 「おじゃる」は「いらっしゃる」を意味する古いことば。

おじゃりやれ！
（いらっしゃい！）

八丈島《はちじょうじま》の周辺《しゅうへん》には、すんだ海が広がり、多くのウミガメがくらしている。

おっかない

東京都 本土
東北地方・関東地方・長野県など

意味 こわい。恐《おそ》ろしい。

おっかないよう。
（怖《こわ》いよう。）

落っこちる

東京都
関東地方・新潟県・静岡県など

意味 落ちる。

解説 江戸《えど》時代に、江戸《えど》で使われていた言い方。人や物が落ちるときに使う。

例文 ふざけて落っこちないようにね。（ふざけて落ちないようにね。）

かたす

東京都
東北地方・関東地方

意味 片《かた》づける。わきにどけておく。

お皿をかたしておいて。
（お皿《さら》を片《かた》づけておいて。）

ごきげんよう

東京都 山の手地域

意味 出会ったとき、別《わか》れるときにするあいさつ。

水菓子《みずがし》

東京都 本土
関東地方

意味 果物《くだもの》。

解説 昔、「果物《くだもの》」や「菓子《かし》」は甘《あま》いお菓子《かし》や果物《くだもの》、間食など、軽食を広く指すことばだった。江戸《えど》時代以《い》降《こう》、砂糖《さとう》が広く使われるようになり、甘《あま》いお菓子《かし》だけを「菓子《かし》」とよぶようになると、果実《くだもの》は京都などの近《きん》畿《き》地方では「果物《くだもの》」、関東《かんとう》地方では「水菓子《みずがし》」とよばれるようになった。

果物《くだもの》の盛《も》り合《あ》わせ。東京都西部ではブルーベリーの生産《せいさん》がさかん。

神奈川県

県内の主な方言

神奈川県《かながわけん》の方言は、北西部にある丹沢《たんざわ》山地を境《さかい》に大きく二つに分けられます。県の北西部で話されている北部方言と、県の東部から南部にかけて話されている南部方言です。このうち南東部の三浦市《みうらし》などで話されていることばを三浦《みうら》方言、西部の南足柄市《みなみあしがらし》などで話されていることばを足柄《あしがら》方言として分ける場合もあります。

北で東京都と接《せっ》し、昔から多くの人が行き来してきたことから、東京都の下町方言や多摩《たま》方言（→P.58）などと多くの共《きょう》通点《つうてん》がみられます。

（→P.58）

発音の特徴

県全域《ぜんいき》で東京都の下町方言と似《に》た特徴《とくちょう》があります。たとえば「ひとつ」を「じとつ」と発音するように、「ひ」を「し」と発音することがあります。

また、「あい」や「あえ」、「いえ」は「えー」と発音されます。

相模原市《さがみはらし》の町なみと丹《たん》沢《ざわ》山地（写真奥《おく》）。関東《かんとう》平野の一部にあたる県の東部から南部にかけては平野が、北西部には丹沢《たんざわ》山地を中心とした山地が広がる。

方言が話されている地域

三浦《みうら》方言

横須賀市《よこすかし》や三浦市《みうらし》など、県南東部の三浦《みうら》半島で話されている。横須賀市《よこすかし》は江戸《えど》時代に港町として発展《はってん》した地域《ちいき》。三浦市《みうらし》は漁業《ぎょぎょう》のほか、大根やすいかなどの産《さん》地《ち》として有名。

北部方言

相模原市《さがみはらし》や愛川町《あいかわまち》などの県北西部で話されている。県北西部は丹沢《たんざわ》山地が広がり、相模《さがみ》湖や津久井《つくい》湖のある自然《しぜん》豊《ゆた》かな地域《ちいき》。丹沢《たんざわ》山地のふもとにある相模原《さがみはら》市《し》には、東京都へ通《つう》勤《きん》・通学する人が多くくらす。

足柄《あしがら》方言

南足柄市《みなみあしがらし》など、県西部の足柄地域《あしがらちいき》で話されている。南《みなみ》足柄市《あしがらし》には山地が広がり、市の大部分が森林。

南部方言

横浜市《よこはまし》や小田原市《おだわらし》など、県の東部から南部にかけて話されている。横浜市《よこはまし》は日本有数の大都市で、国《こく》際的《さいてき》な貿易港《ぼうえきこう》、横浜《よこはま》港《こう》がある。小田原市《おだわらし》は城下町《じょうかまち》として、また、東海道《とうかいどう》*2の宿場町として栄《さか》えた地域《ちいき》。

南足柄市《みなみあしがらし》にある「夕日の滝《たき》」。南足《みなみあし》柄市《がらし》には昔話の「金太郎《きんたろう》」にまつわる伝説《でんせつ》が残《のこ》り、この滝《たき》も金太郎《きんたろう》の産《うぶ》湯《ゆ》*1に使われたとされる。

横浜市《よこはまし》の中心部。横浜港《よこはまこう》のまわりに公園《こうえん》や中華街《ちゅうかがい》、博物館《はくぶつかん》、遊園地などが集まり、国内外の人が行きかう。

三浦市《みうらし》の三崎《みさき》地区に伝《つた》わる伝統《でんとう》行事、チャッキラコ。毎年1月15日に少女たちがおどりを神にささげ、豊漁《ほうりょう》や豊《ほう》作《さく》などを願《ねが》う。

*1 産湯《うぶゆ》…生まれて最初に入浴するときに使う湯。
*2 東海道《とうかいどう》…江戸《えど》時代に整備《せいび》された、江戸《えど》（現在《げんざい》の東京都中心部）と京都をむすぶ街道《かいどう》。

アクセントの特徴 →P.13

県全域《ぜんいき》で、東京式のアクセントです。

文法の特徴

神奈川県《かながわけん》では「そうじゃん（そうじゃないか）。」のような「～じゃん」、「～じゃんか」という言い方をよくします。もとは中部地方の方言でしたが、昭和時代に横浜市《よこはまし》に伝《つた》わり、そこから東京都の都市部にも伝《つた》わったことで、いまのように全国で使われるようになったといいます。

「～しよう」、「～だろう」、「いっしょに～しよう」というときには「べー」をつけます。これは、関《かん》東《とう》地方で広く見られる言い方です。

神奈川県横浜市《かながわけんよこはまし》の郷《きょう》土料理《どりょうり》、サンマーメン。炒《いた》めたもやしや白菜《はくさい》、豚肉《ぶたにく》などをスープに入れ、とろみをつけてラーメンに乗せたもの。

写真出典：農林水産省「うちの郷土料理」

「サンマーメン」なのに、さんまが入ってないじゃん！
（さんまが入っていないじゃない！）

ことばの例

うざってー

神奈川県北西部
東京都西部

意味 気味が悪い。

解説 毛虫やヘビを見たときなどに感じる、いやな感覚《かんかく》をあらわす表現《ひょうげん》。全国的《ぜんこくてき》に使われている「うざい（うっとうしい、わずらわしい）」のもとになったことば。

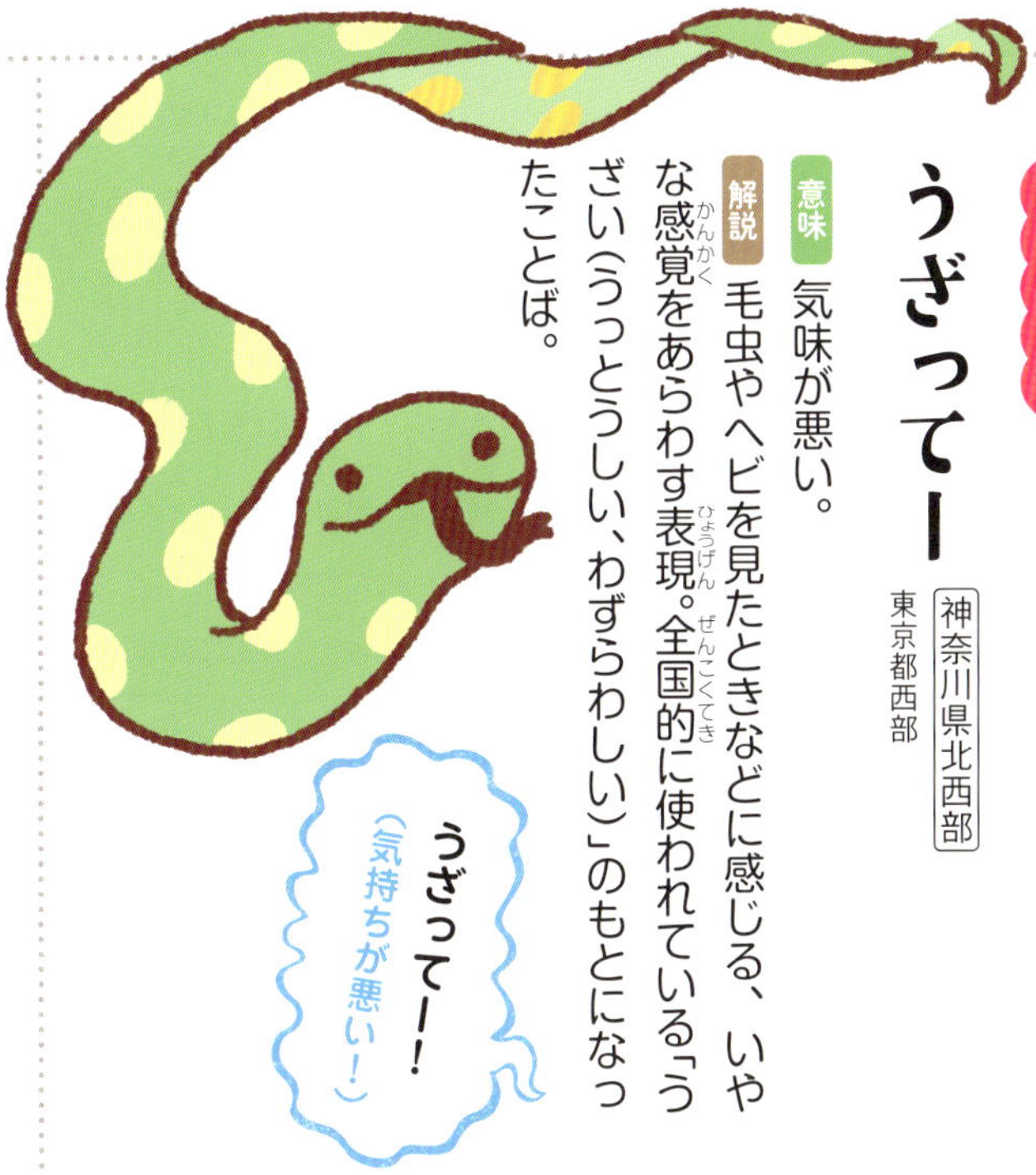
うざってー！
（気持ちが悪い！）

うんめろ

神奈川県三浦半島

意味 たくさん。

でーこん、うんめろとれたなー。
（大根、たくさんとれたなあ。）

三浦市《みうらし》での大根の収穫《しゅうかく》。三浦市《みうらし》は全国でも有数の大根の生産量《せいさんりょう》をほこる。

くっちゃべる

神奈川県
東北地方北部・関東地方

意味 さかんにしゃべる。

解説 「しゃべる」を強調した言い方。

例文 くっちゃべってないで、勉強しなさい！（ずっとしゃべっていないで、勉強しなさい！）

ごとーべー

神奈川県北部

意味 ヒキガエル。

解説 県南部では「おーひき」、足柄《あしがら》地域《ちいき》では「ばっくり」とよぶ。

ヒキガエル。

横はいり

神奈川県
東日本を中心に全国

意味 列に割《わ》りこんで入ること。

解説 東海地方で一九八〇年代ごろ、若者《わかもの》のあいだに広まった、新しい表現《ひょうげん》とされる。東海地方から神奈川《かながわ》県《けん》、神奈川県《かながわけん》から東京都へ伝《つた》わり、広く使われるようになった。

横はいりはだめだよ！
（列に割《わ》りこむのはだめだよ！）

新潟県

県内の主な方言

新潟県《にいがたけん》の方言は、大きく県本土の越後《えちご》方言と、佐渡島《さどしま》で話されている佐渡《さど》方言の二つに分けられます。越後《えちご》方言は東日本の方言に、佐渡《さど》方言は西日本の方言にふくまれます。

県本土の越後《えちご》方言は、県北部を流れる阿賀野川《あがのがわ》から北で話される下越《かえつ》方言、阿賀野川《あがのがわ》の南から県中部にかけて話される中越《ちゅうえつ》方言、県の南部で話される上越《じょうえつ》方言の三つに分けることができます。下《か》越《えつ》方言には東北地方の方言と、中越《ちゅうえつ》方言には関東《かんとう》地方の方言と、上越《じょうえつ》方言には南で接《せっ》する長野県の方言と似《に》た特徴《とくちょう》がみられます。

発音の特徴

越後《えちご》方言では、「い」と「え」を区別《くべつ》せず、「越後《えちご》」を「いちご」と発音したり、「いちご」を「えちご」と発音したりします。

いだまめ
（枝豆《えだまめ》）

新潟県《にいがたけん》では昔から枝豆《えだまめ》の生産《せいさん》がさかんで、収穫《しゅうかく》時期の夏には多くの人が朝どれの枝豆《えだまめ》を楽しむ。

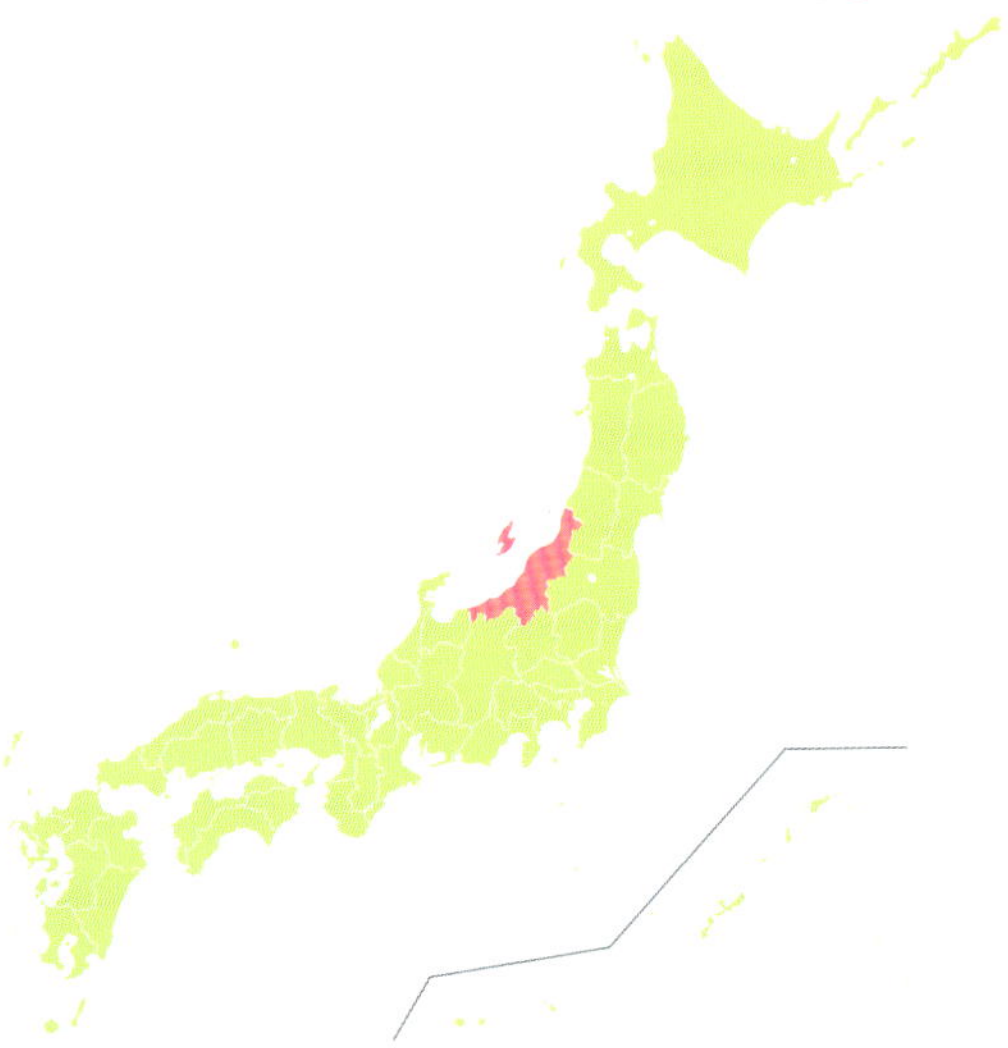

方言が話されている地域

佐渡《さど》方言

日本海にある佐渡島《さどしま》で話されている。佐渡島《さどしま》は昔、本土を追放された人がくらす島だった。江戸《えど》時代には佐渡金山《さどきんざん》での金の採掘《さいくつ》がさかんになり、北前船《きたまえぶね》*の寄港地《きこうち》としても栄《さか》えた。

佐渡金山《さどきんざん》。

下越《かえつ》方言

新潟市《にいがたし》や新発田市《しばたし》、村上市《むらかみし》など、県北部の下越地域《かえつちいき》を中心に話されている。新潟市《にいがたし》には信濃川《しなのがわ》や阿賀《あが》野川《のがわ》の河口《かこう》があり、越後《えちご》平野が広がる。江戸《えど》時代には北前船《きたまえぶね》の寄港《きこう》地《ち》として栄《さか》えた。村上市《むらかみし》は鮭《さけ》のまちとして有名。

上越《じょうえつ》方言

上越市《じょうえつし》など、県南部の上越《じょうえつ》地域《ちいき》で話されている。上越《じょうえつ》市《し》の直江津港《なおえつこう》は、江戸《えど》時代に北前船《きたまえぶね》の寄港地《きこうち》として栄《さか》えた。直江津港《なおえつこう》に運ばれてきたものは、陸路《りくろ》や川を通じて信濃国《しなののくに》（現在《げんざい》の長野《ながの》県《けん》）にも運ばれた。

中越《ちゅうえつ》方言

長岡市《ながおかし》や小千谷市《おぢやし》など、県中部の中越地域《ちゅうえつちいき》を中心に話されている。長岡市《ながおかし》は江戸《えど》時代に城下町《じょうかまち》として栄《さか》えた。内陸《ないりく》部《ぶ》は越後山脈《えちごさんみゃく》が連《つら》なる世界有数の豪雪《ごうせつ》地帯《ちたい》で、伝統的《でんとうてき》な織物《おりもの》がいくつも受けつがれている。

越後《えちご》平野に広がる水田。新潟県《にいがたけん》では越後山脈《えちごさんみゃく》からの豊富《ほうふ》な雪どけ水を利用《りよう》した米づくりがさかん。

小千谷縮《おぢやちぢみ》の「雪さらし」。小千《おぢ》谷縮《やちぢみ》は江戸《えど》時代から小千谷《おぢや》市《し》でつくられている麻《あさ》の織物《おりもの》。しあげに雪の上にならべて日光にさらすことで、色があざやかになる。

＊北前船《きたまえぶね》…江戸《えど》時代半ばから明治《めいじ》時代にかけて、大坂（大阪《おおさか》）と北海道を行き来した船。瀬戸内海《せとないかい》・日本海沿岸《にほんかいえんがん》の各地《かくち》に寄港《きこう》し、積《つ》み荷《に》を売り買いしながら航行《こうこう》した。

アクセントの特徴 ↓P.13

越後《えちご》方言は東京式に、佐渡《さど》方言は京阪式《けいはんしき》に近いアクセントだとされます。

文法の特徴

越後《えちご》方言では、「さーめすけ、いっぺこと着てる。（寒いから、たくさん着ている。）」のように、「〜すけ」で理由を説明《せつめい》する「〜から」を表現《ひょうげん》します。これは近畿《きんき》地方で同じように使われる「〜さかい」が、日本海沿岸《えんがん》の行き来を通じて伝《つた》わったためだと考えられています。

また、「〜だ」は「〜ら」に、推測《すいそく》を表す「〜だろう」は「〜ろー」になります。たとえば「そうだろう」は「そうらろー」と言います。

佐渡《さど》方言では「わからんちゃ（わからないよ）」、「食えっちゃ（食べなよ）」のように、文章の終わりによく「〜よ」という意味の「ちゃ」をつけます。

雪がごうぎ降《ふ》ったすけ、雪ほりせんばね。
（雪がすごく降《ふ》ったから、屋根の雪おろしをしないとね。）

雪におおわれた新潟県十日町《にいがたけんとおかまち》市《し》。新潟県《にいがたけん》の内陸部《ないりくぶ》にある十日《とおか》町市《まちし》は、世界有数の豪雪地帯《ごうせつちたい》として知られる。

ことばの例

ごうぎ
新潟県中越地域
中部地方・中国地方など

意味 とても。すごく。

解説 「大胆《だいたん》で勇《いさ》ましい」を意味する「豪気《ごうぎ》」から生まれたことば。

ざえ
新潟県
山形県など

意味 薄《うす》くはった氷。

解説 同じことばを「氷」や「水にとけた雪」、「つらら」など、氷や雪にかかわるものの意味で使っている地域《ちいき》もある。

じょんのび
新潟県

意味 気分がゆったりすること。のんびり休むこと。

月岡温泉《つきおかおんせん》にじょんのびしにいこさ!
（月岡温泉《つきおかおんせん》にのんびり休みに行こう!）

新潟県新発田市《にいがたけんしばたし》にある月岡温泉《つきおかおんせん》。県内を代表する温泉地《おんせんち》として知られており、エメラルドグリーンの色をした湯が肌《はだ》あれや肩《かた》こりなどにきくという。

だちゃかん
新潟県佐渡島
中部地方

意味 だめだ。

解説 「物事が解決《かいけつ》しない」ことを意味する、「らちが明かない」から生まれたことば。らちかん、だちかんなどとも言う。

なじ
新潟県
東北地方・関東地方

意味 いかに。いかが。どんな。

今日はなじらね?
（今日の調子はどう?）

ばーか
新潟県本土
関東地方をのぞく全国各地

意味 とても。非常《ひじょう》に。

ばーかいいて〜!
（とってもいいよ〜!）

もじける
新潟県

意味 恥《は》ずかしがる。人見知りをする。

例文 この子、もじけてんらわね。（この子、恥《は》ずかしがっているんだよ。）

富山県

県内の主な方言

富山県《とやまけん》の方言は、大きく二つに分けることができます。呉羽丘陵《くれはきゅうりょう》という県の中央部にある小さな丘《おか》を境《さかい》に、東の呉東地域《ごとうちいき》で話されている呉《ご》東《とう》方言と、西の呉西地域《ごせいちいき》で話されている呉西《ごせい》方言です。呉東《ごとう》方言には東日本の方言の特徴《とくちょう》が、呉西《ごせい》方言には西日本の方言の特徴《とくちょう》がみられ、東西で特徴《とくちょう》が異《こと》なります。

呉西《ごせい》方言のうち、南砺市《なんとし》南部にある五箇山《ごかやま》という地域《ちいき》で話されていることばを五箇山《ごかやま》方言として分けることもあります。五箇山地域《ごかやまちいき》は高い山や川でほかの地域《ちいき》との行き来がしづらい場所だったことから、方言に古いことばや文法《ぶんぽう》が残《のこ》っています。

発音の特徴

平野部の一部では、「し」と「す」、「じ」と「ず」、「ち」と「つ」を、それぞれ区別《くべつ》せず、同じような音で発音します。これは東北地方の方言にもみられる特徴《とくちょう》です。

富山市《とやまし》西部にある呉羽丘陵《くれはきゅうりょう》（写真手前）。東西約《やく》２キロメートル、南北約《やく》８キロメートルの丘陵地帯《きゅうりょうちたい》が、東西の地域《ちいき》や方言の境《さかい》になっている。写真奥《おく》を流れるのは神通川《じんづうがわ》。

高岡市《たかおかし》でつくられている高岡銅器《たかおかどうき》。江戸《えど》時代、現在《げんざい》の富山県《とやまけん》と石川県をおさめていた前田《まえだ》家《け》が、現在《げんざい》の高岡《たかおか》市《し》に城《しろ》を築《きず》いたとき、鋳造《ちゅうぞう》の職人《しょくにん》をよび寄《よ》せたのが銅器《どうき》づくりのはじまり。

合掌造《がっしょうづく》りの家が建《た》ちならぶ五箇山《ごかやま》地区。合《がっ》掌造《しょうづく》りは、左右の手のひら（掌）を合わせたような形のかやぶき屋根の家。雪が積《つ》もらないよう、傾《かたむ》きが急になっている。

富山市八尾《とやましやつお》地区で毎年九月におこなわれる、おわら風《かぜ》の盆《ぼん》。編《あ》み笠《がさ》を深くかぶった人々《ひとびと》が町をおどり歩く。

方言が話されている地域

呉西《ごせい》方言

高岡市《たかおかし》や氷見市《ひみし》など、県西部の呉西地域《ごせいちいき》で話されている。高岡《たかおか》市《し》は漆器《しっき》や銅器《どうき》など、伝統的《でんとうてき》なものづくりがさかん。氷見《ひみ》市《し》はぶりやいわしなどの水《みず》あげで知られている。

呉東《ごとう》方言

富山市《とやまし》や黒部市《くろべし》など、県の中部から東部にあたる呉東地域《ごとうちいき》で話されている。東部には飛騨山脈《ひださんみゃく》が連《つら》なり、県のシンボルとされる立山連峰《たてやまれんぽう》がある。富山湾《とやまわん》に面した富山市《とやまし》は江戸《えど》時代に北前船《きたまえぶね》*の寄港地《きこうち》として、また、全国各地《かくち》をまわって薬を売り歩く「富山《とやま》の薬《くすり》売《う》り」の拠点《きょてん》として栄《さか》え、現在《げんざい》も製薬《せいやく》業《ぎょう》がさかん。

五箇山《ごかやま》方言

県南西部の南砺市《なんとし》にある、五箇山地《ごかやまち》域《いき》で話されている。五箇山地域《ごかやまちいき》は山にかこまれた豪《ごう》雪地帯《せっちたい》で、合掌造《がっしょうづく》りの家々《いえいえ》が残《のこ》り、伝統的《でんとうてき》な文化が受けつがれている。

＊北前船《きたまえぶね》…江戸《えど》時代半ばから明治《めいじ》時代にかけて、大坂（大阪《おおさか》）と北海道を行き来した船。瀬戸内海《せとないかい》・日本海沿岸《にほんかいえんがん》の各地《かくち》に寄港《きこう》し、積《つ》み荷《に》を売り買いしながら航行《こうこう》した。

アクセントの特徴 ↓P.13

県全域《ぜんいき》で、京阪式《けいはんしき》アクセントに近いとされています。

語尾《ごび》や会話の区切りなどで、音が高くなったり低《ひく》くなったりする「ゆすり音調」とよばれるイントネーションがみられます。これは同じ北陸《ほくりく》地方の石川県や福井県《ふくいけん》でも同様です。

声に出してみよう!!

［富山市《とやまし》］

- 雨　あ め
- 歌う　う た う
- 高い　た か い

文法の特徴

富山県《とやまけん》では、理由をしめす「〜から」や「〜ので」は、近畿《きんき》地方でも使われている「〜さかい」のほか、「〜のって」、「〜だで」、「〜けに」、「〜さからいで」などが使われ、近畿《きんき》地方や東海地方、東山《とうざん》地方（山梨県《やまなしけん》、長野県、岐阜県《ぎふけん》）など、さまざまな方言の影響《えいきょう》がみられます。また、たずねるときには「知っとっけ（知っていますか）」のように「〜け」で表現《ひょうげん》します。

五箇山《ごかやま》方言には、命令《めいれい》する「起きろ」を「起きよ」、ていねいな表現《ひょうげん》「行かれる」を「行きやる」と言うなど、古い表現《ひょうげん》がみられます。

ことばの例

うい
富山県呉東地域　福井県・岐阜県・愛知県など

意味　苦しい。つらい。

例文　食べすぎて、はらういわ。（食べすぎて、お腹《なか》が苦しいよ。）

きときと
富山県

意味　新鮮《しんせん》な。元気な。若々《わかわか》しい。

きときと
氷見市《ひみし》の特産品《とくさんひん》、寒《かん》ぶり。氷見漁港《ひみぎょこう》で真冬に水あげされる寒ぶりは、あぶらののりがよいと人気で、全国に出荷されている。

きのどくな
富山県　石川県・福井県

意味　申しわけない。ありがたい。↓P.20

くどい
富山県呉西地域　石川県・福井県

意味　塩気《しおけ》が強い。味が濃《こ》い。

ちょっこしくどいけど、うまいっちゃ。（ちょっと味が濃《こ》いけど、おいしいよ。）
「富山《とやま》ブラック」とよばれる富山市《とやまし》生まれのラーメン。しょうゆを使った濃《こ》い味つけが特徴《とくちょう》。

つかえん
富山県

意味　かまわない。問題ない。

解説　「問題ない」ことを意味する「差《さ》し支《つか》えない」から生まれたことば。

なーん
富山県　石川県

意味　いいえ。ちがう。

解説　「ちがう」ということを、やさしくしめすことば。

なーん、つかえんよ！（いいや、ぜんぜん問題ないよ！）
きのどくな〜。（ごめんね。）

まいどはや
富山県　石川県・島根県など

意味　お元気ですか。こんにちは。ごめんください。

解説　だれかと会ったり、家や店を訪《おとず》れたりしたときに使う、あいさつのことば。

石川県

県内の主な方言

石川県の方言は、北部の能登地域《のとちいき》で話されている能登《のと》方言と、南部の加賀地域《かがちいき》で話されている加《か》賀《が》方言の二つに分けることができます。

石川県は古くから京都府《きょうとふ》を中心とした近畿《きんき》地方とのつながりが強く、方言でも近畿《きんき》地方と共通《きょうつう》の特徴《とくちょう》がみられます。

発音の特徴

能登地域《のとちいき》のうち富《と》山湾沿岸《やまわんえんがん》部では、「し」と「す」、「じ」と「ず」、「ち」と「つ」を、それぞれ区別《くべつ》せず、同じような音で発音します。これは東北地方の方言にもみられる特徴《とくちょう》です。

石川県の郷土料理《きょうどりょうり》、かぶらずし。特産《とくさん》のぶりを塩漬《しおづ》けにして大根（かぶら）の塩《しお》漬《づ》けにはさみ、さらにこうじで漬《つ》けたもの。富山県《とやまけん》でも食べられている。

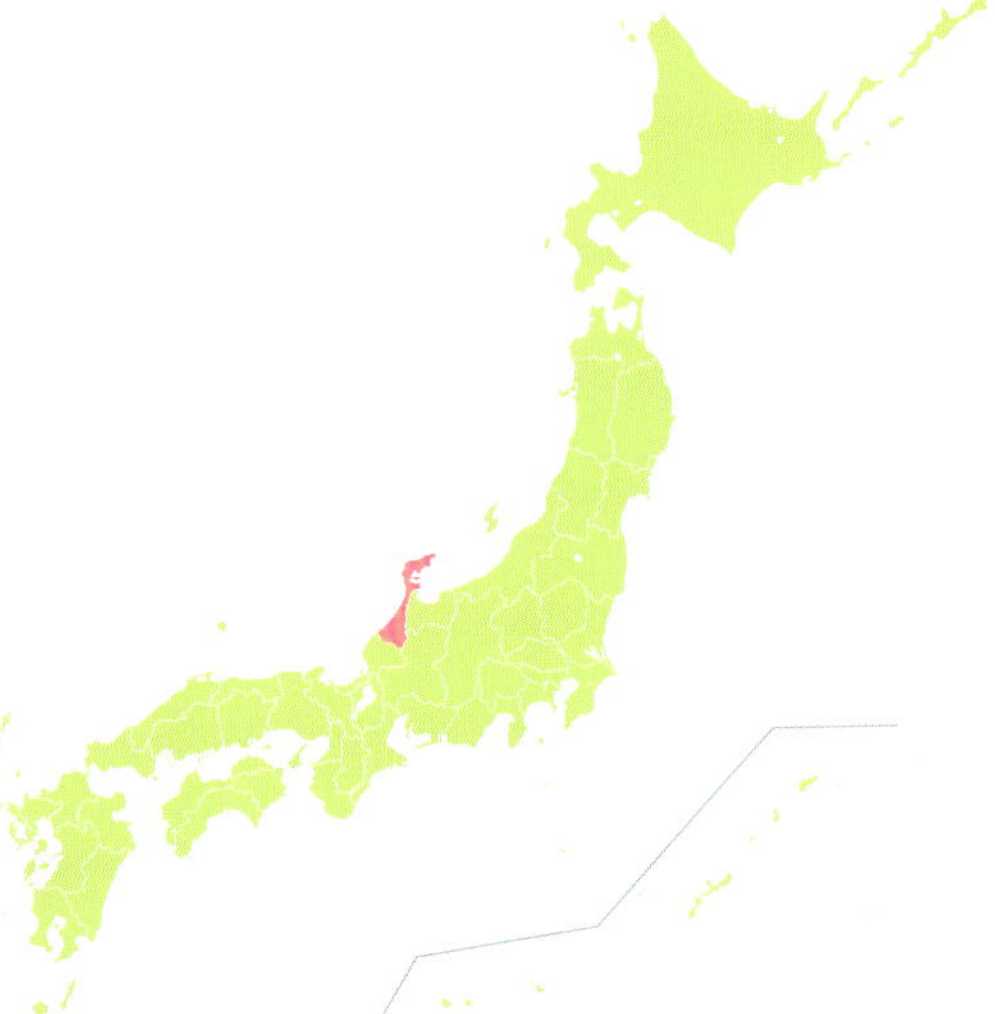

方言が話されている地域

能登《のと》方言

昔、能登国《のとのくに》とよばれた県北部の能《の》登地域《とちいき》で話されている。海にかこまれ、沿岸部《えんがんぶ》ではぶりやいかの水《みず》あげや、牡蠣《かき》の養殖《ようしょく》がさかん。日《に》本海《ほんかい》に面した輪島市《わじまし》は、江戸《えど》時代に北前船《きたまえぶね》*の寄港地《きこうち》として栄《さか》えた。古い町なみや行事、工芸《こうげい》などが受けつがれている。

輪島市《わじまし》で受けつがれている伝《でん》統工芸《とうこうげい》の漆器《しっき》、輪島塗《わじまぬり》。室町《むろまち》時代にはつくられていたとされ、江戸《えど》時代には北前船《きたまえぶね》で各《かく》地《ち》に運ばれた。

加賀《かが》方言

昔、加賀国《かがのくに》とよばれた県南部の加賀地域《かがちいき》で話されている。加賀地域《かがちいき》のうち金沢市《かなざわし》は、江戸《えど》時代に加賀国《かがのくに》と能登国《のとのくに》、越中国《えっちゅうのくに》（現在《げんざい》の富山県《とやまけん》）をおさめた前田家《まえだけ》の城《じょう》下町《かまち》として栄《さか》えた。そのころ発展《はってん》した漆《しっ》器《き》や金箔《きんぱく》、染物《そめもの》などの伝統工芸《でんとうこうげい》がいまも受けつがれている。加賀市《かがし》は山中温泉《やまなかおんせん》などの温泉街《おんせんがい》で有名。白山市《はくさんし》の内陸部《ないりくぶ》には白山《はくさん》をはじめとする山々《やまやま》が連《つら》なる。

珠洲市《すずし》の蛸島《たこじま》地区に伝《つた》わる蛸《たこ》島《じま》キリコ祭《まつ》り。キリコとよばれる大きな灯《とう》ろうをかつぎ、町をめぐる。能登地域《のとちいき》にはこのようなキリコ祭《まつ》りが各地《かくち》で受けつがれている。

白山《はくさん》。

金沢市《かなざわし》にある兼六園《けんろくえん》。江戸《えど》時代に代々《だいだい》の前《まえ》田家《だけ》当主によってつくられた。

＊北前船《きたまえぶね》…江戸《えど》時代半ばから明治《めいじ》時代にかけて、大坂（大阪《おおさか》）と北海道を行き来した船。瀬戸内海《せとないかい》・日《に》本海沿岸《ほんかいえんがん》の各地《かくち》に寄港《きこう》し、積《つ》み荷《に》を売り買いしながら航行《こうこう》した。

アクセントの特徴

↓P.13

ほとんどの地域《ちいき》で京阪式《けいはんしき》アクセントです。能登《のと》地域《ちいき》の一部では、東京式や、あいまいなアクセントの地域《ちいき》もあります。

語尾《ごび》や会話の区切りなどで、音が高くなったり低《ひく》くなったりする「ゆすり音調」とよばれる独特《どくとく》のイントネーションがみられます。これは同じ北陸《ほくりく》地方の富山県《とやまけん》や福井《ふくい》県《けん》と共通《きょうつう》の特徴《とくちょう》です。

それでぇぇぇぇぇ

文法の特徴

共通語《きょうつうご》の「〜だ」を、石川県では「〜や」と言います。これは近畿《きんき》地方の方言と共通《きょうつう》の言い方です。

加賀《かが》地域《ちいき》のうち、金沢《かなざわ》市周辺《しゅうへん》ではやさしく命《めい》令《れい》する「〜まっし」という表現《ひょうげん》がよく使われます。たとえば「起きまっし（起きなさい）」、「来まっし（いらっしゃい）」のように言います。

ことばの例

あたる
石川県　富山県・福井県

意味　もらえる。

例文　チケットはあそこであたるよ。（チケットはあそこでもらえるよ。）

うまそな
石川県　富山県

意味　元気そうな。よく育った。↓P.30

かたがる
石川県　秋田県・山形県・北陸地方など

意味　傾《かたむ》く。

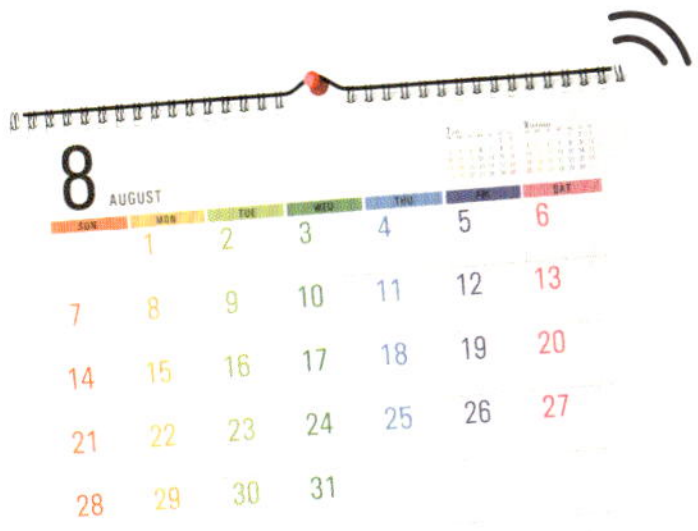

あのカレンダー、かたがっとらんけ？
（あのカレンダー、傾《かたむ》いていない？）

きんかんなまなま
石川県金沢市

意味　雪道が凍《こお》りつき、つるつるになった状態《じょうたい》。

道、きんかんなまなまになっとっさけ、気ぃつけまっし！
（道が凍《こお》りついてつるつるになっているから、気をつけなさい！）

ごぼる
石川県金沢市　富山県・福井県

意味　（雪やどろに）足がはまる。

ごぼった！
（足がはまった！）

まんでまい
石川県 能登地域

意味　とてもおいしい。

解説　「まんで」は「とても」を意味する「まるで」が変化《へんか》したもの。「まい」は「うまい」のこと。

まんでまいよ〜！
（とってもおいしいよ〜！）

ぶりと大根を煮込《にこ》んだ、ぶり大根。石川県と富山県《とやまけん》の郷土料理《きょうどりょうり》として知られている。能登地域《のとちいき》の富山湾《とやまわん》沿岸《えんがん》は、ぶりの水《みず》あげで有名。

写真出典：農林水産省「うちの郷土料理」

福井県

県内の主な方言

福井県《ふくいけん》は、県の中心部にある木《き》の芽峠《めとうげ》という峠《とうげ》を境《さかい》にして、江戸《えど》時代まで北の越前国《えちぜんのくに》（現在《げんざい》の嶺《れい》北地域《ほくちいき》）と南の若狭国《わかさのくに》（現在《げんざい》の嶺南地域《れいなんちいき》）という二つの国に分かれていました。そのため方言も、嶺北地域《れいほくちいき》で話されている嶺北《れいほく》方言と、嶺《れい》南地域《なんちいき》で話されている嶺南《れいなん》方言の二つに分かれ、アクセントやことばなどに大きなちがいがあります。

古くから近畿《きんき》地方とのつながりが強く、県全体として近畿《きんき》地方の方言と共通《きょうつう》する特徴《とくちょう》がみられます。とくに滋賀県《しがけん》や京都府《きょうとふ》と接《せつ》する嶺南地域《れいなんちいき》は、より近畿《きんき》地方の方言に近いとされます。

発音の特徴

「そんな」を「ほんな」、「そうや」を「ほや」と発音するように、なにかを指しめすことばの「そ」は「ほ」と発音されます。

毎年9月に敦賀市《つるがし》でおこなわれる敦賀《つるが》まつり。1300年の歴史《れきし》をもつとされる氣比神宮《けひじんぐう》の祭りにあわせておこなわれ、山車《やま》や神輿《みこし》がまちをねり歩く。

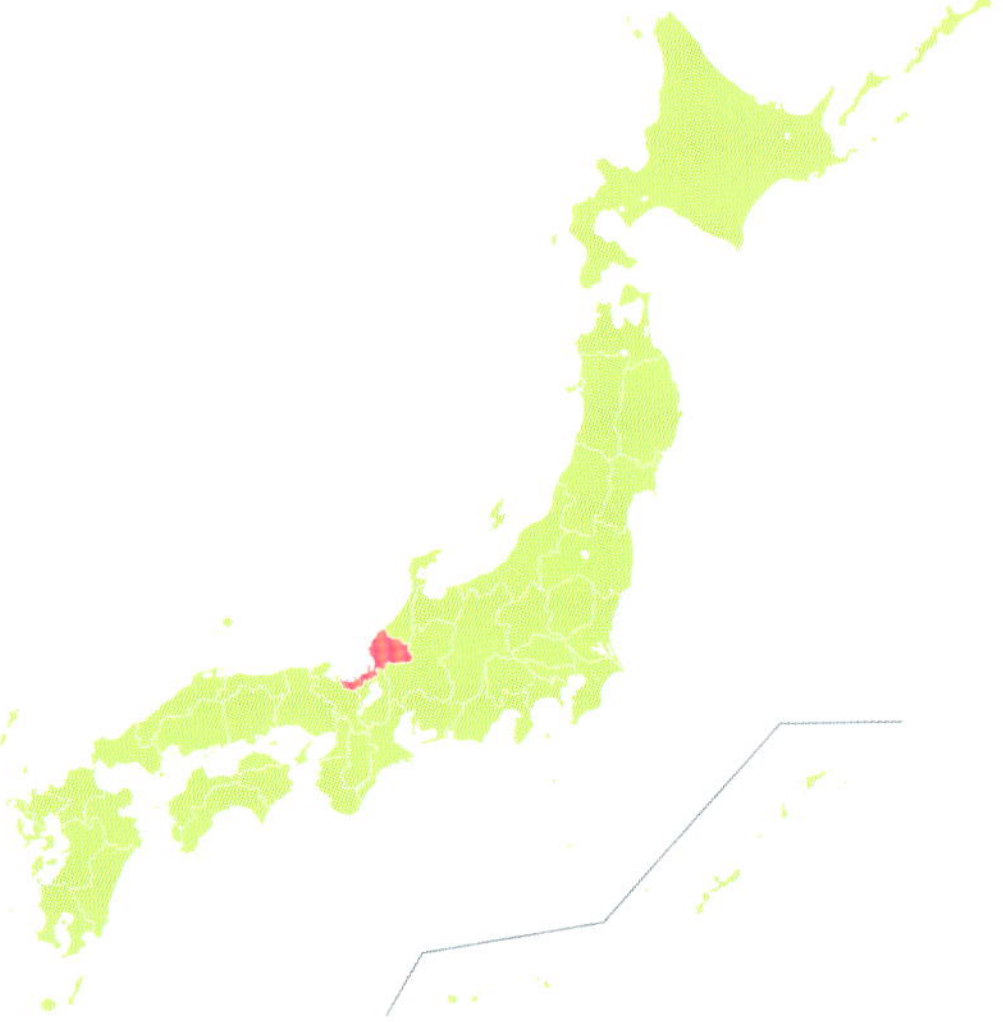

方言が話されている地域

● 嶺北《れいほく》方言

県北部の嶺北地域《れいほくちいき》で話されている。嶺北地域《れいほくちいき》は福井《ふくい》平野を中心に発展《はってん》してきた地域で、県庁所在地《けんちょうしょざいち》の福井市《ふくいし》のほか、江戸《えど》時代に北前船《きたまえぶね》*の寄港地《きこうち》として栄《さか》えた坂井市《さかいし》や、恐竜《きょうりゅう》の化石が発見された勝山市《かつやまし》などがある。永平寺町《えいへいじちょう》には仏教《ぶっきょう》の宗派《しゅうは》のひとつ、曹洞宗《そうとうしゅう》の大本山である永平寺《えいへいじ》がある。

勝山市《かつやまし》の福井県《ふくいけん》立恐竜博物館《りつきょうりゅうはくぶつかん》。勝山市《かつやまし》では「フクイサウルス」などの恐竜《きょうりゅう》の化石が発見されている。

● 嶺南《れいなん》方言

県南部の嶺南地域《れいなんちいき》で話されている。嶺南地域《れいなんちいき》は古くから京都とのつながりが強い地域《ちいき》で、江戸《えど》時代には若狭湾《わかさわん》でとれたさばを京都へ運ぶ「鯖街道《さばかいどう》」を多くの人が行き来した。敦賀《つるが》市《し》は北前船《きたまえぶね》の寄港地《きこうち》として知られる。

若狭地域《わかさちいき》の郷土料理《きょうどりょうり》、さばのへしこ。内臓《ないぞう》を取り出したさばを塩漬《しおづ》けにし、さらに糠漬《ぬかづ》けにしたもの。

坂井市《さかいし》にある東尋坊《とうじんぼう》。日本海の荒波《あらなみ》にけずられてできた断崖絶壁《だんがいぜっぺき》の海岸で、国の天然記念物《てんねんきねんぶつ》に指定されている。

＊北前船《きたまえぶね》…江戸《えど》時代半ばから明治《めいじ》時代にかけて、大坂《おおさか》（大阪）と北海道を行き来した船。瀬戸内海《せとないかい》・日本海沿岸《にほんかいえんがん》の各地《かくち》に寄港《きこう》し、積《つ》み荷《に》を売り買いしながら航行《こうこう》した。

アクセントの特徴 →P.13

嶺北地域《れいほくちいき》のうち、福井市《ふくいし》など多くの人がくらす福井平《ふくい》野のあたりは無型《むけい》アクセントで、「橋」と「箸《はし》」をアクセントで区別《くべつ》しません。そのまわりの地域《ちいき》ではアクセントがあいまいな地域《ちいき》や、東京式に近いアクセント、京阪式《けいはんしき》に近いアクセントを使う地域《ちいき》があります。一方、嶺南地域《れいなんちいき》ではほとんどの人が京阪式《けいはんしき》アクセントで話します。

また、語尾《ごび》や会話の区切りなどで、音が高くなったり低《ひく》くなったりする「ゆすり音調」とよばれる独特《どくとく》のイントネーションがみられます。これは同じ北陸《ほくりく》地方の富山県《とやまけん》や石川県でもみられる特徴《とくちょう》です。

箸《はし》?

若狭塗箸《わかさぬりばし》。若狭塗《わかさぬり》は福井県《ふくいけん》小浜市《おばまし》で江戸《えど》時代からつくられている、伝統《でんとう》的《てき》な漆器《しっき》。

橋?

文法の特徴

福井県《ふくいけん》では「書かん（書かない）」、「雨や（雨だ）」など、近畿《きんき》地方と共通《きょうつう》の言い方が多くみられます。

嶺北《れいほく》方言では、「会おっさ（会おうよ）」のように、「～しようよ」と言うときには動詞《どうし》のあとに「さ」や「っさ」をつけます。また、「～しなさい」とやさしく命令《めいれい》するときには動詞《どうし》のあとに「ねー」や「ねま」をつけます。

ことばの例

あんじょー
福井県嶺南地域
北陸地方・近畿地方・徳島県など

意味 うまい具合に。じょうずに。

解説 「味よく」ということばが変化《へんか》したもの。

例文 テスト勉強、あんじょーやっとるかー？（テスト勉強、うまくやってる？）

おぞい
福井県嶺北地域

意味 古い。よくない。

解説 嶺南地域《れいなんちいき》東部では「恐《おそ》ろしい」という意味で使われる。

おちょきん
福井県嶺北地域

意味 正座《せいざ》。

解説 嶺南地域《れいなんちいき》では「おっちん」という。

おちょきんしねま。
（正座《せいざ》しなさい。）

おとましい
福井県嶺北地域
北陸地方、岐阜県、愛知県など

意味 もったいない。

解説 嶺南地域《れいなんちいき》東部では「うるさい」、「わずらわしい」という意味で使われる。

例文 この服、おぞなったけど、捨《す》てるのはおとましい。（この服、古くなったけど、捨《す》てるのはもったいない。）

おもいでな
福井県
石川県

意味 楽しい。愉快《ゆかい》な。思い出になる。

恐竜博物館《きょうりゅうはくぶつかん》や東尋坊《とうじんぼう》……
旅行、おもいでやった。
（旅行、楽しかったな。）

てんぽな
福井県嶺南地域
岐阜県・三重県・滋賀県など

意味 とても。たいへん。すごく。

例文 てんぽな雨降《ふ》って、よわった。（ひどい雨が降《ふ》って、こまったよ。）

つるつるいっぱい
福井県嶺北地域

意味 あふれそうなほどいっぱい。

解説 水などの液体《えきたい》が、容器《ようき》のふちぎりぎりまで入っている状態《じょうたい》を指す。

山梨県

県内の主な方言

山梨県《やまなしけん》の方言は、三つに分けることができます。県東部の郡内地域《ぐんないちいき》で話されている東部方言と、県西部の国中地域《くになかちいき》で話されている西部方言、早川町《はやかわちょう》奈良田《ならだ》地区で話されている奈良田《ならだ》方言です。奈良《なら》田《だ》方言は、まわりの地域《ちいき》で話されている方言とは特徴《とくちょう》が大きく異《こと》なります。

発音の特徴

郡内《ぐんない》方言は「しない」を「しにゃー」、「帰る」を「きゃーる」、「海は」を「うみゃー」と発音するなど、音が変化《へんか》して「ゃー」の音がよく発音されることから、「にゃーにゃー言葉」とよばれます。

奈良田《ならだ》方言には、昔の日本語の発音が残《のこ》っており、いまの共《きょう》通語《つうご》では区別《くべつ》しない「じ」と「ぢ」、「ず」と「づ」を区別《くべつ》して発音します。「ぢ」は「でぃ」、「づ」は「どぅ」になります。たとえば「ねずみ」は「ねずみ」ですが、「三《み》日月《かづき》」は「みかどぅき」と発音します。

国中地域《くになかちいき》の中心地である甲府盆地《こうふぼんち》。写真奥《おく》に見えるのは富士山《ふじさん》。

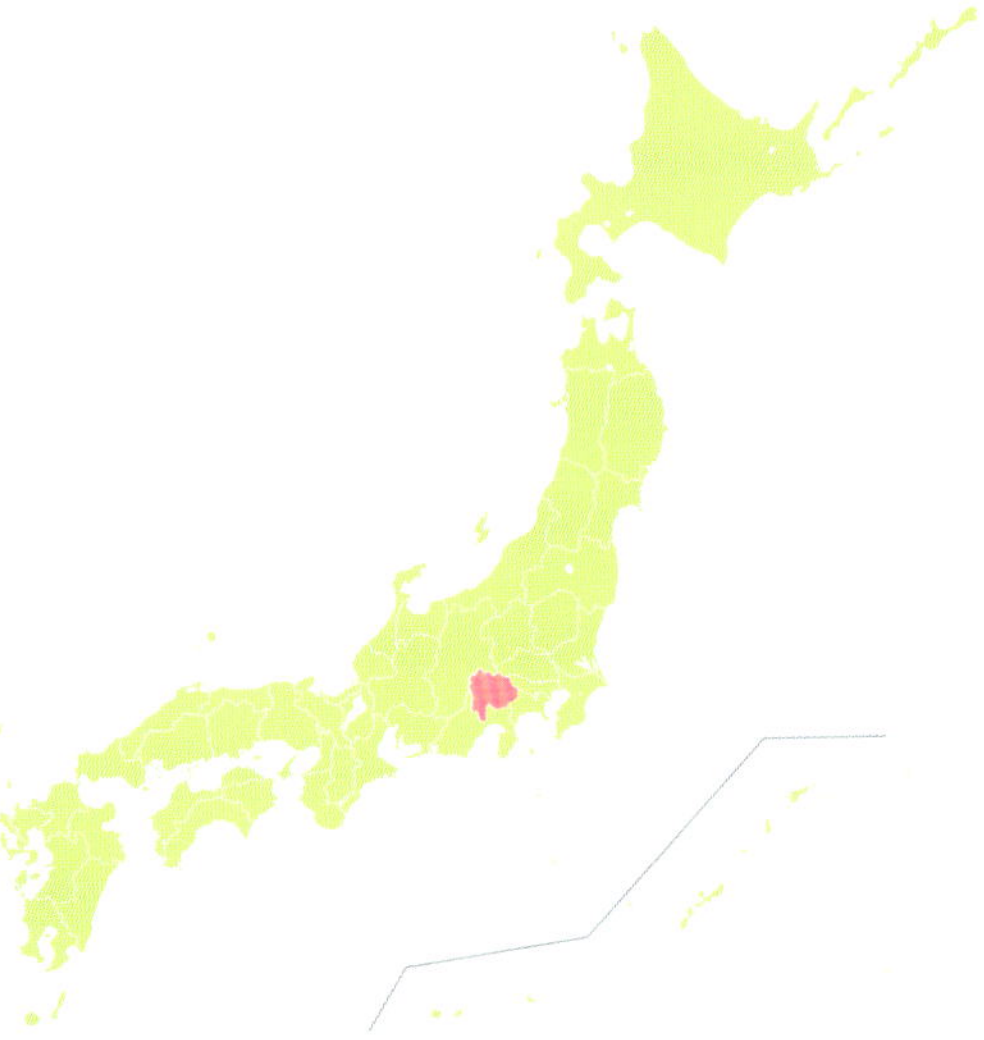

方言が話されている地域

東部方言

県東部の郡内地域《ぐんないちいき》で話されている。郡内地域《ぐんないちいき》は大部分が山地で、南部の静岡県《しずおかけん》との境《さかい》には富士《ふじ》山《さん》がそびえる。古くから織物《おりもの》の生産《せいさん》がさかんで、江戸《えど》時代には「甲斐絹《かいき》」とよばれる絹織物《きぬおりもの》の産地《さんち》として知られていた。

西部方言

県西部の国中地域《くになかちいき》で話されている。国中地《くになかち》域《いき》は、甲府盆地《こうふぼんち》を中心に発展《はってん》してきた地域《ちいき》。県庁所在地《けんちょうしょざいち》の甲府市《こうふし》は、室町《むろまち》時代に武田家《たけだけ》の拠点《きょてん》となり、江戸《えど》時代には城下町《じょうかまち》として、また、甲州街道《こうしゅうかいどう》*の宿場町として発展《はってん》した。

奈良田《ならだ》方言

県西部の早川町《はやかわちょう》奈《な》良田《らだ》地区で話されている。奈良田《ならだ》地区は赤石山脈《あかいしさんみゃく》の山間地にあり、人の行き来が少なかったことから、昔のことばのほか、古い民謡《みんよう》やおどりなども受けつがれている。温泉《おんせん》が有名。

甲府盆地《こうふぼんち》では、昼夜の寒暖差《かんだんさ》が大きい気候《きこう》をいかしたぶどうの生産《せいさん》がさかん。

写真提供：やまなし観光推進機構

甲斐絹《かいき》の伝統《でんとう》を受けつぎ、郡内地域《ぐんないちいき》でつくられている郡内織物《ぐんないおりもの》。

戦国《せんごく》時代に甲斐国《かいのくに》（現在《げんざい》の山《やま》梨県《なしけん》）を拠点《きょてん》に活躍《かつやく》した武田《たけだ》信玄《しんげん》。山梨県《やまなしけん》を象徴《しょうちょう》する人物としてしたわれている。

写真提供：やまなし観光推進機構

＊甲州街道《こうしゅうかいどう》…江戸《えど》時代に整備《せいび》された、江戸《えど》（現在《げんざい》の東京都中心部）と甲斐国《かいのくに》をむすんだ街道《かいどう》。

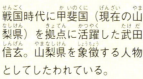

アクセントの特徴 →P.13

東部方言、西部方言は東京式アクセントです。奈良田《ならだ》方言のアクセントは特殊《とくしゅ》で、まわりの地域《ちいき》と大きく異《こと》なります。

文法の特徴

なにかを禁止《きんし》するときには、動詞《どうし》のあとに「ちょ」をつけてあらわします。

動詞《どうし》のあとに「ず」や「ざー」、「じゃん」をつけると、相手をさそったり、自分の意思をしめしたりする「〜しよう」という意味になります。たとえば「いっしょに行かず」や「いっしょに行くじゃん」は、「いっしょに行こう」という意味です。郡《ぐん》内地域《ないちいき》では、「いっしょに行くべー」のように、「べー」も使われます。

文章の最後《さいご》につく「け」には疑問《ぎもん》やおどろきをあらわすはたらきが、「し」には、前のことばを強調したり、やわらげたりするはたらきがあります。

こぴっとしろし！
（しっかりしなさい！）

南アルプス市でつくられている甲州鬼面瓦《こうしゅうきめんがわら》。南アルプス市で数百年にわたって受けつがれてきた瓦《かわら》づくりの技術《ぎじゅつ》がいかされている。鬼瓦《おにがわら》は、家をわざわいから守ってくれるという。

ことばの例

いっさら
山梨県 長野県

意味 少しも。まったく。

例文 いっさらわからん。（まったくわからないよ。）

かじる
山梨県 静岡県

意味 爪《つめ》でひっかく。

かじっちょ！
（ひっかいちゃだめだよ！）

こぴっと
山梨県

意味 しっかり。

山梨県上野原市《やまなしけんうえのはらし》の郷土料理《きょうどりょうり》、せいだのたまじ。小さなじゃがいもを、皮つきのまま味噌《みそ》で煮《に》たもの。「せいだ」は「せいだいも」、「たまじ」は小さなことを指す。

写真出典：農林水産省「うちの郷土料理」

せいだいも
山梨県 神奈川県・岐阜県・静岡県など

意味 じゃがいも。

解説 江戸《えど》時代、甲府《こうふ》の役人だった中井清太夫《なかいせいだゆう》は、九州からじゃがいもを取《と》り寄《よ》せ、人々《ひとびと》に栽培《さいばい》させて飢饉《ききん》をふせいだ。その功績《こうせき》をたたえて、この地域《ちいき》ではじゃがいもを「清太夫《せいだゆう》芋《いも》」や「清太芋《せいだいも》」とよぶようになった。

てっ
山梨県

意味 えっ。あら。まあ。

解説 おどろいたときに出《で》ることば。

もちにいく
山梨県 長野県・静岡県

意味 取りに行く。

例文 教室に置《お》いてあるランドセルをもちにいく。（教室に置《お》いてあるランドセルを取りに行く。）

わにわにする
山梨県 長野県

意味 ふざける。

わにわにしちょ！
こぴっとしろし。
（ふざけちゃだめ！
ちゃんとしてよ。）

長野県

県内の主な方言

長野県の方言は、五つに分けることができます。県北部の北信《ほくしん》地域《ちいき》で話されている北信《ほくしん》方言、県東部の東信《とうしん》地域《ちいき》で話されている東信《とうしん》方言、県西部の中信《ちゅうしん》地域《ちいき》で話されている中信《ちゅうしん》方言、県南部の南信《なんしん》地域《ちいき》で話されている南信《なんしん》方言、そして県北東部の栄村《さかえむら》周辺《しゅうへん》で話されている奥信濃《おくしなの》方言です。県西部には飛騨《ひだ》山脈《さんみゃく》が、県南部には木曽《きそ》山脈《さんみゃく》と赤石《あかいし》山脈《さんみゃく》があり、地域《ちいき》や方言の境《さかい》となっています。

県全体で東日本の方言にふくまれますが、日本の東西の方言の境目《さかいめ》にあたる地域《ちいき》にあることから、西日本の方言の特徴《とくちょう》もみられます。東信《とうしん》方言なら関東《かんとう》地方西部、南信《なんしん》方言なら愛知県《あいちけん》というように、それぞれの地域《ちいき》で、となり合う地域《ちいき》の方言と共通《きょうつう》する特徴《とくちょう》がみられます。

松本城《まつもとじょう》と飛騨山脈《ひださんみゃく》（写真奥《おく》）。松本城《まつもとじょう》は、江《え》戸《ど》時代以前《いぜん》につくられた天守が残《のこ》る全国でも数少ない城《しろ》で、国宝《こくほう》に指定されている。

方言が話されている地域

北信《ほくしん》方言

長野市《ながのし》をはじめとする県北部で話されている。長野市《ながのし》は一四〇〇年の歴史《れきし》をもつとされる善光寺《ぜんこうじ》の門前町として、また、北国街道《ほっこくかいどう》*1の宿場町として発展《はってん》した。長《なが》野盆地《のぼんち》では果物《くだもの》の生産《せいさん》がさかん。

長野市《ながのし》の戸隠地域《とがくしちいき》で食べられている戸隠《とがくし》そば。長野県では、年間を通してすずしい気候《きこう》をいかしたそばの生産《せいさん》がさかん。

奥信濃《おくしなの》方言

県北東部の栄村周辺《さかえむらしゅうへん》で話されている。栄《さかえ》村《むら》は長野県と新潟県《にいがたけん》、群馬県《ぐんまけん》との県境《けんざかい》にあり、全国でも有数の豪雪地帯《ごうせつちたい》。

中信《ちゅうしん》方言

松本市《まつもとし》や塩尻市《しおじりし》などの県中部で話されている。松本盆地《まつもとぼんち》にある松本市《まつもとし》は、江戸《えど》時代に松本城《まつもとじょう》の城下町《じょうかまち》として栄《さか》えた地域《ちいき》。塩尻市《しおじりし》には中山道《なかせんどう》*2の宿場町だった奈良《なら》井宿《いじゅく》がある。

東信《とうしん》方言

上田市《うえだし》や佐久市《さくし》などの県東部で話されている。上田市《うえだし》は安土《あづち》桃山《ももやま》時代から江戸《えど》時代にかけて活躍《かつやく》した武将《ぶしょう》、真田信繁《さなだのぶしげ》（幸村《ゆきむら》）の本拠《ほんきょ》地《ち》だった地域《ちいき》。

南信《なんしん》方言

伊那市《いなし》や飯田市《いいだし》などの県南部で話されている。南信地域《なんしんちいき》では古くから林業がさかんで、江戸《えど》時代には天竜川《てんりゅうがわ》の水運を通じて遠江国《とおとうみのくに》（現在《げんざい》の静岡県《しずおかけん》西部）に運ばれていた。

飯田市《いいだし》を流れる天竜川《てんりゅうがわ》。

*1 北国街道《ほっこくかいどう》…江戸《えど》時代に整備《せいび》された、現在《げんざい》の新潟県《にいがたけん》と長野県をむすんだ街道《かいどう》。
*2 中山道《なかせんどう》…江戸《えど》時代に整備《せいび》された、江戸《えど》（現在《げんざい》の東京都中心部）と京都をむすんだ街道《かいどう》。

発音の特徴

長野県では「を」と「お」を区別《くべつ》して、「を」を「うぉ」と発音する人が多いといいます。

アクセントの特徴 →P.13

県全域《ぜんいき》で、東京式アクセントです。ただし、地域《ちいき》によって特徴《とくちょう》は異《こと》なります。

文法の特徴

地域《ちいき》によって文法《ぶんぽう》はさまざまです。たとえば相手を「〜しよう」とさそうときの言い方は、地域《ちいき》によって異《こと》なります。「公園に行こう」なら、北《ほく》信《しん》方言では「公園行かず」、東信《とうしん》方言では「公園行かざー」、中信《ちゅうしん》方言では「公園行くじゃんか」、南信《なんしん》方言では「公園行くめーか」と言います。最近《さいきん》、北信地域《ほくしんちいき》では「公園行くしない?」という言い方も広まっています。

また、「〜だろう」と言うときには、「そーだらず(そうだろう)」、「行くずら(行くだろう)」のように動詞《どうし》の最後《さいご》に「だらず」や「ずら」をつけます。このような言い方は、となり合う山梨県《やまなしけん》や静岡県《しずおかけん》でもみられます。

北信方言
公園行くしない?
(公園行かない?)
行く?
行かない?

ことばの例

いただきました 長野県 静岡県

意味 ごちそうさまでした。

いただきました!
(ごちそうさまでした!)

こわい 長野県北信地域 栃木県

意味 (色などが)濃《こ》い。

解説 長野県内で、同じことばを「かたい」という意味で使う地域《ちいき》もある。

しみる 長野県 東北地方・北陸地方・東海地方など

意味 冷《ひ》えこむ。非常《ひじょう》に寒い。

解説 同じことばを、「凍《こお》る」という意味で使う地域《ちいき》もある。

今日はしみるねー。
(今日は本当に寒いねー。)

長野県北部の山《やま》ノ《の》内町《うちまち》にある地《じ》獄谷《ごくたに》野《や》猿公苑《えんこうえん》。冬には温泉《おんせん》につかる野生のニホンザルを見ることができる。

ずく 長野県 新潟県・山梨県・岐阜県など

意味 やる気。根気。元気。なまけず努力《どりょく》する態度《たいど》。

解説 「尽《つ》くす」がもとになったことばともいわれる。「ずくなし」は「なまけ者」という意味。

例文 あの子はずくがある。(あの子は根気がある。)

つもい 長野県中信地域・南信地域 岐阜県・愛知県・徳島県など

意味 服などがきつい。きゅうくつだ。

このくつ、つもい。
(このくつ、小さくてきつい。)

水《みず》くれ 長野県 群馬県・埼玉県など

意味 水やり。

解説 長野県では「あげる」を「くれる」と言う。そのため「水をあげる」は「水をくれる」になる。

今日は水くれ当番!
(今日は水やり当番!)

岐阜県

県内の主な方言

岐阜県《ぎふけん》の方言は、大きく二つに分けられます。県北部の飛騨地域《ひだちいき》で話されている飛騨《ひだ》方言と、県南部の美濃地域《みのちいき》で話されている美濃《みの》方言です。飛騨《ひだ》方言は北飛騨《ひだ》方言と南飛騨《ひだ》方言に、美濃《みの》方言は西美濃《にしみの》方言と東美濃《ひがしみの》方言に、さらに分けることもあります。

昔、飛騨地域《ひだちいき》は飛騨国《ひだのくに》、美濃地域《みのちいき》は美濃国《みののくに》という異《こと》なる国でした。また、岐阜県《ぎふけん》は日本の東西の方言の境目《さかいめ》にあたる地域《ちいき》にあることから、地域《ちいき》ごとの差《さ》が大きく、東日本の方言の特徴《とくちょう》も、西日本の方言の特徴《とくちょう》もみられます。

発音の特徴

美濃《みの》方言では「運動会」を「うんどーけぇぁー」、「名前」を「なめぁー」と発音するなど、ことばのなかの「あい」、「あえ」がひとつになって、長くのびる音にかわることがあります。これは県の南で接《せっ》する愛知県《あいちけん》の尾張《おわり》方言（→P.78）と同じ特徴《とくちょう》です。

方言が話されている地域

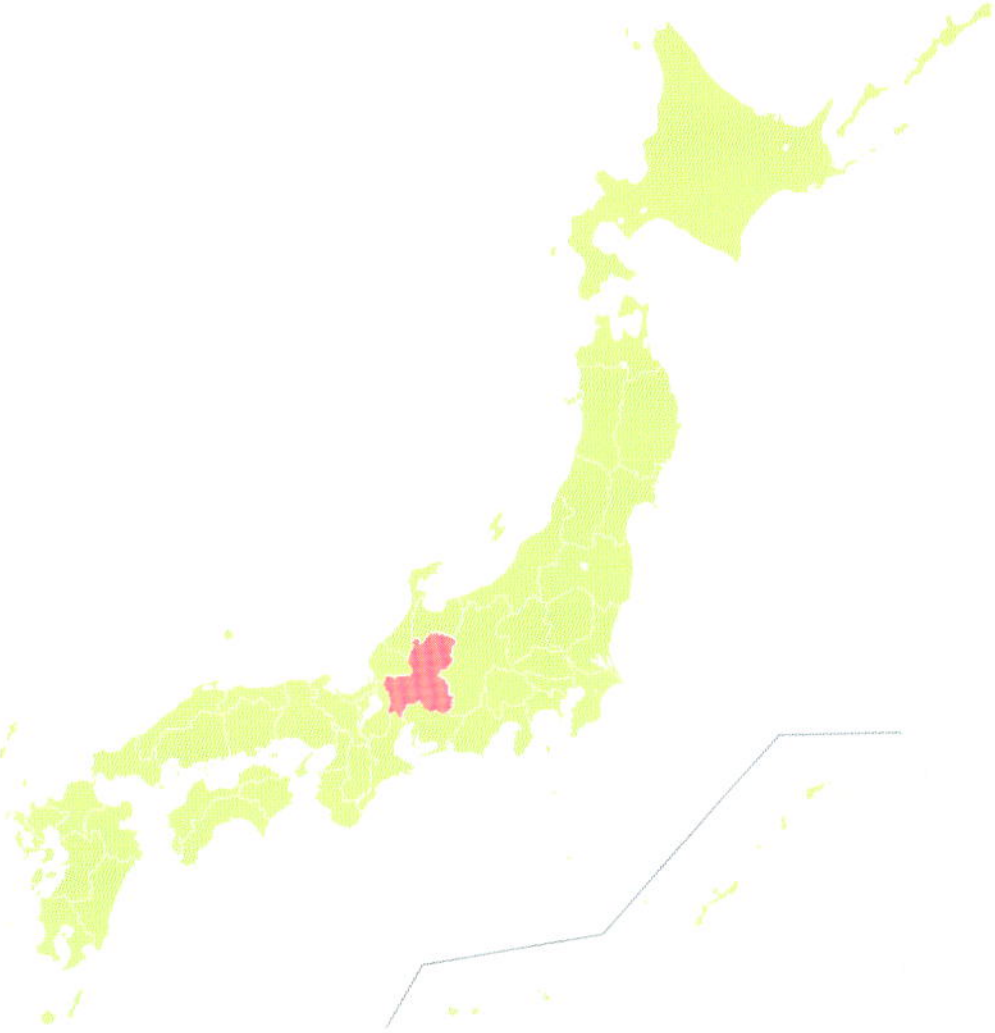

飛騨《ひだ》方言

高山市《たかやまし》や飛騨市《ひだし》など、県北部の飛騨地域《ひだちいき》で話されている。面積《めんせき》のほとんどを森林におおわれた飛騨《ひだ》地域《ちいき》は、奈良《なら》時代からすぐれた大工の出身地として知られ、いまも木工がさかん。高山市《たかやまし》は江戸《えど》時代に城下町《じょうかまち》として栄《さか》えた地域《ちいき》。下呂《げろ》市《し》には千年以上《いじょう》の歴史《れきし》があるとされる下呂温泉《げろおんせん》が、白川村《しらかわむら》には合掌《がっしょう》造《づく》りという伝統的《でんとうてき》な建物《たてもの》が残《のこ》る集落がある。

いまも古い町並《まちな》みが残《のこ》る高山市《たかやまし》。

一位一刀彫《いちいいっとうぼり》。飛騨地域《ひだちいき》でつくられている木工品で、地元でとれるイチイの木をのみだけで彫《ほ》り上げたもの。

岐阜県《ぎふけん》の濃尾《のうび》平野を流れる長良川《ながらがわ》。大きな川で、揖斐川《いびがわ》と木曽川《きそがわ》とあわせて木曽三川《きそさんせん》とよばれる。

美濃地域《みのちいき》東部の郷土料理《きょうどりょうり》、くりきんとんは、地元でとれるくりを使ったお菓子《かし》。江戸《えど》時代に中山道《なかせんどう》の宿場町だった中津川市《なかつがわし》で、お茶にあうお菓子《かし》としてつくられたとされる。

美濃《みの》方言

岐阜市《ぎふし》や多治見市《たじみし》、郡上市《ぐじょうし》など、県南部の美濃地域《みのちいき》で話されている。美濃地域《みのちいき》には濃尾《のうび》平野が広がり、多くの川が流れる。美濃和紙《みのわし》や美濃焼《みのやき》、関《せき》の刃物《はもの》など、伝統的《でんとうてき》なものづくりがさかん。岐阜市《ぎふし》は室町《むろまち》時代から城下町《じょうかまち》として発展《はってん》した。中津川《なかつがわ》市《し》や恵那市《えなし》は、中山道《なかせんどう》*の宿場町として栄《さか》えた。

*中山道《なかせんどう》…江戸《えど》時代に整備《せいび》された、江戸《えど》と京都をむすんだ街道《かいどう》。

アクセントの特徴
→P.13

県のほとんどの地域《ちいき》が東京式アクセントですが、西美濃《にしみの》方言は京阪式《けいはんしき》に近いアクセントです。

文法の特徴

県で広く使われる「見ーひん（見ない）」、「行かんかった（行かなかった）」などは、西日本の方言でよくみられる言い方です。

「〜だよ」、「〜ですよ」と相手に語りかけるとき、美濃《みの》方言では文末《ぶんまつ》に「や」や「やお」、「やよ」をつけます。飛騨《ひだ》方言では「やさ」がつきます。

「〜だろう」と推測《すいそく》をしめすときには、県のほとんどの地域《ちいき》で「そうやろー」や「そうじゃろー」のように「やろー」や「じゃろー」を文章の最後《さいご》につけます。東美濃《ひがしみの》方言は異《こと》なり、「だら」や「ずら」をつけます。これは長野県や静岡県《しずおかけん》、愛知県《あいちけん》など、となり合う中部地方の県と同じです。

これ全部、美濃焼《みのやき》やお。
（これ全部、美濃焼《みのやき》だよ。）
えっ、そーなんや！
（えっ、そうなんだ！）

美濃焼《みのやき》は岐阜県多治見市《ぎふけんたじみし》をはじめ、美濃地域《みのちいき》東部でつくられている焼き物《やきもの》。国の伝統的工芸品《でんとうてきこうげいひん》には「志野《しの》」や「織部《おりべ》」など、十五種《しゅ》類《るい》が指定されている。

ことばの例

鍵《かぎ》をかう
岐阜県
東海地方

意味 鍵《かぎ》をかける。

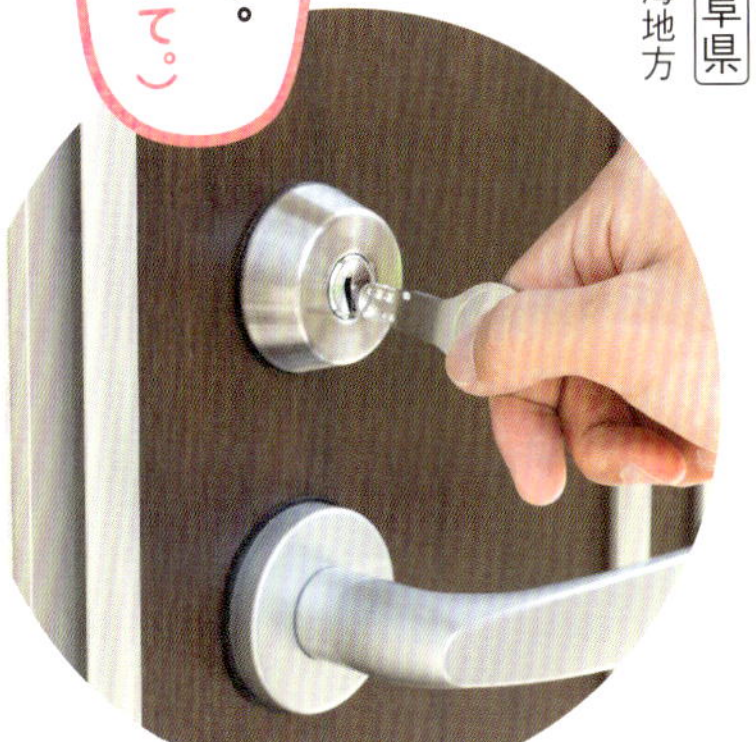
玄関《げんかん》の鍵《かぎ》かっといて。
（玄関《げんかん》の鍵《かぎ》をかけておいて。）

ケッタマシーン
岐阜県 美濃地域
東海地方

意味 自転車。

解説 「ケッタ」とも言う。

ケッタマシーン

こわす
岐阜県
東海地方

意味 お金を両替《りょうがえ》する。

例文 一万円札《さつ》をこわす。（一万円札《さつ》を両替《りょうがえ》する。）

ためらう
岐阜県 飛騨地域
富山県・長野県

意味 （健康《けんこう》や安全などについて）気をつける。注意する。

あぶねーで、ためらってなー！
（あぶないから、気をつけてよー！）

はしゃぐ
岐阜県
関東地方北部・中部地方・中国四国地方など

意味 乾《かわ》く。

洗濯物《せんたくもの》がはしゃぐ。
（洗濯物《せんたくもの》が乾《かわ》く。）

雪またじ
岐阜県 飛騨地域

意味 雪かき。雪おろし。

解説 「またじ」は「片《かた》づけをする」という意味。

静岡県

県内の主な方言

静岡県《しずおかけん》の方言は、四つに分けることができます。それぞれ県の東部、中部、西部で話されている東部方言、中部方言、西部方言と、静岡市《しずおかし》にある井川《いかわ》方言です。県東部を流れる富士川《ふじかわ》が、東部方言と中部方言の境《さかい》になっています。また、西部方言が話されている地域《ちいき》は、昔、遠江国《とおとうみのくに》とよばれていた地域《ちいき》にあたります。

静岡県《しずおかけん》は日本の東西の方言の境目《さかいめ》にあたる地域《ちいき》にあるため、県の東側《ひがしがわ》では東日本の方言の特徴《とくちょう》が、西側《にしがわ》では西日本の方言の特徴《とくちょう》が強くみられます。

発音の特徴

静岡県《しずおかけん》では「あい」、「あえ」、「うい」、「おい」のように母音《ぼいん》（あ・い・う・え・お）が続《つづ》くと、ひとつになって長くのびる音で発音されます。たとえば「高い」は「たきゃー」、「かえる」は「きゃーる」と発音します。これは岐阜県美濃地域《ぎふけんみのちいき》や愛知県尾張地域《あいちけんおわりちいき》と同じ特徴《とくちょう》です。

焼津市《やいづし》の焼津漁港《やいづぎょこう》は、まぐろやかつおの水《みず》あげで有名。おもに遠洋漁業《えんようぎょぎょう》で冷凍《れいとう》されたものが集まり、全国へ出荷される。

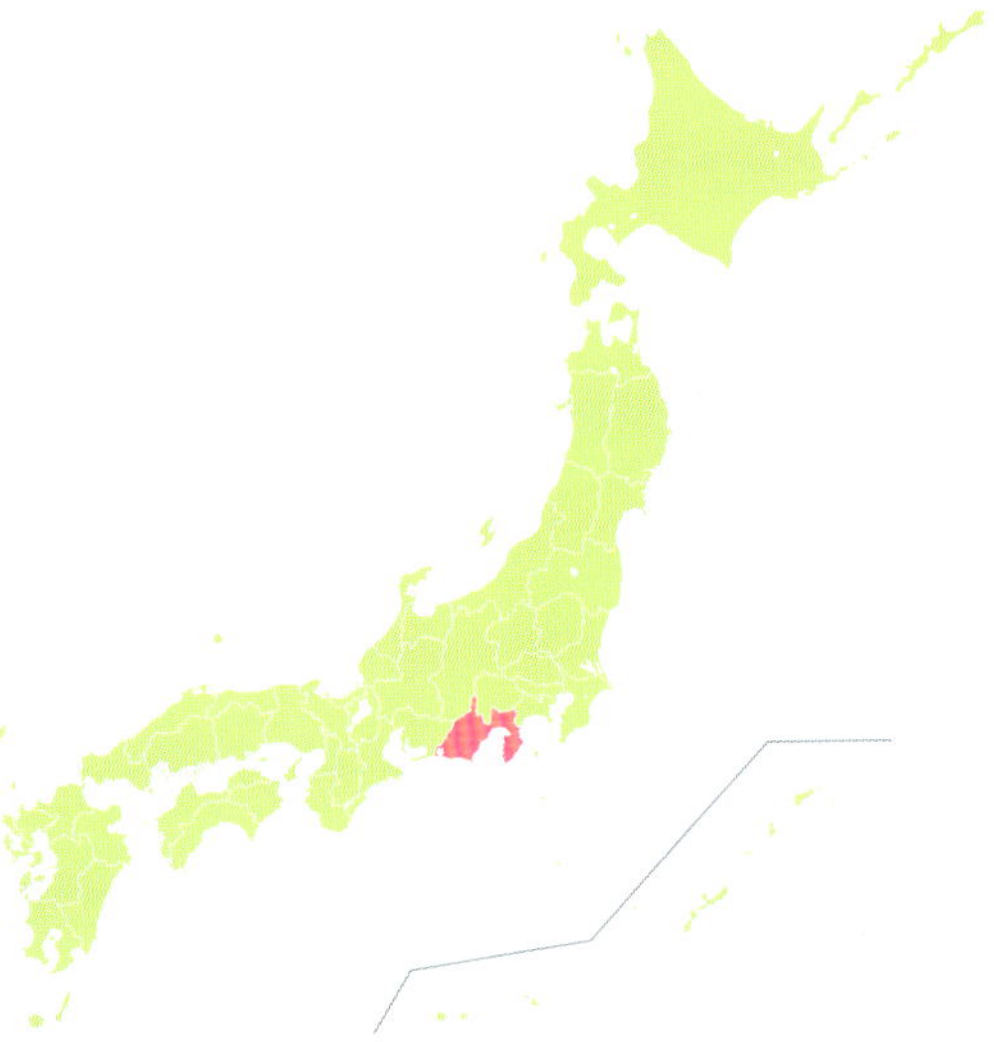

方言が話されている地域

井川《いかわ》方言

静岡市《しずおかし》北部の井川《いかわ》地区で話されている。井川《いかわ》地区は高い山々《やまやま》に囲《かこ》まれ、人の行き来が少なかったことから、独特《どくとく》の方言が残《のこ》っている。

中部方言

静岡市《しずおかし》や焼津市《やいづし》など、県中部で話されている。静岡市《しずおかし》は江戸《えど》時代に徳川家康《とくがわいえやす》もくらした駿府城《すんぷじょう》の城下町《じょうかまち》として、また、東海道《とうかいどう》の宿場町として栄《さか》えた。駿河湾《するがわん》に面し、国際的《こくさいてき》な物流の拠点《きょてん》である清水港《しみずこう》がある。

西部方言

浜松市《はままつし》や掛川市《かけがわし》など、県西部で話されている。浜松市《はままつし》は楽器《がっき》やオートバイの製造《せいぞう》など、工業がさかん。掛川市《かけがわし》は茶の産地《さんち》として知られている。うなぎの養殖《ようしょく》で有名な浜名《はまな》湖がある。

東部方言

富士宮市《ふじのみやし》や沼津市《ぬまづし》、伊豆《いず》半島などの県東部で話されている。富士宮《ふじのみや》市《し》北部の山梨県《やまなしけん》との県境《けんざかい》には富士《ふじ》山《さん》がそびえる。沼津市《ぬまづし》は江戸《えど》時代に東海道《とうかいどう》*の宿場町として栄《さか》えた。火山の多い伊豆《いず》半島には多くの温泉《おんせん》がある。

掛川茶《かけがわちゃ》。

写真提供：静岡県観光協会

伊豆《いず》半島のみかん畑と、駿河湾《するがわん》をへだててのぞむ富士山《ふじさん》。伊豆《いず》半島や県の沿岸《えんがん》部では、年間を通してあたたかい気候《きこう》をいかした果物《くだもの》の栽培《さいばい》がさかん。

＊東海道《とうかいどう》…江戸《えど》時代に整備《せいび》された、江戸《えど》（現在《げんざい》の東京都中心部）と京都をむすぶ街道《かいどう》。

アクセントの特徴
→P.13

ほとんどの地域《ちいき》が東京式アクセントですが、井《い》川《かわ》方言は無型《むけい》アクセントです。

声に出してみよう!!

［沼津市《ぬまづし》］

雨　あめ

歌う　うたう

高い　たかい

文法の特徴

地域《ちいき》によって言い方が異《こと》なる場合が多く、たとえば「〜しよう」という人をさそうときの表現《ひょうげん》は、東部方言では「ベー」、中部方言では「ず」、西部方言は「まいか」を文章の最後《さいご》につけます。

県全域《ぜんいき》で、「〜だろう」と推測《すいそく》をしめすときには「ら」や「だら」、「ずら」を文章の最後《さいご》につけて、「雨が降《ふ》るら」、「雨が降《ふ》るずら」のように言います。これは長野県や岐阜《ぎふ》県《けん》など、ほかの中部地方でもする言い方です。東部方言では関東《かんとう》地方でみられる「ベー」も使い、「雨が降《ふ》るベー」と言います。

東部方言
行くベー!
西部方言
行かまいか!
中部方言
行かず!
廊下《ろうか》をとんだらいかんよ!
(廊下《ろうか》を走ったらだめだよ!)

ことばの例

いかい
静岡県　関東地方・中部地方・近畿地方など

意味　大きい。りっぱだ。

いきゃー!
(大きい!)

たこる
静岡県東部・中部

意味　さぼる。

例文　掃除《そうじ》たこって、なにやってただ?(掃除《そうじ》をさぼって、なにをやっていたんだ?)

とぶ
静岡県　福島県・中部地方・島根県など

意味　走る。

ひどろしー
静岡県　関東地方・中部地方

意味　まぶしい。

おてんとーさんが、ひどろしー!
(太陽がまぶしい!)

富士山《ふじさん》の富士宮《ふじのみや》市《し》側《がわ》から見る日の出。写真提供：静岡県観光協会

みるい
静岡県　山梨県・長野県・愛知県など

意味　若《わか》い。未熟《みじゅく》だ。(若葉《わかば》や子どものはだなどが)やわらかい。

みるい葉だけを摘《つ》めよ。
(若《わか》い葉だけを摘《つ》みなさいよ。)

茶畑での茶摘《ちゃつ》み作業。静岡県《しずおかけん》では水はけのよい土地とあたたかい気候《きこう》をいかして、各地《かくち》でさかんに茶が栽培《さいばい》されている。

愛知県

県内の主な方言

愛知県《あいちけん》の方言は、県西部の尾張地域《おわりちいき》で話されている尾張《おわり》方言と、県東部の三河地域《みかわちいき》で話されている三河《みかわ》方言の二つに分けられます。三河地域《みかわちいき》は、東部に広がる美濃三河《みのみかわ》高原を境《さかい》に西三河地域《みかわちいき》と東三河地域《みかわちいき》に分けられ、三河《みかわ》方言も西三河《みかわ》方言と東三河《みかわ》方言に分けることがあります。

昔、尾張地域《おわりちいき》は尾張国《おわりのくに》、三河地域《みかわちいき》は三河国《みかわのくに》という別《べつ》の国でした。そのため方言にも大きなちがいがあります。また、愛知県《あいちけん》は日本の東西の方言の境目《さかいめ》にあたる地域《ちいき》にあるため、方言には東日本と西日本の方言の特徴《とくちょう》が入り混《ま》じっています。

発音の特徴

尾張《おわり》方言では「あい」、「うい」、「おい」の音が、それぞれ「えぁー」、「うぃー」、「おぇー」になるというように、母音《ぼいん》（あ・い・う・え・お）が続《つづ》くと、ひとつになって長くのびる音で発音されます。これは岐阜県美濃地域《ぎふけんみのちいき》や静岡県《しずおかけん》と共通《きょうつう》の特徴《とくちょう》です。ただし尾張地域《おわりちいき》の瀬戸市《せとし》では、同じ音がそれぞれ「あー」、「うー」、「おー」と変化《へんか》します。三河《みかわ》方言で変化《へんか》するのは

名古屋城《なごやじょう》と名古屋市《なごやし》の町並《まちな》み。名古屋《なごや》城《じょう》は江戸幕府《えどばくふ》を開いた徳川家康《とくがわいえやす》によって築《きず》かれた城《しろ》。太平洋戦争《たいへいようせんそう》で焼失《しょうしつ》したが戦後《せんご》に再建《さいけん》され、名古屋市《なごやし》のシンボルとなっている。

写真提供：名古屋城総合事務所

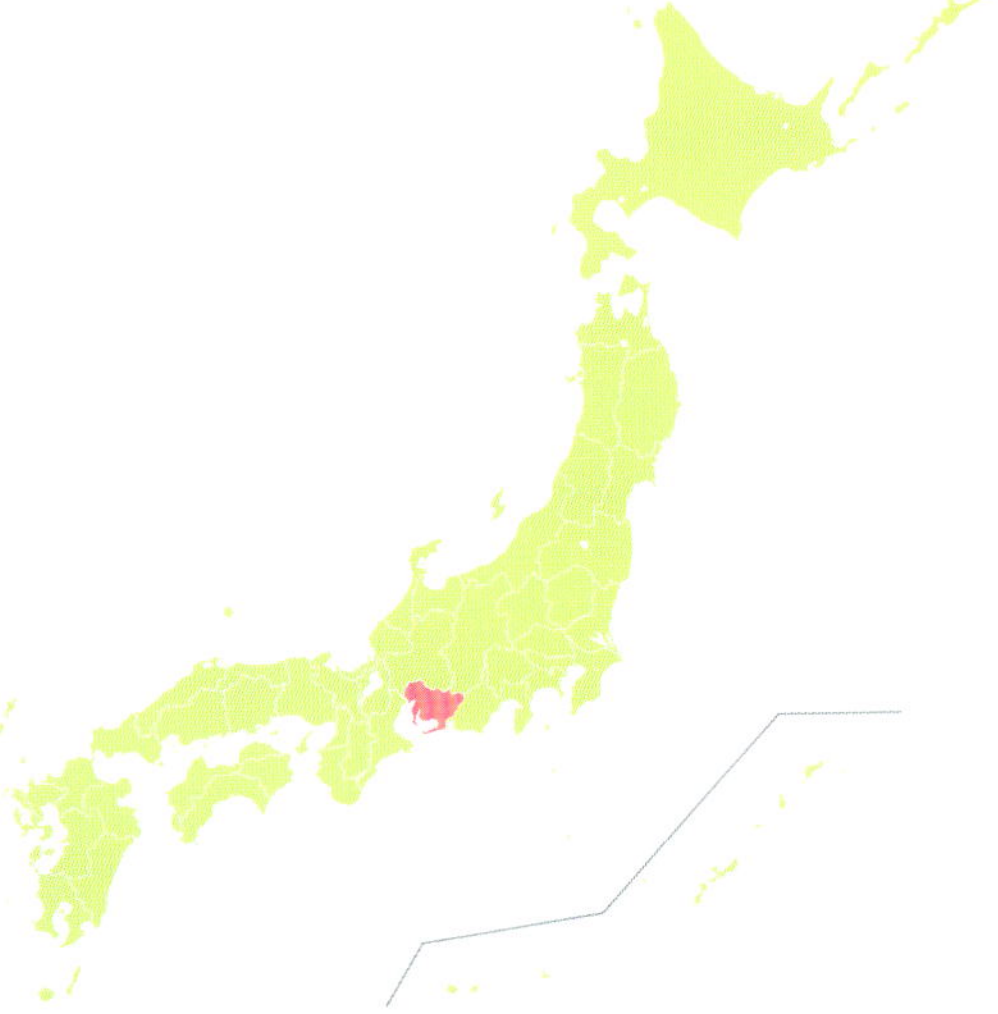

方言が話されている地域

尾張《おわり》方言

名古屋市《なごやし》を中心とする県西部の尾《お》張地域《わりちいき》で話されている。名古屋市《なごやし》は江戸《えど》時代に名古屋城《なごやじょう》の城下町《じょうかまち》として発展《はってん》した地域《ちいき》で、いまも東海地方の経済《けいざい》の中心地。名古屋市《なごやし》の北東にある瀬戸市《せとし》は、古くから焼《や》き物の産地《さんち》として知られる。

瀬戸市《せとし》などでつくられている伝統工芸品《でんとうこうげいひん》、瀬戸染付焼《せとそめつけやき》。白地に青い染料《せんりょう》で絵をえがいた焼《や》き物《もの》。

毎年冬に設楽町《したらちょう》、豊根村《とよねむら》、東栄町《とうえいちょう》の各地《かくち》で開かれる花祭《はなまつり》。700年以上《いじょう》の歴史《れきし》があり、鬼《おに》のかっこうをした人が徹夜《てつや》で神に舞《ま》いをささげるなど、さまざまな神事が行われる。写真は豊根村《とよねむら》のもの。

渥美《あつみ》半島にある田原市で収穫《しゅうかく》されたキャベツの山。田原市《たはらし》ではキャベツや菊《きく》などの栽培《さいばい》がさかん。

三河《みかわ》方言

岡崎市《おかざきし》や豊田市《とよたし》、豊《とよ》橋市《はしし》など、県東部の三河地域《みかわちいき》で話されている。岡崎市《おかざきし》は江戸《えど》時代に東海道《とうかいどう》*の宿場町として栄《さか》えた。八丁味噌《はっちょうみそ》という豆味《まめみ》噌《そ》発祥《はっしょう》の地でもある。豊田市《とよたし》は日本の自動車工業の中心地。山地の広がる内《ない》陸部《りくぶ》の設楽町《したらちょう》などには伝統的《でんとうてき》な祭りが残《のこ》る。渥美《あつみ》半島ではあたたかい気候《きこう》をいかした農業がさかん。

*東海道《とうかいどう》…江戸《えど》時代に整備《せいび》された、江戸《えど》（現在《げんざい》の東京都中心部）と京都をむすぶ街道《かいどう》。

「あい」の音だけで、「えー」となります。

尾張方言
あめぁー
尾張方言（瀬戸市）
あまー
三河方言
あめー

名古屋市《なごやし》を中心に、愛知県《あいちけん》の喫茶店《きっさてん》でよく食べられている小倉《おぐら》トースト。バターやマーガリンを塗《ぬ》ったトーストに、あずきのあんをのせたもの。上にさらにバターなどをのせる場合もある。

アクセントの特徴 →P.13

尾張《おわり》方言と三河《みかわ》方言でアクセントが異《こと》なる場合がありますが、どちらも東京式アクセントです。

文法の特徴

「～だ」と断定《だんてい》するときや、過去《かこ》のことを言うときは、「いい天気だ」、「買った」のように東日本の方言の言い方をします。しかし否定《ひてい》するとき、命令《めいれい》するときは、「見ん（見ない）」、「起きよ（起きなさい）」のように西日本の方言の言い方をします。

「～だよね」とよびかけるときの言い方は、尾《お》張《わり》方言では「だがや」や「だがね」、三河《みかわ》方言では「じゃん」です。

ことばの例

えらい
愛知県　中部地方・近畿地方・中国四国地方

意味 疲《つか》れる。大変《たいへん》だ。苦しい。

解説 尾張地域《おわりちいき》でよく使われる。「とても」という意味でも使う。

尾張方言・三河方言
校庭十周《しゅう》走って えらいわー！
（校庭十周《しゅう》走って疲《つか》れたよー！）

こんき
愛知県 三河地域　静岡県

意味 疲《つか》れる。苦しい。

解説 「えらい」とは異《こと》なり、尾張地域《おわりちいき》では使われない。

三河方言
ああ、こんきいー。
（ああ、疲《つか》れたー。）

ちんちん
愛知県　中部地方

意味 とても熱《あつ》い状態《じょうたい》。

そのやかん、ちんちんだで気ぃつけやーよ。
（そのやかん、すごく熱《あつ》くなっているから気をつけなよ。）

つる
愛知県 尾張地域　岐阜県・静岡県

意味 二人、または複数《ふくすう》の人で協力《きょうりょく》して、物を運ぶ。

解説 机《つくえ》を運ぶときなどに使う。三河地域《みかわちいき》では「ずる」と言う。

例文 掃除《そうじ》するでね、机《つくえ》つって。（掃除《そうじ》をするから、机《つくえ》を運んで。）

でら
愛知県 尾張地域

意味 すごく。とても。

この味噌煮《みそに》こみうどん、でらうめぁー！
（とってもおいしい！）

愛知県《あいちけん》の郷土料理《きょうどりょうり》、味噌煮《みそに》こみうどん。八丁《はっちょう》味噌《みそ》でこしの強いめんと卵《たまご》、とり肉などを煮《に》こんだもの。

ときんときん
愛知県 尾張地域

意味 先がとがっているようす。

ときんときんのえんぴつ持ってかんとかん。
（先をとがらせたえんぴつを持っていかないといけないよ。）

まわしする
愛知県　岐阜県・三重県

意味 準備《じゅんび》する。

例文 ちゃっとまわししやぁー。（早く準備《じゅんび》しなさい。）

三重県

県内の主な方言

三重県の方言は、県北部で話されている北三重方言と、南部で話されている南三重方言の二つに分けることができます。北三重方言は北部の伊勢《いせ》地域《ちいき》で話されている伊勢《いせ》方言と、西部の伊賀《いが》地域《ちいき》で話されている伊賀《いが》方言に、南三重方言は中部の志摩《しま》地域《ちいき》で話されている志摩《しま》方言と、南部の紀伊《きい》地域《ちいき》で話されている紀伊《きい》方言に、それぞれ分けられます。

北三重方言には、京都府《きょうとふ》や大阪府《おおさかふ》の方言に近い特徴《とくちょう》がみられます。一方、南三重方言には地域独《ちいきどく》特《とく》の古い表現《ひょうげん》が残《のこ》っているとされます。また、となり合う伊勢《いせ》地域《ちいき》と志摩《しま》地域《ちいき》は地域《ちいき》のつながりが強く、共通《きょうつう》する特徴《とくちょう》もみられます。

発音の特徴

県全域《ぜんいき》で、「津《つ》（津市《つし》）」を「つぅー」、「山」を「やーま」と発音するなど、音をよくのばすという特徴《とくちょう》があります。また、「ざ行」と「だ行」、「だ行」と「ら行」を区別《くべつ》せずに発音することがあります。たとえば「ひざ」が「ひだ」になったり、「うどん」が「うろん」になったりします。

北三重方言では、「あい」、「うい」、「おい」の

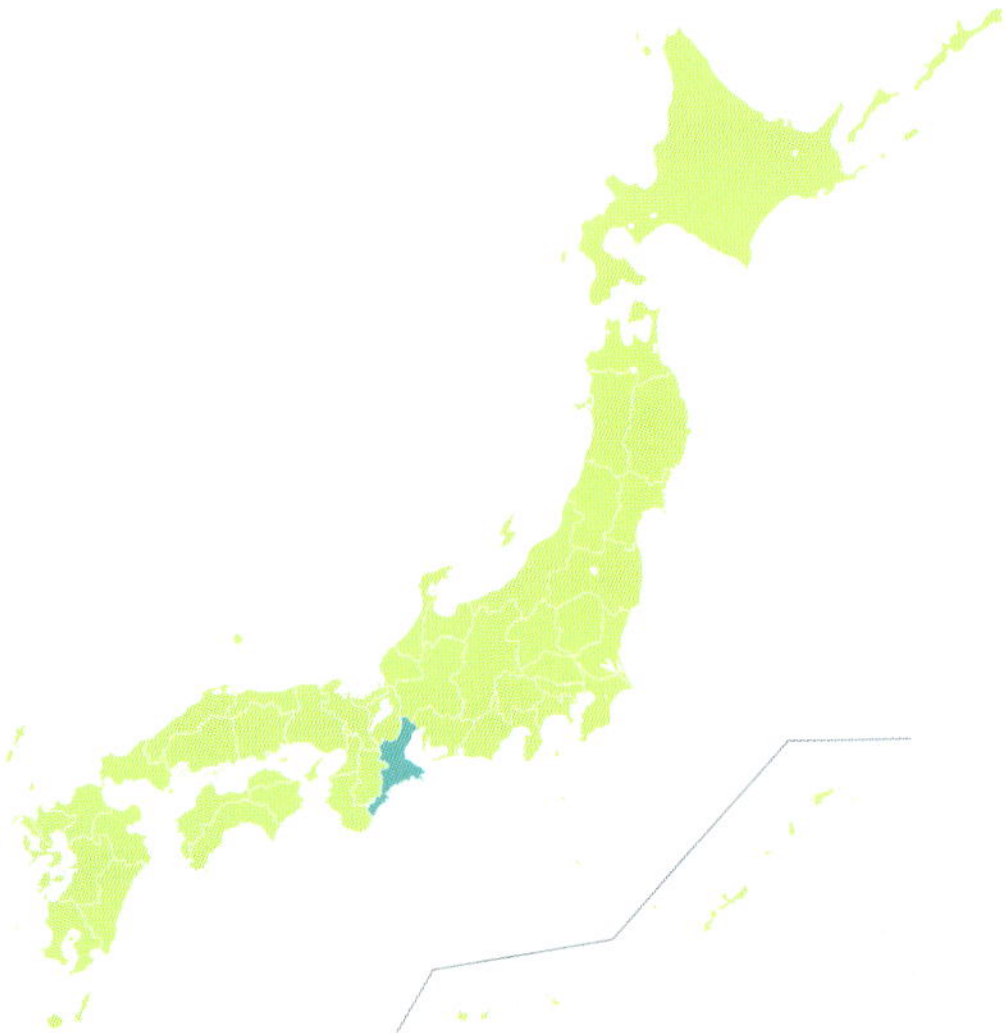

志摩市《しまし》の沿岸《えんがん》に広がる英虞湾《あごわん》。湾《わん》が複雑《ふくざつ》に入り組んだリアス海岸で、のりや真珠《しんじゅ》の養殖《ようしょく》がおこなわれている。

方言が話されている地域

志摩《しま》方言

志摩市《しまし》などの県東部で話されている。県東部は昔、志摩国《しまのくに》とよばれ、古くから京都の朝廷《ちょうてい》や伊勢神宮《いせじんぐう》に海産物《かいさんぶつ》をおさめていた。現在《げんざい》も伊勢《いせ》えびや牡蠣《かき》、あわび、のりなどの産地《さんち》として知られる。

紀伊《きい》方言

県南部の尾鷲市《おわせし》や熊野市《くまのし》などで話されている。紀伊《きい》山地が広がる県南部では林業がさかん。和歌山県にある熊野三山《くまのさんざん》（→P.92）へ通じる熊野古道《くまのこどう》があり、古くから多くの旅人が行きかった。

松阪市《まつさかし》の伝統工芸品《でんとうこうげいひん》、松阪《まつさか》もめん。藍染《あいぞ》めとたてじまが特徴《とくちょう》の織物《おりもの》で、江戸《えど》時代、伊勢国《いせのくに》を拠点《きょてん》とする商人たちによって江戸《えど》（現在《げんざい》の東京都中心部）へ運ばれ、大人気となった。

伊勢《いせ》方言

伊勢市《いせし》や四日市市《よっかいちし》、津《つ》市、松阪市《まつさかし》など、昔、伊《い》勢国《せのくに》とよばれた県の北部から中部にかけて話されている。伊勢市《いせし》は、「伊《い》勢《せ》まいり」とよばれる伊《い》勢神宮《せじんぐう》への参拝《さんぱい》がさかんになった江戸《えど》時代以降《いこう》、全国から参拝者《さんぱいしゃ》の集まる門前町《もんぜんまち》として発展《はってん》した。

尾鷲市《おわせし》にある熊野《くまの》古道《こどう》の「八鬼山越《やきやまご》え」とよばれる道。道がけわしく、昔は山賊《さんぞく》やオオカミが出たという。

伊賀《いが》方言

昔、伊賀国《いがのくに》とよばれた県西部の伊賀市《いがし》などで話されている。伊勢《いせ》地域《ちいき》とは布引山《ぬのびきさん》地でへだてられる一方、古くから西の京《きょう》都府《とふ》や奈良県《ならけん》と街道《かいどう》でむすばれていた。伊賀市《いがし》は昔、忍者《にんじゃ》の拠点《きょてん》があったことから「忍者《にんじゃ》の里《さと》」として有名。

音がそれぞれ「あー」、「うー」、「おー」になるなど、ひとつになって長くのびる音で発音されます。南三重方言では、「せ」を「しぇ」、「ぜ」を「じぇ」と発音することがあります。これは古い日本語の発音です。

伊勢《いせ》うどん。伊勢地域《いせちいき》や志摩地域《しまちいき》の郷土料理《きょうどりょうり》で、とても太いうどんに、たまりじょうゆやだし汁《じる》を使った濃《こ》いつゆをかけて食べる。

アクセントの特徴

→P.13

県東部のはしを流れる揖斐川《いびがわ》を境《さかい》に、川の西にあたるほとんどの地域《ちいき》が京阪式《けいはんしき》アクセントです。川の東にあたる桑名市長島《くわなしながしま》地区では、東京式アクセントです。

文法の特徴

「～だ」と断定《だんてい》するときの言い方が、南北で異《こと》なります。北三重方言では「や」、南三重方言では「じゃ」を文章の最後《さいご》につけます。

県全域《ぜんいき》で、「(～です) ね」、「(～だ) ね」をあらわす「なー」や「のー」、「ねー」をよく文章の最後《さいご》につけます。「～だよ」というときには「に」をつけて、「二人で行くんやに（二人で行くんだよ）」のように言います。

ことばの例

かんぴんたん
三重県　奈良県

意味　からからに乾燥《かんそう》しているもの。干《ひ》からびたもの。

解説　漢字では「寒貧《かんぴん》短《たん》」と書き、地域《ちいき》によっては「お金がまったくない」状態《じょうたい》をあらわすことばとして使う。

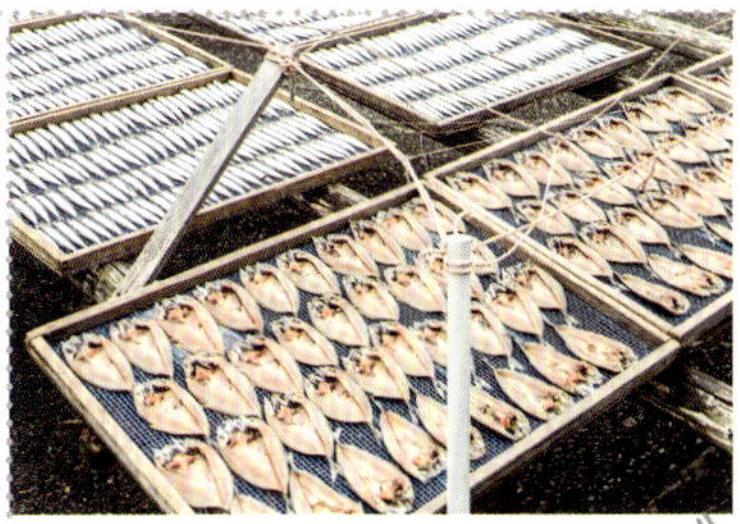

かんぴんたんなっとるわ。
（からからに乾《かわ》いているよ。）

ささって
三重県 伊勢地域・志摩地域　岐阜県・愛知県・鹿児島県種子島など

意味　三日後。

解説　「さ」は「次」という意味で、「さあさって」が縮《ちぢ》まって「ささって」となった。三重県では四日後は「しあさって」と言う。全国的《ぜんこくてき》には「しあさって」が三日後を指す。

つむ
三重県 伊勢地域・志摩地域　奈良県・島根県など

意味　いっぱいになっている。混《こ》んでいる。

お伊勢《いせ》さん、よーつんどるなー。
（伊勢神宮《いせじんぐう》、とても混《こ》んでいるね。）

とごる
三重県 志摩地域　奈良県

意味　液体《えきたい》に混《ま》ざっているものが、底《そこ》に沈《しず》んでにごること。

鈴鹿山脈《すずかさんみゃく》（写真奥《おく》）のふもとに広がる四日市市《よっかいちし》水沢《すいざわ》地区の茶畑。三重県は茶の栽培《さいばい》がさかんで、全国3位《い》の生産量《せいさんりょう》をほこる（2022年度）。

そのお茶、とごっとるで。
（そのお茶、底《そこ》に沈《しず》んでにごっているよ。）

ひぃさん
三重県　近畿地方・中国四国地方など

意味　太陽。

解説　「おひーさん」とも言う。「お日さん」が変化《へんか》したことば。

伊勢市《いせし》の二見浦《ふたみがうら》。夫婦岩《めおといわ》とよばれる、神社の鳥居《とりい》に見立てられる2つの岩がある。古くから神が訪《おとず》れる聖《せい》なる場所として、また、日の出を拝《おが》む場所としてうやまわれてきた。

滋賀県

県内の主な方言

滋賀県《しがけん》の方言は、県中央部にある琵琶《びわ》湖を基準《きじゅん》にして、それぞれ湖の北、東、南、西で話されている湖北《こほく》方言、湖東《ことう》方言、湖南《こなん》方言、湖西《こせい》方言の四つに分けることができます。

滋賀県《しがけん》は昔、近江国《おうみのくに》とよばれ、江戸《えど》時代には江《え》戸《ど》（現在《げんざい》の東京都中心部）や大坂《おおさか》（大阪）などへ出て活躍《かつやく》した「近江商人《おうみしょうにん》」とよばれる商人の拠点《きょてん》でした。西で接《せつ》する京都府《きょうとふ》とのつながりが強く、方言にも京都府《きょうとふ》と共通《きょうつう》のことばや特徴《とくちょう》がみられます。

県南西部からのぞむ琵琶《びわ》湖。琵琶《びわ》湖は県の面積《めんせき》の６分の１をしめる、日本でもっとも大きい湖。琵琶《びわ》湖をとりかこむように伊吹《いぶき》山地などの山々《やまやま》が広がる。

方言が話されている地域

湖北《こほく》方言

長浜市《ながはまし》など、県北部の湖北地域《こほくちいき》で話されている。長浜市《ながはまし》は安土《あづち》桃山《ももやま》時代に豊臣秀吉《とよとみひでよし》が整備《せいび》した城下町《じょうかまち》から発展《はってん》した地域《ちいき》で、江《え》戸《ど》時代には近畿《きんき》地方と北陸《ほくりく》地方をむすぶ北国街道《ほっこくかいどう》の宿場町として栄《さか》えた。

長浜市《ながはまし》で毎年４月におこなわれる長浜曳山《ながはまひきやま》まつり。曳山《ひきやま》（山車《だし》）がまちをめぐり、子どもたちによる歌舞伎《かぶき》がひろうされる。豊臣秀吉《とよとみひでよし》が現在《げんざい》の長浜市《ながはまし》をおさめた時代にはじまったという。

湖東《ことう》方言

彦根市《ひこねし》や近江八幡市《おうみはちまんし》など、県東部の湖東地域《ことうちいき》で話されている。彦根市《ひこねし》は江戸《えど》時代に彦根城《ひこねじょう》の城下町《じょうかまち》として発展《はってん》したまち。近江八幡市《おうみはちまんし》には江戸《えど》時代から明治《めいじ》時代にかけて建《た》てられた近江商人《おうみしょうにん》の屋敷《やしき》が残《のこ》る。

湖西《こせい》方言

高島市《たかしまし》など、県西部の湖西地域《こせいちいき》で話されている。高島市《たかしまし》では琵琶《びわ》湖での漁業《ぎょぎょう》がさかん。二千年の歴史《れきし》をもつとされる白鬚《しらひげ》神社《じんじゃ》がある。

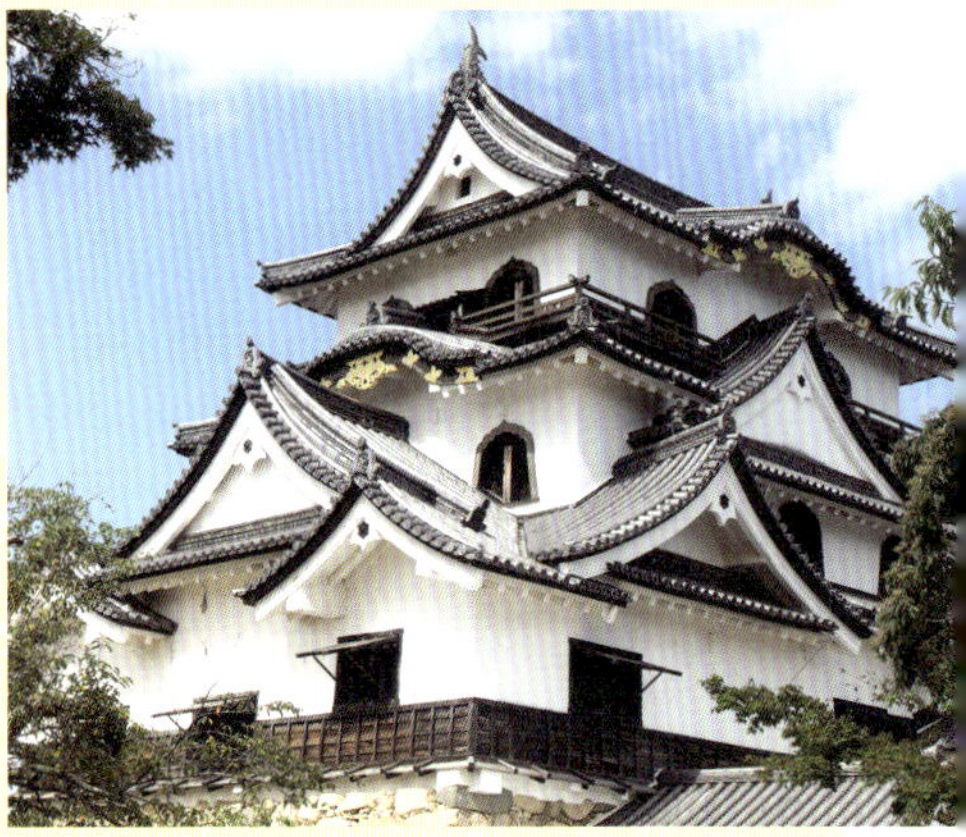

彦根城《ひこねじょう》の天守《てんしゅ》。江戸《えど》時代に築《きず》かれたものが残《のこ》っており、国宝《こくほう》に指定されている。

湖南《こなん》方言

大津市《おおつし》や甲賀市《こうがし》など、県南部の湖南地域《こなんちいき》で話されている。大津市《おおつし》には紫式部《むらさきしきぶ》の『源氏物語《げんじものがたり》』にゆかりのある石山寺《いしやまでら》のほか、京都府《きょうとふ》との県境《けんざかい》に天台宗《てんだいしゅう》という仏教《ぶっきょう》の宗派《しゅうは》の総本山《そうほんざん》である比叡《ひえい》山延暦寺《ざんえんりゃくじ》があり、歴史的《れきしてき》な寺社が多い。

信楽焼《しがらきやき》のたぬきの置《お》き物。信楽焼《しがらきやき》は甲賀《こうが》市《し》でつくられている伝統的《でんとうてき》な焼《や》き物《もの》で、鎌《かま》倉《くら》時代からの歴史《れきし》をもつ。

発音の特徴

県全体で「重たい」が「おぼたい」、「寒い」が「さぶい」になるなど、「ま行」が「ば行」になることがあります。

湖西《こせい》方言や湖南《こなん》方言では、「せ」を「しぇ」、「ぜ」を「じぇ」と発音することがあります。これは日本語の古い発音のしかたです。

アクセントの特徴

↓P. 13

県内のほとんどの地域《ちいき》が京阪式《けいはんしき》アクセントです。湖北地域《こほくちいき》には、アクセントの基準《きじゅん》があいまいな地域《ちいき》もあります。

文法の特徴

滋賀県《しがけん》の方言は、相手をうやまう敬語《けいご》の使い分けに特徴《とくちょう》があります。「先生が行かはる」のような、動作をする人への尊敬《そんけい》と親しみをこめた「〜はる」という近畿《きんき》地方でよく使われる表現《ひょうげん》のほかに、動作をする人への親しみをこめた「行かんす」という言い方があります。これはおもに湖北《こほく》方言や湖《こ》西《せい》方言で使われ、湖東《ことう》方言や湖南《こなん》方言では「行きやる」と言います。また、湖東《ことう》方言や湖南《こなん》方言では「弟が行かれる」のように、動作をする人が家族でも、ていねいな表現《ひょうげん》を使うことがあります。

弟は公園に行かれました。

ことばの例

うまくさ〜い！
（おいしそうなにおいがする〜！）

湖北地域《こほくちいき》の郷土料理《きょうどりょうり》、さばそうめん。焼《や》いたさばをだし汁《じる》で煮《に》こみ、そうめんといっしょに食べる。昔、湖北地域《こほくちいき》には若狭《わかさの》国《くに》（現在《げんざい》の福井県《ふくいけん》南部）でとれたさばなどの食材《しょくざい》が京都へ運ばれる「さば街道《かいどう》」が通っていた。

写真出典：農林水産省「うちの郷土料理」

うまくさい

滋賀県 湖北地域

意味 おいしそうなにおいがする。

おせんどさん

滋賀県 湖北地域・湖東地域

意味 ご苦労《くろう》さま。お疲《つか》れさま。

解説 ねぎらうあいさつ。

おせんどさん。
（ご苦労《くろう》さま。）

すいっちょん

滋賀県 湖西地域

意味 きりぎりす。

解説 湖北地域《こほくちいき》では「ぎっちょ」、湖東地域《ことうちいき》では「ちんぎす」、湖南地域《こなんちいき》では「ぎす」という。

だんない

滋賀県

北陸地方・近畿地方・中国四国地方

意味 問題ない。心配ない。大したことはない。

解説 「大事ない」が変化《へんか》したもの。

例文 だんない、だんない！（心配ない、心配ない！）

ほしばる

滋賀県 湖北地域・湖東地域

岐阜県・三重県・島根県など

意味 空に星がたくさんかがやいている。

琵琶湖《びわこ》と星がかがやく夜空。湖中にあるのは、白鬚神社《しらひげじんじゃ》の大鳥居《おおとりい》。

ほっこり

滋賀県 湖北地域

福井県

意味 うんざりする。

解説 「とても疲《つか》れたようす」や、「まったく」という意味で使う地域《ちいき》もある。

もう、ほっこりしたわ。
（もう、うんざりしたよ。）

京都府

府内の主な方言

京都府《きょうとふ》は昔、府《ふ》北部の丹後国《たんごのくに》、中部の丹波国《たんばのくに》、南部の山城国《やましろのくに》の三国に分かれていました。方言も昔の国の区分とおおむね同じように、丹後《たんご》方言と丹波《たんば》方言、山城《やましろ》方言の三つに分けることができます。丹波《たんば》方言を奥丹波《おくたんば》方言と口丹波《くちたんば》方言に分ける場合もあります。

京都市には平安時代から千年以上《いじょう》にわたり都《みやこ》が置《お》かれ、日本の文化の中心地でした。古いことばや表現《ひょうげん》が残《のこ》っていることから、京都市で話されていることばは「京ことば」とよばれます。

発音の特徴

「先生」を「せんせ」、「学校」を「がっこ」と発音するなど、長くのばす母音（あ・い・う・え・お）を省略《しょうりゃく》することがあります。ひとつの音からできていることばは、「歯」を「はあ」、「目」を「めえ」と発音するように、母音を長くのばします。また、「さ行」が「は行」になることがあり、たとえば「知りません」は「知りまへん」と発音されます。これらは近畿《きんき》地方で広くみられる特徴《とくちょう》です。

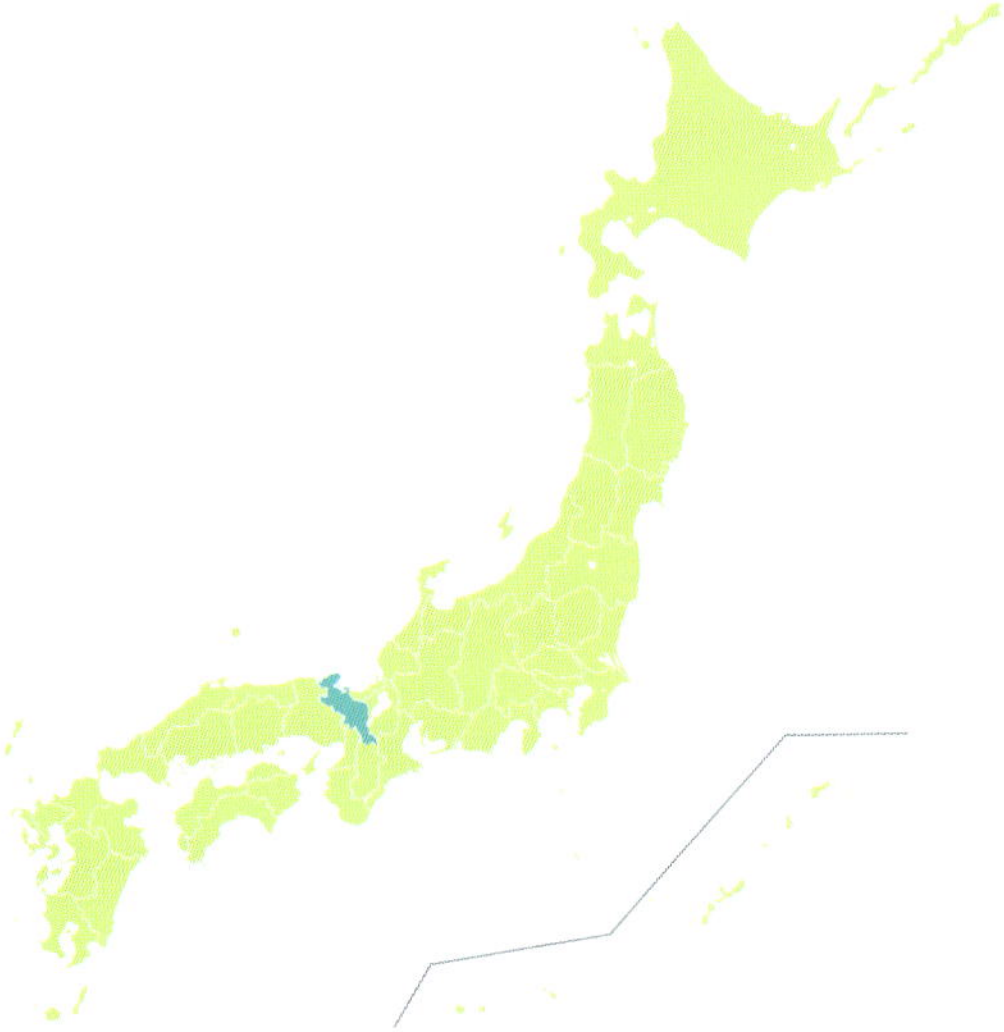

方言が話されている地域

丹後《たんご》方言

宮津市《みやづし》や舞鶴市《まいづるし》など、府《ふ》北部の丹《たん》後地域《ごちいき》で話されている。丹後地域《たんごちいき》は北で日本海に面し、沿岸部《えんがんぶ》では漁業《ぎょぎょう》がさかん。宮津市《みやづし》には日本でもっとも美しい景色《けしき》のひとつとされる、天橋立《あまのはしだて》がある。

天橋立《あまのはしだて》。日本海に面した宮津湾《みやづわん》にある細長い砂州《さす》（海岸や湖岸にできる砂《すな》が積《つ》もってできた地形）で、一帯《いったい》には松《まつ》が植えられている。

丹波《たんば》方言

福知山市《ふくちやまし》や南丹市《なんたんし》など、府《ふ》中部の丹波地域《たんばちいき》で話されている。丹波地域《たんばちいき》は森林の多い地域《ちいき》で、林業がさかん。福知山市《ふくちやまし》は安土《あづち》桃山《ももやま》時代、武将《ぶしょう》の明智《あけち》光秀《みつひで》によって城《しろ》が築《きず》かれ、城下町《じょうかまち》が整備《せいび》された。

祇園祭《ぎおんまつり》。京都市にある八坂神社《やさかじんじゃ》の祭りで、毎年７月に１か月かけておこなわれる。平安時代に、伝染病《でんせんびょう》の流行がおさまるよう願《ねが》ってはじまった。写真はかざりつけられた山鉾《やまほこ》が町をめぐる山鉾巡行《やまほこじゅんこう》のようす。

山城《やましろ》方言

京都市を中心とした府《ふ》南部の山城地域《やましろちいき》で話されている。長いあいだ都《みやこ》があった京都市には古い町なみが残《のこ》り、清水寺《きよみずでら》や北野天《きたのてん》満宮《まんぐう》、鹿苑寺《ろくおんじ》（金閣寺《きんかくじ》）などの多くの寺社があるほか、葵祭《あおいまつり》や祇園祭《ぎおんまつり》など、千年以上《いじょう》の歴史《れきし》をもつ祭りが受けつがれている。

南丹市《なんたんし》の美山《みやま》地区。山にかこまれた町には、かやぶき屋根の民家《みんか》が残《のこ》る。

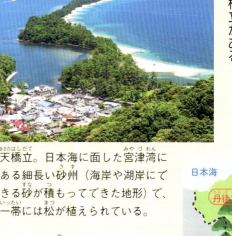

アクセントの特徴

↓P.13

丹後《たんご》方言では東京式に近いアクセントですが、ほかの大部分の地域《ちいき》は京阪式《けいはんしき》アクセントです。東京都では「橋」や「山」は二番目の音を高く発音しますが、京都《きょうと》府《ふ》では最初《さいしょ》の音を高く発音します。

やま
（山）
はし
（橋）

桜《さくら》や紅葉《こうよう》の名所として有名な京都市の嵐山《あらしやま》。手前は桂川《かつらがわ》にかかる渡月橋《とげつきょう》。

声に出してみよう!!

［京都市］

雨　あめ

歌う　うたう

高い　たかい

文法の特徴

府《ふ》全体で「〜だから」は「〜さかい」と言い、「雨降《ふ》るさかい帰ろ。（雨が降《ふ》るから帰ろう。）」のように使います。これは近畿《きんき》地方で広くみられる言い方です。また、「〜しない」という否定《ひてい》をあらわすときは「書かへん」、「起きひん」のように「へん」や「ひん」をつけます。「〜です」は「〜どす」となり、「そうです」は「そうどす」と言います。

ことばの例

大事な売りもんやさかい、いろたらあかんえ。
（大事な売り物だから、さわったらいけないよ。）

いらう

京都府
近畿地方・中国四国地方など

意味 ふれる。さわる。いじる。

はんなりした着物やなー。
（華《はな》やかで上品な着物だねえ。）

おあげさん

京都府
近畿地方

意味 油あげ。

解説 京都府《きょうとふ》など近畿《きんき》地方では、名詞《めいし》に「お」や「さん」をつけて、親しみをこめた言い方をするものがある。「おあげさん」のほかにも「おなす」や「お豆さん」、「おいもさん」などという。

かんにん

京都府
中部地方・近畿地方

意味 ゆるすこと。ごめんなさい。

解説 「堪《た》え忍《しの》ぶこと」を意味する「堪忍《かんにん》」がもとになったことば。

例文 かんにんえ。（ごめんね。）

きばる

京都府 山城地域
山梨県・岐阜県・西日本各地

意味 がんばる。努力《どりょく》する。

解説 漢字では「気張《きば》る」と書き、張《は》り切《き》って何かをしようとする態度《たいど》を指す。

例文 明日の運動会、おきばりやす。（明日の運動会、がんばってね。）

はんなり

京都府 山城地域
大阪府・奈良県

意味 上品で華《はな》やか。明るく晴れやかなようす。

まったり

京都府 山城地域
滋賀県・大阪府

意味 味がきつくなく、おだやかである。

解説 全国に広まり、「のんびりした」という意味でも使われるようになった。

このお雑煮《ぞうに》、まったりした味で、おいしおす。
（このお雑煮《ぞうに》、やさしい味で、おいしいです。）

白味噌《しろみそ》の雑煮《ぞうに》。京都府《きょうとふ》では丸もちを入れ、白味噌《しろみそ》で味をつけた雑煮《ぞうに》が一般的《いっぱんてき》。

写真出典：農林水産省「うちの郷土料理」

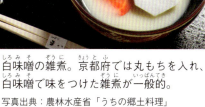

大阪府

府内の主な方言

大阪府《おおさかふ》の方言は、府《ふ》北部の摂津地域《せっつちいき》で話されている摂津《せっつ》方言と、東部の河内地域《かわちちいき》で話されている泉南《せんなん》方言、南部の泉南地域《せんなんちいき》で話されている泉南《せんなん》方言の三つに分けることができます。ことばや文法《ぶんぽう》にちがいがみられる場合もありますが、府内《ふない》の方言に大きな差《さ》はないといいます。

大阪府《おおさかふ》の方言は大阪弁《おおさかべん》ともよばれ、テレビ番組などを通じて多くの人に親しまれています。

発音の特徴

府《ふ》全体で「さ行」が「は行」になることがあり、「おばさん」は「おばはん」と発音されます。また、「ふとんをしく」を「ふとんをひく」と言うなど、「し」を「ひ」と発音することもあります。

大阪城《おおさかじょう》と大阪市《おおさかし》の町なみ。安土桃山《あづちももやま》時代に豊臣秀吉《とよとみひでよし》が大阪城《おおさかじょう》を築《きず》き、天下統一《てんかとういつ》の拠点《きょてん》となった。その後、二度の焼失《しょうしつ》と再建《さいけん》を経《へ》て、大阪市《おおさかし》のシンボルとして市民《しみん》から慕《した》われている。

写真提供：（公財）大阪観光局

方言が話されている地域

河内《かわち》方言

門真市《かどまし》や富田林市《とんだばやしし》など、昔、河内国《かわちのくに》とよばれた府《ふ》東部の河内地域《かわちちいき》で話されている。東の奈良県《ならけん》との県境《けんざかい》には生駒《いこま》山地や金剛《こんごう》山地が広がり、そのふもとではぶどうなどの果物《くだもの》の栽培《さいばい》がさかん。富田林市《とんだばやしし》は十六世紀《せいき》に建《た》てられた興正《こうしょう》寺別院《じべついん》を中心に発展《はってん》した地域《ちいき》。

富田林市《とんだばやしし》の富田林寺内町《とんだばやしじないまち》。江戸《えど》時代から昭和時代初期《しょき》にかけての古い町なみが残《のこ》る。

写真提供：（公財）大阪観光局

泉南《せんなん》方言

府《ふ》南部の泉南地域《せんなんちいき》で話されている。泉南《せんなん》地域《ちいき》は昔、和泉国《いずみのくに》とよばれていた地域《ちいき》の南部にあたり、岸和田市《きしわだし》や貝塚市《かいづかし》などがふくまれる。

岸和田市《きしわだし》は、江戸《えど》時代に岸《きし》和田城《わだじょう》の城下《じょうか》町《まち》だったときにはじまった岸和田《きしわだ》だんじり祭で有名。

摂津《せっつ》方言

大阪市《おおさかし》や堺市《さかいし》など、府北部《ふほく》から中部にかけて話されている。昔、摂津国《せっつのくに》とよばれた地域《ちいき》の東側《ひがしがわ》と、和泉国《いずみのくに》とよばれた地域《ちいき》の北部にあたる。大阪市《おおさかし》には安土桃山《あづちももやま》時代に豊臣秀吉《とよとみひでよし》によって大阪城《おおさかじょう》が築《きず》かれ、日本の経済《けいざい》の中心地として発展《はってん》した。港町として知られる堺市《さかいし》には、日本最大《さいだい》の古墳《こふん》、大仙古墳《だいせんこふん》がある。

岸和田《きしわだ》だんじり祭《まつり》。勢《いきお》いよく引かれる「だんじり」とよばれる山車《だし》を方向転換《ほうこうてんかん》させる「やりまわし」が見どころ。

写真提供：岸和田市

アクセントの特徴 →P.13

府《ふ》全体で、京阪式《けいはんしき》アクセントです。

文法の特徴

摂津《せっつ》方言や河内《かわち》方言では、「来はる（来る）」のように軽い尊敬《そんけい》をしめす「〜はる」、「行きやる（行く）」のように親しみをこめた「〜やる」、「見よる（見る）」のように軽く見下げる「〜よる」という表現《ひょうげん》をよく使います。

府《ふ》全体で、「学校に行くんや（学校に行くのだ）」、「うちの弟やねん（私《わたし》の弟なんだ）」のように、「〜のだ」、「〜なのだ」を「〜んや」や「〜ねん」であらわします。

また、「〜ない」と否定《ひてい》するときは、動詞《どうし》の最後《さいご》に「ん」や「へん」をつけて「けーへん（来ない）」のように言います。この「来ない」の言い方は、京都府《きょうとふ》京都市では「きーひん」、兵庫県《ひょうごけん》神戸市《こうべし》では「こーへん」で、となり合う近畿《きんき》地方の三府県《ふけん》で言い方が異《こと》なっています。

京都市
きーひん
神戸市
こーへん
大阪市
けーへん

ことばの例

あかん

大阪府　中部地方・近畿地方・四国地方

意味 だめだ。いけない。

解説 「解決《かいけつ》しない」、「決まらない」という意味の「埒《らち》が明かない」の「明かない」がもとになったことば。

ソースの二度漬《づ》けはあかんで！
（ソースの二度漬《づ》けはだめだよ！）

大阪府《おおさかふ》の名物料理《りょうり》、串《くし》かつ。串《くし》にささった牛肉や野菜《やさい》などのフライを、ソースにつけて食べる。ソースはほかの人と共有《きょうゆう》するため、一度、口をつけたものをソースにつける「二度漬《づ》け」は禁止《きんし》。

けったいな

大阪府　北陸地方・東海地方・近畿地方・中国四国地方

意味 奇妙《きみょう》な。おかしな。不思議《ふしぎ》な。

解説 「めったにないこと」という意味の「希代《きたい》」が変化《へんか》したことばと言われる。

例文 けったいな看板《かんばん》やなあ……。（おかしな看《かん》板《ばん》だなあ……。）

ちゃう

大阪府　西日本各地

意味 ちがう。

ちゃうちゃう！これは甘《あま》いもんちゃう。たこ焼《や》きや。
（ちがう、ちがう！これは甘《あま》いものではないんだ。たこ焼《や》きだよ。）

なんぼ

大阪府　東北地方・近畿地方・中国四国地方など

意味 いくら。どれくらい。

これ、なんぼ？
（これ、いくら？）
なんぼでも食べてやー！
（いくらでも食べてよ！）
お金は使ってなんぼや。
（お金は使ってはじめて価値《かち》があるのだ。）

「新世界《しんせかい》」とよばれる大阪市《おおさかし》の繁華街《はんかがい》。展望台《てんぼうだい》やアトラクションのある通天閣《つうてんかく》がそびえ、飲食店を中心に多くの店が建《た》ちならぶ。

写真提供：（公財）大阪観光局

ぼちぼち

大阪府

意味 まあまあ。ほどほど。

解説 「ぼちぼち帰ろう」のように、「ゆっくり物事に取りかかる」という意味でも使われる。

最近《さいきん》、調子はどない？
（最近《さいきん》、調子はどう？）
ぼちぼちやで。
（まあまあだよ。）

ほんま

大阪府　中部地方・近畿地方・中国四国地方など

意味 本当に。

例文 それ、ほんまかいな。（それ、本当なの？）

兵庫県

県内の主な方言

兵庫県《ひょうごけん》の方言は、県北部で話されている但馬《たじま》方言、中東部で話されている丹波《たんば》方言、南東部で話されている神戸《こうべ》・播磨《はりま》方言、南西部で話されている阪神《はんしん》方言、淡路島《あわじしま》で話されている淡路《あわじ》方言の、五つの方言に分けることができます。

このうち但馬《たじま》方言は中国地方の方言との共通点《きょうつうてん》が多く、近畿《きんき》地方の方言と共通点《きょうつうてん》が多いほかの方言と、大きく異《こと》なっています。

淡路《あわじ》方言にも本土の方言と異《こと》なる特徴《とくちょう》がみられます。明石海峡《あかしかいきょう》の潮《しお》の流れが速いため、淡路島《あわじしま》では長いあいだ現在《げんざい》の兵庫県《ひょうごけん》本土より大阪府《おおさかふ》や和歌山県、徳島県《とくしまけん》などとの交流がさかんでした。そのため、これらの地域《ちいき》の方言の影響《えいきょう》を受けていると言います。

発音の特徴

県全体で「ざ行」が「だ行」になりやすく、「ぞうきん」は「どーきん」に、「全然《ぜんぜん》」は「でんでん」になります。

また、「木」が「きい」、「目」が「めえ」になるなど、ひとつの音でできたことばの母音（あ・い・う・え・お）を長くのばすことがあります。

豊岡市《とよおかし》の出石《いずし》地区。江戸《えど》時代に城下町《じょうかまち》として栄《さか》えた地域《ちいき》で、伝統的《でんとうてき》な町なみが残《のこ》る。

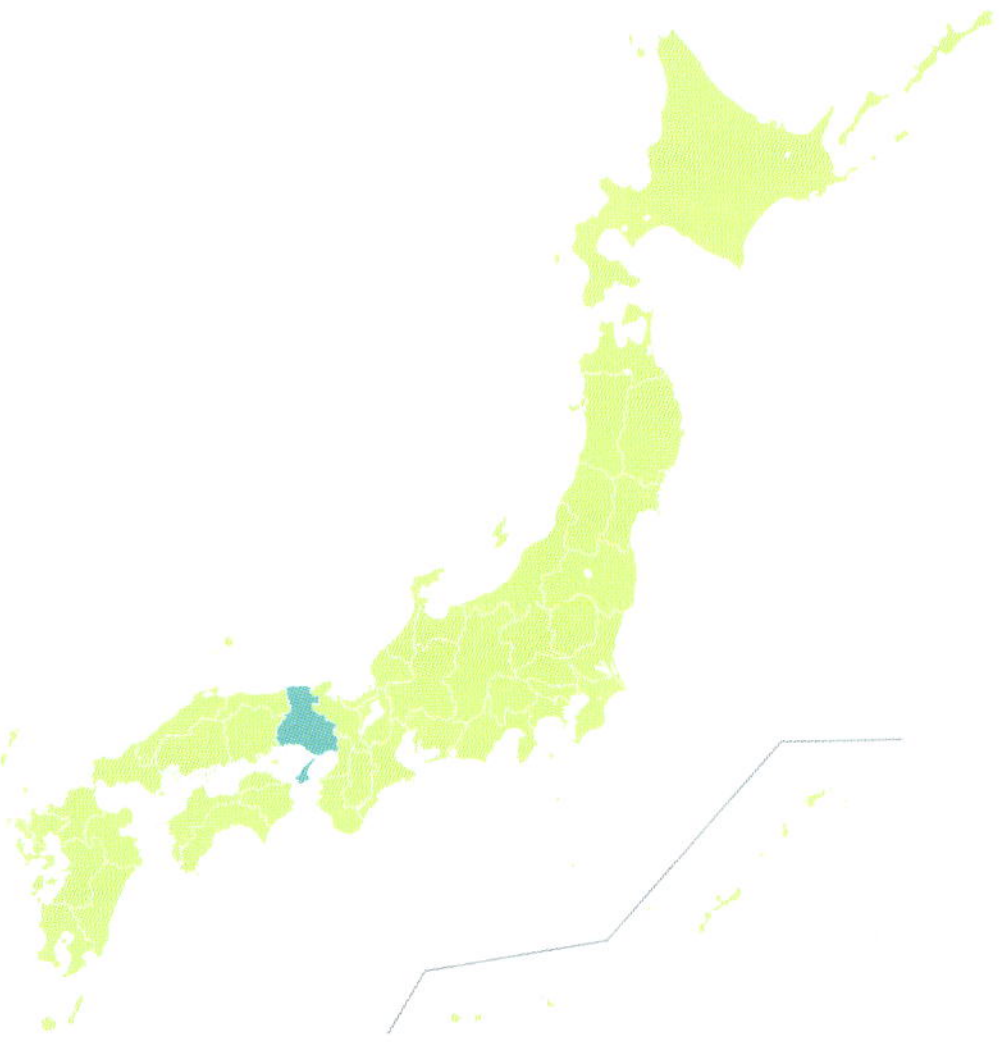

方言が話されている地域

● 阪神《はんしん》方言

尼崎《あまがさき》市《し》や西宮市《にしのみやし》など、県南東部の阪神地域《はんしんちいき》で話されている。昔、摂津国《せっつのくに》とよばれた地域《ちいき》の西側《にしがわ》にあたり、現在《げんざい》も大阪府《おおさかふ》や京都府《きょうとふ》とのつながりが強い。

● 淡路《あわじ》方言

淡路島《あわじしま》で話されている。淡路島《あわじしま》は瀬戸内《せとない》海最大《かいさいだい》の島で、明石《あかし》海峡大橋《かいきょうおおはし》によって兵庫《ひょうご》県《けん》本土とつながっている。たまねぎが特産品《とくさんひん》。

明石海峡大橋《あかしかいきょうおおはし》。完成《かんせい》したのは1998年で、それまでは船で本土と行き来していた。

● 但馬《たじま》方言

豊岡市《とよおかし》や養父市《やぶし》など、昔、但馬国《たじまのくに》とよばれた県北部の但馬《たじま》地域《ちいき》で話されている。但馬地域《たじまちいき》は北に日本海、南に中国《ちゅうごく》山地があり、豊《ゆた》かな自然《しぜん》が広がる。コウノトリの生息地。

● 丹波《たんば》方言

丹波篠山市《たんばささやまし》などの県中東部で話されている。昔、丹波国《たんばのくに》とよばれた地域《ちいき》の南西部にあたり、同じ丹波国《たんばのくに》だった京都府《きょうとふ》とのつながりが強い。篠山盆地《ささやまぼんち》は黒大豆やくり、あずきなどの産地《さんち》。

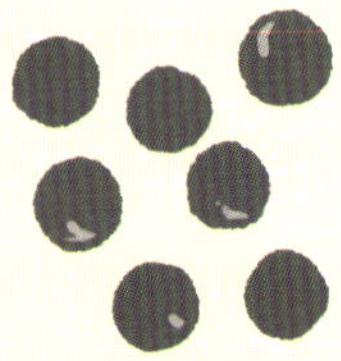

● 神戸《こうべ》・播磨《はりま》方言

神戸市周辺《こうべししゅうへん》と、昔、播磨国《はりまのくに》とよばれていた姫路市《ひめじし》などの県南西部から中部にかけて話されている。神戸市《こうべし》は明治《めいじ》時代から国際的《こくさいてき》な港町として発《はっ》展《てん》した地域《ちいき》。姫路市《ひめじし》は姫路城《ひめじじょう》の城下《じょうか》町《まち》として栄《さか》え、現在《げんざい》も江戸《えど》時代以前《いぜん》に建《た》てられた天守《てんしゅ》が残《のこ》る。明石市《あかしし》ではたこなどの漁《りょう》がさかん。

明石市《あかしし》の郷土料理《きょうどりょうり》、明石《あかし》焼《や》き。小麦粉《こむぎこ》や卵《たまご》などでできた生地に、たこを入れて焼《や》いたもの。だし汁《じる》につけて食べる。

アクセントの特徴 ↓P.13

但馬《たじま》方言のみ東京式で、ほかの方言は京阪式《けいはんしき》アクセントです。

文法の特徴

「〜だ」と断定《だんてい》するときの言い方は、但馬《たじま》方言では東日本でよくみられる「〜だ」ですが、県内のほかの方言では西日本でよくみられる「〜じゃ」や「〜や」です。

尊敬《そんけい》をあらわす言い方も方言によって異《こと》なり、但馬《たじま》方言では「〜なる」や「〜んさる」、神戸《こうべ》・播《はり》磨《ま》方言や丹波《たんば》方言では「〜てや」や「〜ちゃった」、阪神《はんしん》方言では「〜はる」が使われています。「よう来んさった（よくいらっしゃった）」、「出かけちゃった（お出かけになった）」、「見はった（ごらんになった）」のように使います。

神戸《こうべ》・播磨《はりま》方言で「〜よった」は、「〜しそうになった」という意味です。ところがとなり合う大阪府《おおさかふ》や京都府《きょうとふ》では「〜した」という意味で使われ、親しみや軽い見下げの気持ちをふくむ表現《ひょうげん》にもなるため、意味が通じないことがあります。

神戸・播磨方言
あの子、こけよった。
（あの子、転びそうになった。）
京都府・大阪府の方言
こけよった？
（転んだ？）

ことばの例

あっかましー
兵庫県 播磨地域
京都府・四国地方など

意味 いそがしい。

発表会の準備《じゅんび》で、朝からあっかましー。
（発表会の準備《じゅんび》で、朝からいそがしい。）

ごーがわく
兵庫県
中部地方・三重県・滋賀県・中国地方など

意味 腹《はら》が立つ。怒《おこ》る。

解説 「ごう」は「とても腹《はら》がたつこと」を意味する「業腹《ごうはら》」が由来。

ごーがわく！
（腹《はら》が立つ！）

せんどぶり
兵庫県
福井県・京都府・大阪府など

意味 ひさしぶり。

解説 「せんど」は「長いあいだ」という意味。漢字で「千度」と書き、「たびたび」や「多い」、「疲《つか》れる」などの意味で使う地域《ちいき》もある。

はしかい
但馬地域をのぞく兵庫県
近畿地方・中国四国地方など

意味 かゆい。

解説 「芒（はしか）」という、米や麦などの穂《ほ》にできる、とげのような部分の名前から生まれたことば。芒《はしか》の先端《せんたん》にふれたときのような、ちくちくと痛《いた》く、かゆいときに使う。

↑芒《はしか》

ぴりぴりする
兵庫県 播磨地域・丹波地域

意味 雨が少し降《ふ》る。

あっ、ぴりぴりしてった。
（あっ、雨がぱらぱら降《ふ》ってきた。）

べっちょない
兵庫県

意味 大丈夫《だいじょうぶ》だ。

解説 「問題ない」という意味の「別条《べつじょう》ない」が変化《へんか》したことば。

例文 べっちょないけ？（大丈夫《だいじょうぶ》か？）

奈良県

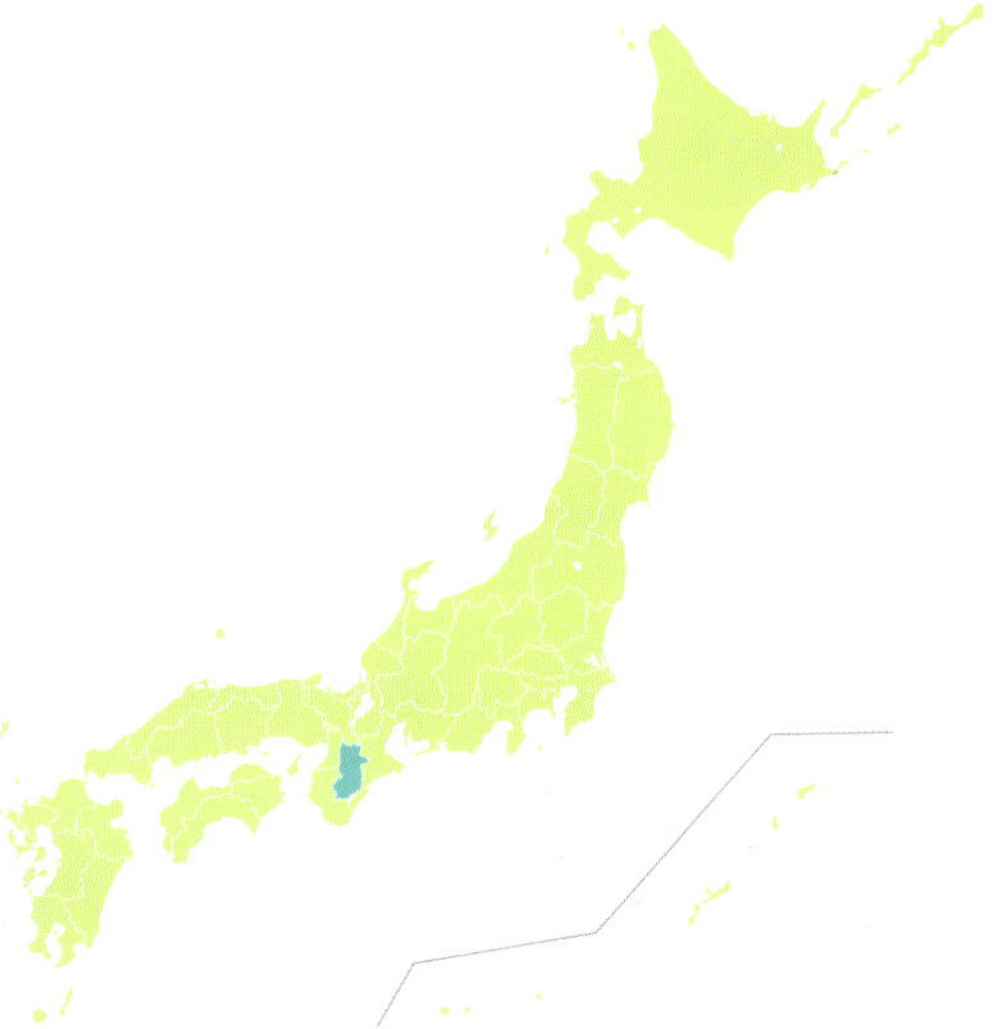

県内の主な方言

奈良県《ならけん》の方言は、県北部で話されている北部方言と、中部から南部で話されている南部方言の二つに分けられます。宇陀市《うだし》など北東部で話されていることばを東部方言とよぶ場合もあります。

県北部はとなり合う京都府《きょうとふ》や大阪府《おおさかふ》との交流がさかんで、方言にもこれらの地域《ちいき》との共通点《きょうつうてん》が多くみられます。一方、山地の広がる南部は周辺《しゅうへん》の地域《ちいき》との交流がかぎられていたことから、アクセントや文法《ぶんぽう》をはじめ、北部方言とは特徴《とくちょう》が異《こと》なります。

県北部は古代から奈良《なら》時代にかけて日本の都が置《お》かれた地域《ちいき》で、古いことばが残《のこ》っています。奈《な》良県《らけん》は昔、大和国《やまとのくに》とよばれたことから、北部方言を「大和《やまと》ことば」とよぶこともあります。

発音の特徴

県全体で、よく「ざ行」が「だ行」になります。たとえば「ざぶとん」は「だぶとん」、「ぜんざい」は「でんだい」と発音されます。

北部方言では、「目」が「めえ」になるなど、ひとつの音でできたことばの母音（あ・い・う・え・お）を長くのばして発音します。

南部方言では、「あい」の音がひとつになって

方言が話されている地域

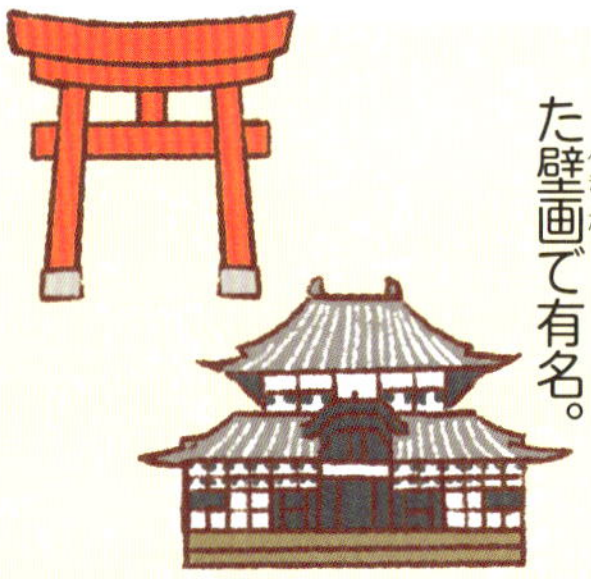

北部方言

奈良市《ならし》や桜井市《さくらいし》、明日香村《あすかむら》など、奈良盆地《ならぼんち》が広がる県北部で話されている。県北部は昔、日本の都が置《お》かれた地域《ちいき》で、奈良市《ならし》の東大寺《とうだいじ》や春日大社《かすがたいしゃ》、法隆寺《ほうりゅうじ》、桜井市《さくらいし》の長《は》谷寺《せてら》をはじめ、歴史《れきし》ある寺社が多い。明日香村《あすかむら》には多くの古墳《こふん》があり、高松塚古墳《たかまつづかこふん》はいまから一三〇〇年ほど前にえがかれた壁画《へきが》で有名。

南部方言

吉野町《よしのちょう》や十津川村《とつかわむら》など、県中部から南部で話されている。県南部には紀伊《きい》山地のけわしい山々《やまやま》がそびえ、山を崇拝《すうはい》し、山中できびしい修行《しゅぎょう》をする修験道《しゅげんどう》という信仰《しんこう》の中心地だった。吉野町《よしのちょう》の吉野山《よしのやま》は古くから桜《さくら》の名所として知られる。

奈良公園《ならこうえん》のシカ。奈良公園周辺《ならこうえんしゅうへん》には東大《とうだい》寺《じ》や春日大社《かすがたいしゃ》をはじめ多くの寺社があり、野生のシカが生息している。春日大社《かすがたいしゃ》にまつられている神が白いシカに乗ってきたという伝説《でんせつ》があり、シカは神の使いとして大切にされてきた。

春の吉野山《よしのやま》。平安時代には、すでに桜《さくら》の名所として和歌によまれていた。

十津川村《とつかわむら》で受《う》けつがれてきた、「十《と》津川《つかわ》の大踊《おおおどり》」とよばれる盆《ぼん》おどり。室町《むろまち》時代に流行したおどりが起源《きげん》とされ、地区ごとにさまざまなおどりがある。写真は武蔵《むさし》地区のもの。

「あー」と発音されます。「高い」は「たかー」、「咲《さ》いた」は「さーた」になります。

でんだい
（ぜんざい）

「ぜんざい」は奈良県《ならけん》などの近畿《きんき》地方では、つぶあんでつくられた汁《しる》に、もちや白玉を入れたものを指す。関東《かんとう》地方では同じものを「しるこ」とよぶ。

アクセントの特徴
↓P.13

県北部は京阪式《けいはんしき》アクセントです。南部は東京式に近い、特殊《とくしゅ》なアクセントが使われています。

文法の特徴

北部と南部で、さまざまな言い方が異《こと》なります。たとえば「行かない」のように否定《ひてい》するときの言い方は、北部では「行かへん」、南部では「行かん」です。また、「〜だ」と断定《だんてい》するときには北部では「先生や。（先生だ。）」のように「〜や」を、南部では「先生じゃ。」のように「〜じゃ」を使います。

北部方言
先生や。
南部方言
先生じゃ。

ことばの例

おとろしー
奈良県 北部
北陸地方・近畿地方・四国地方

意味 めんどうな。わずらわしい。

雨やし散歩《さんぽ》行くん、おとろしーわ。
（雨だし散歩《さんぽ》に行くのが、めんどうだなあ。）

ぎょーさん
奈良県
中部地方・近畿地方・中国四国地方

意味 たくさん。たいへん。ものすごい。

解説 漢字では「仰山《ぎょうさん》（山を仰《あお》ぐ）」と書く。「ようさん」と言うこともある。

例文 ぎょーさんあるなあ。（たくさんあるなあ。）

てれこ
奈良県
近畿地方

意味 互《たが》い違《ちが》い。反対。逆《さか》さま。

解説 歌舞伎《かぶき》の世界で「二つの異《こと》なる話をひとつにまとめ、一幕《ひとまく》おきに交互《こうご》に上《じょう》演《えん》すること」を指し、これが由来になったと言われている。

体操着《たいそうぎ》、前後てれこやがな。
（体操着《たいそうぎ》、前後逆《さか》になっているよ。）

なおす
奈良県
北陸地方・近畿地方・四国地方・九州地方など

意味 片《かた》づける。しまう。

ちゃんとなおしときや〜！
（ちゃんと片《かた》づけておきなさいよ〜！）

ほーせき
奈良県 北部
三重県・京都府

意味 おやつ。お菓子《かし》。間食。

今日のほーせきは柿《かき》や。
（今日のおやつは柿《かき》だよ。）

奈良県《ならけん》は柿《かき》の産地《さんち》として有名。奈良《なら》時代には栽培《さいばい》されていたという記録《きろく》が残《のこ》る。

もむない
奈良県
近畿地方・島根県・九州地方など

意味 まずい。味がない。

例文 このおにぎり、もむないなー。（このおにぎり、おいしくないなあ。）

和歌山県

県内の主な方言

和歌山県は昔、紀州《きしゅう》とよばれ、県の北部、中部、南部はそれぞれ紀北地域《きほくちいき》、紀中地域《きちゅうちいき》、紀南地域《きなんちいき》とよばれていました。方言も基本的《きほんてき》にはこの地域《ちいき》区分にそって、紀北《きほく》方言、紀中《きちゅう》方言、紀南《きなん》方言の三つに分かれています。

紀北《きほく》方言には県の北で接《せっ》する大阪府《おおさかふ》の方言の影響《えいきょう》が、紀南《きなん》方言には東で接《せっ》する三重県の方言の影響《えいきょう》がみられます。一方、山地の広がる紀中地域《きちゅうちいき》には、古いことばや文法《ぶんぽう》が残《のこ》っています。

発音の特徴

県全体で、よく「ざ行」が「だ行」になります。たとえば「全国」は「でんこく」、「銅像《どうぞう》」は「どうどう」と発音されます。これは近畿《きんき》地方でよくみられる特徴《とくちょう》です。

和歌山市《わかやまし》にある徳川吉宗《とくがわよしむね》の銅像《どうぞう》。徳川吉宗《とくがわよしむね》は紀州藩《きしゅうはん》の藩主《はんしゅ》となったのち、江戸幕府《えどばくふ》の第８代将軍《しょうぐん》となり、さまざまな改革《かいかく》をおこなった人物。

方言が話されている地域

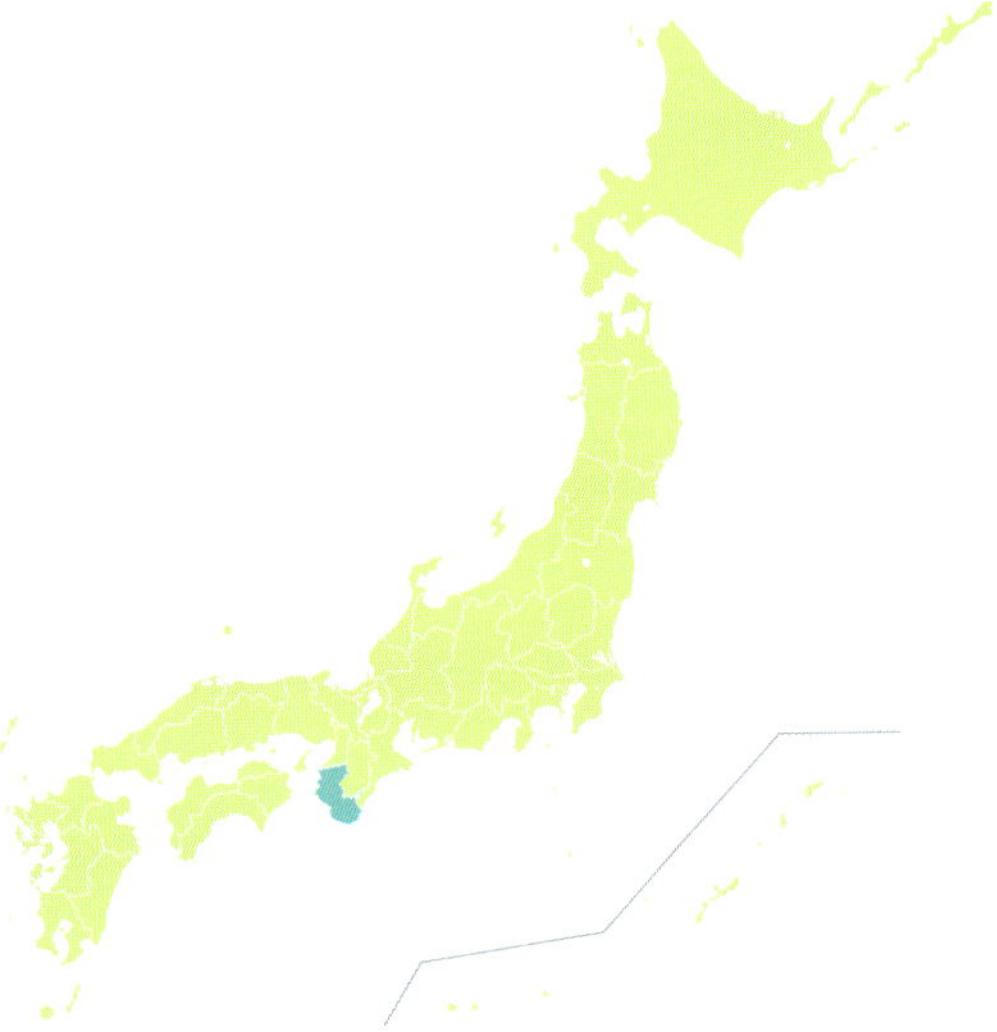

紀北《きほく》方言

和歌山市《わかやまし》や紀の川《きのかわ》市《し》、高野町《こうやちょう》など、県北部の紀北地域《きほくちいき》で話されている。和歌山市《わかやまし》は紀の川《きのかわ》が流れる和歌山《わかやま》平野にあり、江戸《えど》時代には現在《げんざい》の和歌山県と三重県南部をおさめた紀州藩《きしゅうはん》の城下町《じょうかまち》として栄《さか》えた。高野町《こうやちょう》には真言宗《しんごんしゅう》という仏教《ぶっきょう》の宗派《しゅうは》の聖地《せいち》、高野山《こうやさん》がある。

紀中《きちゅう》方言

有田市《ありだし》など県中部の紀中地域《きちゅうちいき》と、田辺市《たなべし》の山間部で話されている。紀中地域《きちゅうちいき》の沿岸部《えんがんぶ》は年間を通してあたたかく、また、山地が沿岸《えんがん》まででせまっていることから、山の斜面《しゃめん》でのみかんや梅《うめ》の栽培《さいばい》がさかん。

有田川町《ありだがわちょう》のみかん畑。みかんの栽培《さいばい》は江戸《えど》時代にはじまり、江戸《えど》（現在《げんざい》の東京都中心部）に船で運ばれて人気となった。

紀南《きなん》方言

串本町《くしもとちょう》や新宮市《しんぐうし》など、県南部の紀南地域《きなんちいき》で話されている。紀南地域《きなんちいき》は大部分が山地で、森林におおわれている。熊野三山《くまのさんざん》とよばれる熊野本宮大社《くまのほんぐうたいしゃ》、熊野速玉大社《くまのはやたまたいしゃ》、熊野那智《くまのなち》大社《たいしゃ》の三つの神社があり、古くから多くの参拝者《さんぱいしゃ》が訪《おとず》れた。太平洋に面した串本町《くしもとちょう》は、黒潮《くろしお》にのってやってくるまぐろの漁《りょう》で知られる。

熊野三山《くまのさんざん》にもうでるためにつくられた道、熊野古道《くまのこどう》。

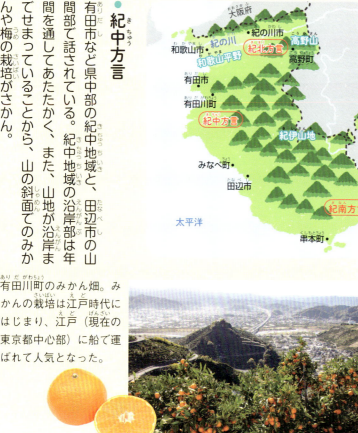

アクセントの特徴→P.13

県のほとんどの地域《ちいき》で、京阪式《けいはんしき》アクセントが使われています。ただし田辺市《たなべし》など一部の地域《ちいき》には、古い日本語のアクセントが残《のこ》っています。

文法の特徴

県全体で敬語《けいご》の表現《ひょうげん》が少なく、立場が上の人にも下の人にも同じような言葉づかいで話します。

文章の最後《さいご》に「のー」や「のし」、「のーら」をつけて「〜ですね」、「〜だよ」というよびかけをあらわします。「毎日、暑いのー。（毎日、暑いですね。）」のように使います。相手をさそうときには「いっしょに学校行こら。（いっしょに学校に行こう。）」のように「ら」をつけます。

また、「〜している」は「食べちゃーる。（食べている。）」のように、「〜ちゃーる」であらわします。

紀中《きちゅう》方言では「木がある。」、「校庭に友だちがある。（校庭に友だちがいる。）」のように、ものにも生き物にも「ある」を使います。これは古い時代の日本語と同じ「ある」の使い方です。

共通語
木がある。
紀中方言
木がある。
共通語
友だちがいる。
紀中方言
友だちがある。

ことばの例

あが 和歌山県
東京都島しょ部・奈良県・三重県など

意味 私《わたし》。自分。

解説 「私《わたし》の」を意味する古いことばが由来。「あがら」で「私《わたし》たち」という意味になる。相手のことを指す場合もある。

例文 あがらのこと、言われたーら。（私《わたし》たちのことを、言われているよ。）

みかん食べすぎて、ずつないわあ……。
（みかんを食べすぎて、苦しいよう……。）

ずつない 和歌山県

意味 つらい。苦しい。気分が悪い。

解説 「手段《しゅだん》がない」を意味する「術無《じゅつな》し」が変化《へんか》したことば。

にんにこ 和歌山県 滋賀県

意味 おにぎり。

梅干《うめぼ》しのにんにこ、食べよら。
（梅干《うめぼ》しのおにぎりを、食べようよ。）

梅干《うめぼ》しのおにぎり。和歌山県は、みなべ町《ちょう》や田辺市《たなべし》を中心に梅《うめ》の産地《さんち》として知られ、長年、日本一の収穫量《しゅうかくりょう》をほこる。梅干《うめぼ》しの生産《せいさん》もさかん。

ほーかな 和歌山県 紀中地域

意味 すばらしい。見事な。

例文 ほーかなもんやなー。（見事なものだなあ。）

みしる 和歌山県 紀北地域

意味 魚の身をほぐして小骨《こぼね》などを取りのぞく。

解説 「むしる」が変化《へんか》したことば。「みいする」とも言う。

この焼《や》き魚《ざかな》、みしって。
（この焼《や》き魚《ざかな》、食べやすくほぐして。）

みずせった 和歌山県

意味 ビーチサンダル。

解説 「せった」は、はきものの一種《いっしゅ》。ビーチサンダルは水辺《みずべ》で使うはきものなので、このようによばれるようになった。

せった。昔の日本のはきもので、竹の皮を編《あ》んでつくったぞうりの裏《うら》に革《かわ》をはり、かかとに金具をつけたもの。

鳥取県

県内の主な方言

鳥取県は昔、東部は因幡国《いなばのくに》、中部から西部にかけては伯耆国《ほうきのくに》という、二つの国に分かれていました。方言は、県東部で話されている因幡《いなば》方言、中部で話されている東伯耆《ひがしほうき》方言、西部で話されている西伯耆《にしほうき》方言の、三つに分かれています。

西伯耆《にしほうき》方言は、西で接《せっ》する島根県の出雲《いずも》方言と隠岐《おき》方言（→P.96）とともに、ほかの中国地方の方言とは異《こと》なる特徴《とくちょう》をもつため、合わせて雲伯《うんぱく》方言とよばれます。

発音の特徴

西伯耆《にしほうき》方言は、発音するときに「し」と「す」、「じ」と「ず」、「ち」と「つ」を区別《くべつ》しません。これは東北地方や北陸《ほくりく》地方でもみられる特徴《とくちょう》です。

同じく西伯耆《にしほうき》方言では、「腹《はら》」が「はー」、「来る」が「くー」になるなど、「ら行」のr《アール》の音を抜《ぬ》かして発音するという特徴《とくちょう》があります。また、「せ」を「しぇ」、「ぜ」を「じぇ」と発音することがあり、「風」は「かじぇ」になります。これは古い日本語の発音のしかたが受けつがれたものと言われています。

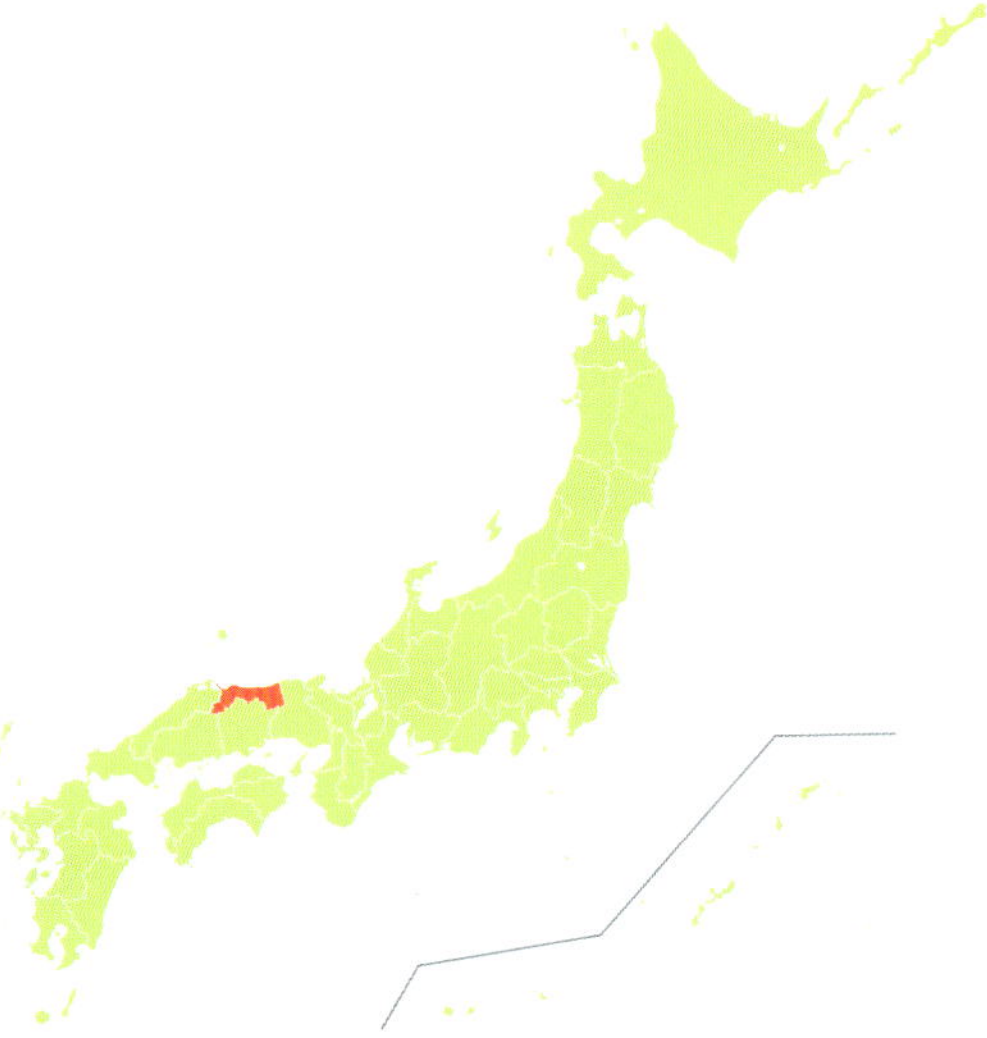

打吹玉川《うつぶきたまがわ》地区の町なみ。

方言が話されている地域

●東伯耆《ひがしほうき》方言

倉吉市《くらよしし》などの県中部で話されている。倉吉市《くらよしし》は古くから伯耆国《ほうきのくに》の中心地で、江戸《えど》時代から大正時代にかけては商業のまちとして栄《さか》えた。市内には古い町屋や土蔵《どぞう》が建《た》ち並《なら》ぶ打吹玉川《うつぶきたまがわ》地区が残《のこ》る。

●西伯耆《にしほうき》方言

米子市《よなごし》や境港市《さかいみなとし》などの県西部で話されている。米子市《よなごし》は古くから交通の要所《ようしょ》として栄《さか》え、江戸《えど》時代には中国地方の商業の中心地だった。境港市《さかいみなとし》は日本海側《にほんかいがわ》を代表する港町のひとつで、かになどの水《みず》あげで有名。

境港市《さかいみなとし》上空から見た弓ヶ浜《ゆみがはま》と大山《だいせん》（写真奥《おく》）。弓ヶ浜《ゆみがはま》は米子市《よなごし》と境港市《さかいみなとし》にまたがり、弓のようにきれいな曲線をえがく海岸で、古代の神話にも登場する。

鳥取砂丘《とっとりさきゅう》。

●因幡《いなば》方言

鳥取市などの県東部で話されている。鳥取市は江戸《えど》時代に鳥取城《とっとりじょう》の城《じょう》下町《かまち》として発展《はってん》した地域《ちいき》。日本海沿岸《にほんかいえんがん》には、日本最大《さいだい》級《きゅう》の砂丘《さきゅう》、鳥取砂《とっとりさ》丘《きゅう》がある。砂丘《さきゅう》で栽培《さいばい》されるらっきょうが有名。

鳥取砂丘《とっとりさきゅう》で栽培《さいばい》がさかんな、らっきょう。

P94-95で使用している写真：いずれも鳥取県提供

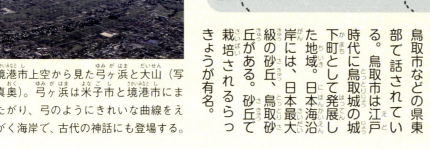

これらの西伯耆《にしほうき》方言の特徴《とくちょう》は、となり合う島根県の出雲《いずも》方言にもみられます。

アクセントの特徴 ↓P.13

県全域《ぜんいき》で、東京式アクセントです。

文法の特徴

鳥取県と島根県では、「姉だ。」「学校だ。」のように、断定《だんてい》するときには「〜だ」と言います。これは東日本と同じ言い方で、西日本のほかの地域《ちいき》では「〜じゃ」や「〜や」が多くなっています。

因幡《いなば》方言と東伯耆《ひがしほうき》方言では、場所をしめす「〜で」を「〜から」と言います。たとえば「公園から遊ぶ。」は、「公園で遊ぶ。」という意味です。

西伯耆《にしほうき》方言では、「来っだらー（来るだろう）」、「買うだらー（買うだろう）」のように、推量《すいりょう》の「〜だろう」を「だらー」と言います。

湊山公園《みなとやまこうえん》から遊ばい！
（湊山公園《みなとやまこうえん》で遊ぼう！）

米子市《よなごし》にある湊山公園《みなとやまこうえん》。桜《さくら》の名所として人々《ひとびと》に親しまれている。

ことばの例

がいな
鳥取県 中部・西部

意味 大きな。たくさん。

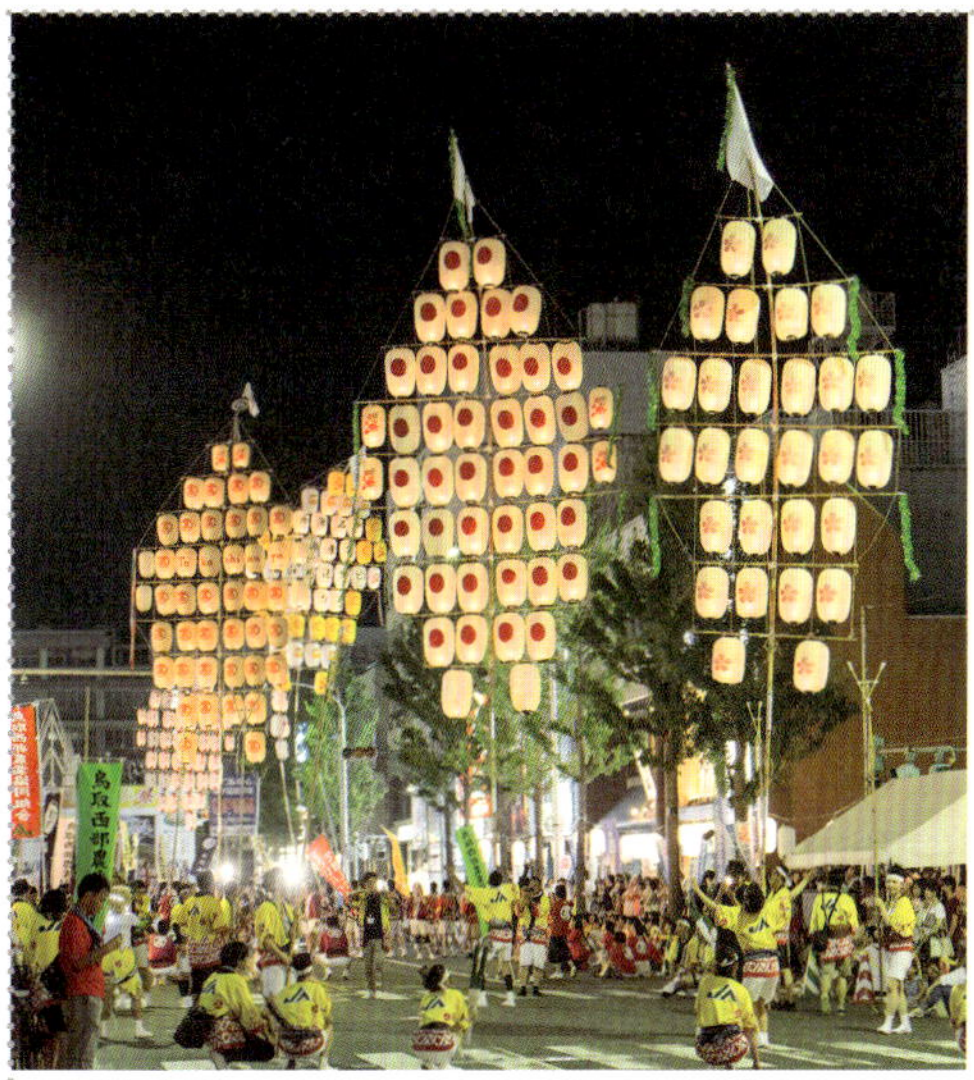

米子市《よなごし》で毎年夏に開かれる「米子《よなご》がいな祭《まつり》」では、たくさんのちょうちんを竿《さお》につけた「万灯《まんとう》」をかつぐ「がいな万灯《まんとう》」がひろうされる。

さんだがない
鳥取県 西部　島根県

意味 手のつけようがない。ひどく散《ち》らかっている。

解説 「さんだ」は「物事に適切《てきせつ》な対応《たいおう》をして、かたをつけること」を意味する方言、「さんだん（算段《さんだん》）」のこと。

さんだがない……。
（手のつけようがない……。）

たばこする
鳥取県 中部・西部　新潟県、山形県、熊本県など

意味 休憩《きゅうけい》する。休憩《きゅうけい》のときに食べる間食。

解説 けむりを吸《す》う「たばこ」から生まれたことばだが、農作業などのあいまの休憩《きゅうけい》や、そのときに食べる間食を指すようになった。

ちょっこし、たばこしょいや。
（すこし、休憩《きゅうけい》しようよ。）
なし食《く》わあ。
（なし食べよう。）

鳥取県の特産品《とくさんひん》、二十世紀《にじっせいき》なし。明治《めいじ》時代に発祥地《はっしょうち》の千葉県から持ちこまれ、鳥取県で100年以《い》上《じょう》の栽培《さいばい》の歴史《れきし》をほこる。

ばんなりまして
鳥取県中部・西部　島根県・岡山県

意味 こんばんは。

解説 「ばんなりました」とも言う。共通語《きょうつうご》にもふくまれる「晩《ばん》」は夕方や夜をあらわすことば。「晩《ばん》になりましたね。」という気持ちがこめられている。

もえる
鳥取県　富山県・兵庫県・岡山県など

意味 増《ふ》える。

例文 川の水がもえとる。（川が増水《ぞうすい》している。）

島根県

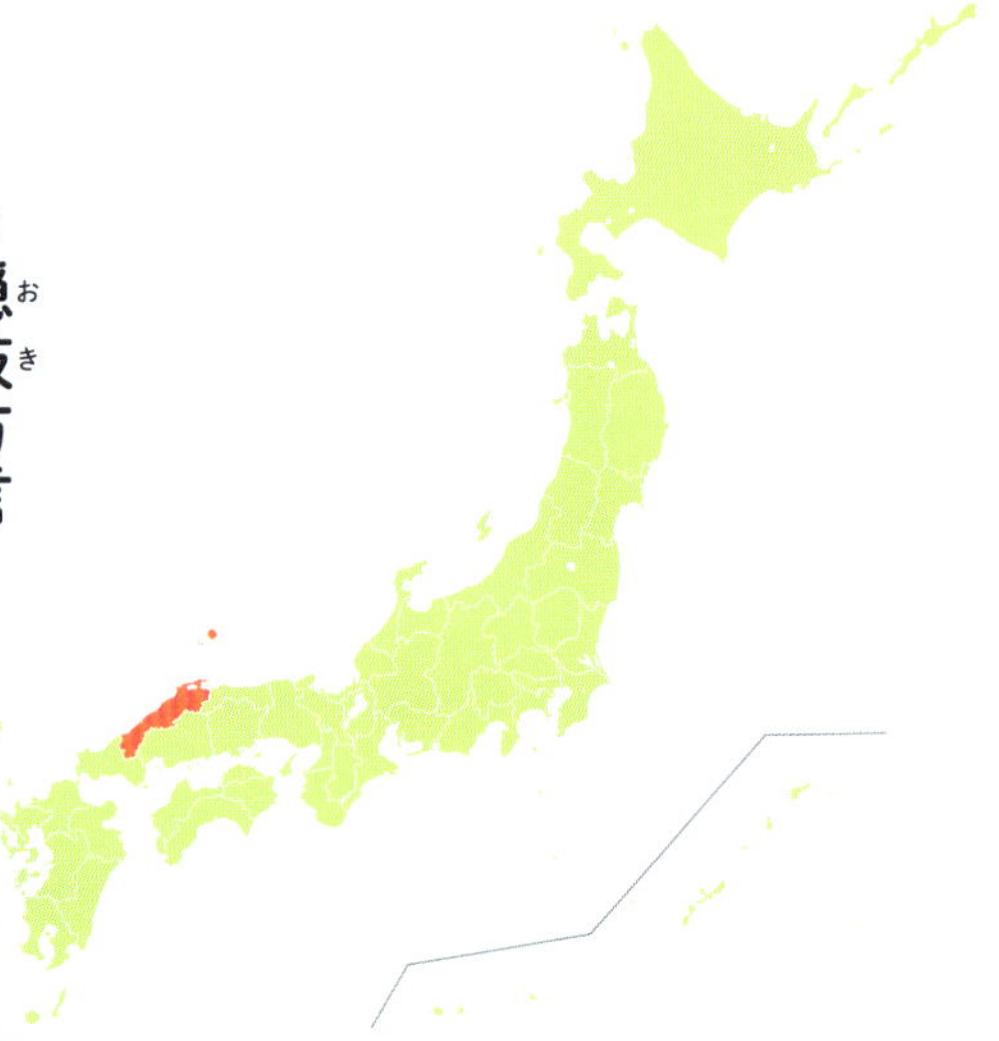

県内の主な方言

島根県は昔、東部が出雲国《いずものくに》、中部から西部が石《いわ》見国《みのくに》、隠岐諸島《おきしょとう》が隠岐国《おきのくに》とよばれ、それぞれ異《こと》なる国でした。方言もこの昔の国の区分とほとんど同じように区切られ、出雲《いずも》方言と石見《いわみ》方言、隠岐《おき》方言の三つに分けることができます。

出雲《いずも》方言と隠岐《おき》方言は、本土の東で接《せっ》する鳥取県の西伯耆《にしほうき》方言 （→P.94） と多くの共通点《きょうつうてん》があり、合わせて雲伯《うんぱく》方言とよばれます。

発音の特徴

出雲《いずも》方言は、発音するときに「し」と「す」、「じ」と「ず」、「ち」と「つ」を区別《くべつ》しません。そのため「私《わたし》」が「わたす」に、「地図」が「つづ」になったりします。これは東北地方や北陸《ほくりく》地方でもみられる特徴《とくちょう》です。

同じく出雲《いずも》方言では、「ら行」のr《アール》の音を抜《ぬ》かして発音するという特徴《とくちょう》があります。また、「は」は「ふぁ」、「ひ」は「ふぃ」と発音され、「橋」なら「ふぁし」になります。「せ」を「しぇ」、「ぜ」を「じぇ」

隠岐《おき》の島町《しまちょう》の伝統行事《でんとうぎょうじ》、「牛突《うしづ》き」。大きな牛どうしがはげしくぶつかりあう。隠岐諸島《おきしょとう》に流された後鳥羽上皇《ごとばじょうこう》をなぐさめるためにはじまったとされ、およそ800年の歴史《れきし》がある。

方言が話されている地域

●出雲《いずも》方言

松江市《まつえし》や出雲市《いずもし》など、県東部の出雲地《いずもち》域《いき》で話されている。出雲地域《いずもちいき》は、さまざまな神話の舞台《ぶたい》として知られ、出雲《いずも》大社《たいしゃ》などの歴史《れきし》ある神社や祭りが数多く残《のこ》る。松江市《まつえし》は、江戸《えど》時代に松江城《まつえじょう》の城下町《じょうかまち》として発展《はってん》した地域《ちいき》。

松江城《まつえじょう》。江戸《えど》時代初期《しょき》につくられた天守閣《てんしゅかく》は、国宝《こくほう》に指定されている。

●石見《いわみ》方言

浜田市《はまだし》や益田市《ますだし》、大田市《おおだし》など、石見地域《いわみちいき》とよばれる県中部から西部にかけて話されている。石見地域《いわみちいき》では、各地《かくち》で石見神楽《いわみかぐら》とよばれる神楽《かぐら》（神にささげるおどり）が受けつがれている。大田市《おおだし》には世界有数の銀の産出量《さんしゅつりょう》をほこった銀山、石《いわ》見銀山《みぎんざん》の遺跡《いせき》がある。

●隠岐《おき》方言

島根県本土の北四十〜八十キロメートルにある隠岐諸島《おきしょとう》で話されている。隠岐《おき》諸島《しょとう》は人がくらす四つの島と、約《やく》百八十の小さな島々《しまじま》からなる。鎌倉時代《かまくらじだい》に承久《じょうきゅう》の乱《らん》を起こした後鳥羽上皇《ごとばじょうこう》や、鎌倉幕《かまくらばく》府《ふ》をほろぼした後醍醐天皇《ごだいごてんのう》など、歴史《れきし》上の人物が追放された場所として知られる。

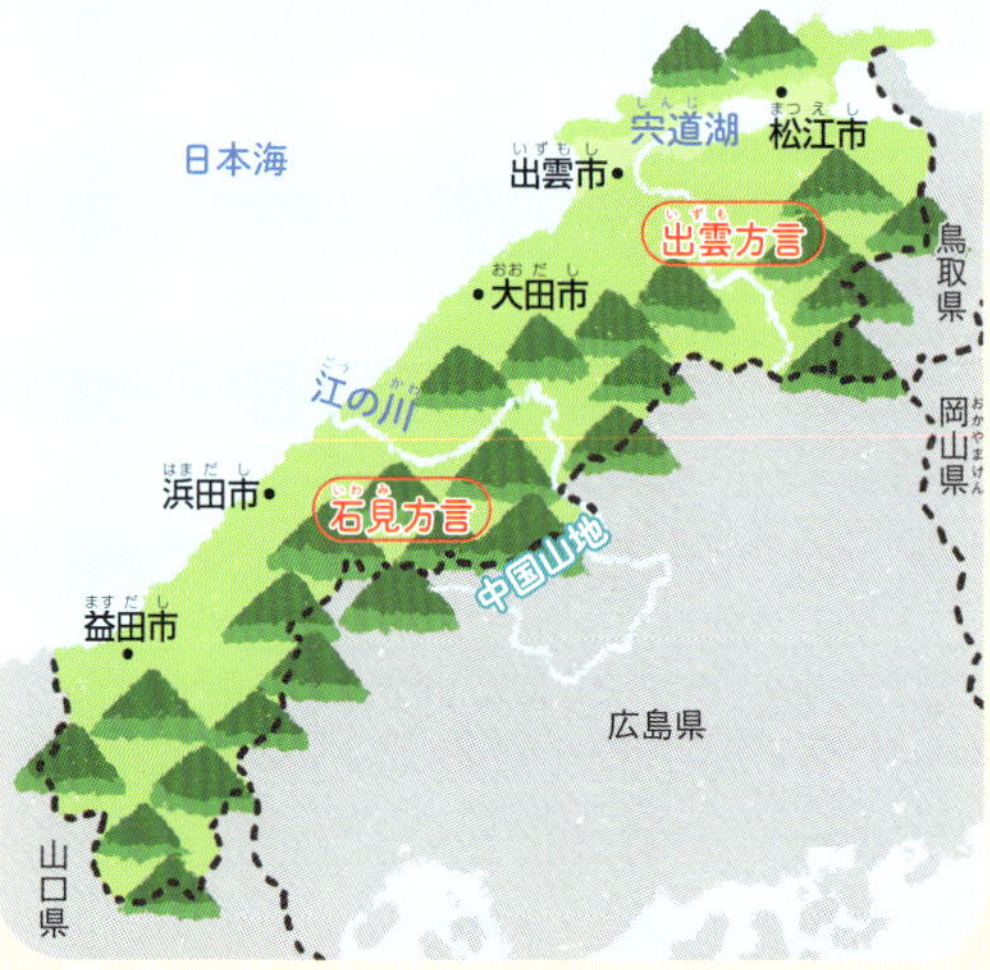

石見神楽《いわみかぐら》。写真は大田市《おおだし》の龍御前《たつのごぜん》神社《じんじゃ》のもの。地元の伝統工芸品《でんとうこうげいひん》、石州和紙《せきしゅうわし》でつくった面をつけ、神話などをもとにした演目《えんもく》を舞《ま》う。

と発音することもあります。これらは、古い日本語の発音が受けつがれたものだといいます。
これらの出雲《いずも》方言の発音の特徴《とくちょう》は、となり合う鳥取県の西伯耆《にしほうき》方言にもみられます。

すんずこ
（宍道湖《しんじこ》）

宍道湖産《しんじこさん》のしじみ。
写真出典：農林水産省「うちの郷土料理」

松江市《まつえし》と出雲市《いずもし》にまたがる宍道湖《しんじこ》。海水と淡水《たんすい》が混《ま》じり合った汽水湖《きすいこ》で、しじみをはじめ、豊《ゆた》かな水産物《すいさんぶつ》にめぐまれている。夕日がきれいに見られる場所としても有名。

アクセントの特徴 →P.13

県全域《ぜんいき》で、東京式アクセントです。

文法の特徴

断定《だんてい》するときには「〜だ」と言います。東日本では広く使われている言い方ですが、となり合う鳥取県をのぞき、西日本のほかの地域《ちいき》ではおもに「〜じゃ」や「〜や」が使われます。
出雲《いずも》方言では推量《すいりょう》の「〜だろう」は「だら」であらわし、「雨が降《ふ》るだら。（雨が降《ふ》るだろう。）」と言います。これは島根県の西伯耆《にしほうき》方言と似《に》た言い方です。一方、石見《いわみ》方言では同じ内容《ないよう》を「降《ふ》るだろー」や「降《ふ》るじゃろー」と言います。

ことばの例

おちらと
島根県
関東地方・長野県・兵庫県・中国四国地方など

意味 ゆっくりと。おっとりと。

おんぼらと
島根県 出雲地域・隠岐諸島
北陸地方

意味 おだやかな。気楽な。ほのぼのとした。

おちらとしてかっしゃい。
（ゆっくりとしていきなさい。）

おんぼらとした、
えーとこだわのー。
（おだやかな、
いいところだなあ。）

松江市《まつえし》の玉造温泉《たまつくりおんせん》を流れる、玉《たま》湯川《ゆがわ》沿《ぞ》いの桜並木《さくらなみき》。玉造温泉《たまつくりおんせん》は奈良《なら》時代からの歴史《れきし》をもつ、中国地方を代表する温泉地《おんせんち》。

だんだん
島根県 出雲地域・隠岐諸島
中国地方・九州地方

意味 ありがとう。
解説 「重ね重ねありがとう」を意味する「だんだんありがとう」が省略《しょうりゃく》されたものだと考えられている。

ちょんぼし
島根県
鳥取県

意味 すこし。ちょっと。
解説 「ちょっこし」とも言う。
例文 ちょんぼし待ってごせ。（ちょっと待ってくれる。）

はしる
島根県
中国地方・香川県・愛媛県など

意味 はげしく痛《いた》む。

歯がはしって、
食べられんわ。
（歯がすごく痛《いた》くて、
食べられないよ。）

まくれる
島根県
和歌山県・鳥取県・広島県など

意味 ひっくり返る。転ぶ。

ハードルに
引っかかって
まくれた……。
（ハードルに
引っかかって
転んだ……。）

岡山県

県内の主な方言

岡山県《おかやまけん》は昔、県東部が備前国《びぜんのくに》、北部が美作国《みまさかのくに》、西部が備中国《びっちゅうのくに》という、三つの国に分かれていました。方言も、この昔の国の区分とほぼ同じように分かれており、備前《びぜん》方言、美作《みまさか》方言、備中《びっちゅう》方言の三つが話されています。

三つの方言に大きなちがいはありませんが、それぞれで異《こと》なる発音や言い方もみられます。

発音の特徴

「あい」や「うい」、「えお」など、母音（あ・い・う・え・お）がつづくと、ひとつになって長くのびる音で発音されます。たとえば「赤い」は「あきゃー」、「寒い」は「さみー」になります。また、「手を」が「てょー」に、「花は」が「はなー」になるなど、名詞《めいし》（ものの名前）のあとにつく「を」や「は」、「に」、「へ」は、前の名詞《めいし》と合わさって発音されます。

県の西部では「せ」を「しぇ」、「ぜ」を「じぇ」と発音することがあります。これは、古い日本語と同じ発音のしかたです。

真庭市《まにわし》の蒜山《ひるぜん》高原。標高《ひょうこう》500～600メートルの自然豊《しぜんゆた》かな高原で、避暑《ひしょ》地《ち》として人気がある。乳牛《にゅうぎゅう》であるジャージー牛が放牧《ほうぼく》されている。

方言が話されている地域

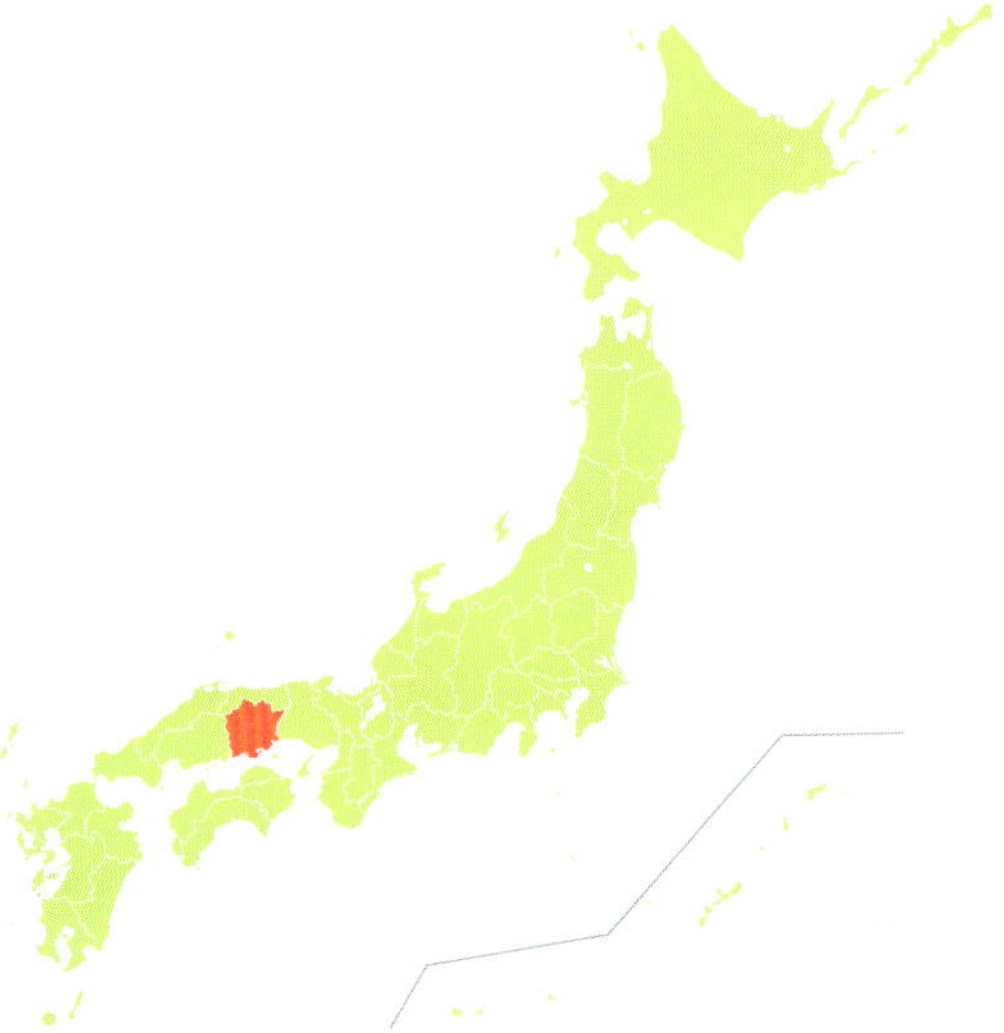

備前《びぜん》方言

岡山市《おかやまし》や備前市《びぜんし》など、昔、備前国《びぜんのくに》とよばれていた県東部で話されている。県東部では古くから焼《や》き物《もの》づくりがさかんで、現在《げんざい》も備前焼《びぜんやき》の産地《さんち》として有名。岡山市《おかやまし》は江戸《えど》時代に岡山城《おかやまじょう》の城下《じょうか》町《まち》として発展《はってん》した地域《ちいき》。昔ばなしの桃《もも》太郎《たろう》のモデルとされる、吉備津彦命《きびつひこのみこと》をまつる吉備津神社《きびつじんじゃ》がある。

美作《みまさか》方言

津山市《つやまし》や美作市《みまさかし》、真庭市《まにわし》など、昔、美作国《みまさかのくに》とよばれていた県北部で話されている。県北部には中国山地の山々《やまやま》が連《つら》なり、林業や畜産《ちくさん》業がさかん。津山市《つやまし》は古くから出雲街道《いずもかいどう》*の宿場町だった地域《ちいき》で、江戸《えど》時代には津山城《つやまじょう》の城下町《じょうかまち》としても栄《さか》えた。

備中《びっちゅう》方言

倉敷市《くらしきし》や総社市《そうじゃし》など、昔、備中国《びっちゅうのくに》とよばれていた県西部で話されている。倉敷市《くらしきし》は江《え》戸《ど》時代、藩《はん》ではなく、幕府《ばくふ》が直接治《ちょくせつおさ》める「天領《てんりょう》」とよばれた地域《ちいき》だった。米などの荷物が集まる港町として、また、綿花《めんか》の生《せい》産《さん》で栄《さか》え、現在《げんざい》も古い蔵《くら》などが残《のこ》る。

倉敷市《くらしきし》の倉敷美観《くらしきびかん》地区。江戸《えど》時代には荷物を運ぶ舟《ふね》が行きかっていた倉敷川《くらしきがわ》に沿《そ》って、白壁《しらかべ》の土蔵《どぞう》などが建《た》ち並《なら》ぶ。

岡山市《おかやまし》や備前市《びぜんし》などでつくられている焼《や》き物《もの》、備前焼《びぜんやき》。

岡山市《おかやまし》にある後楽園《こうらくえん》。江《え》戸《ど》時代初期《しょき》に岡山藩《おかやまはん》の藩主《はんしゅ》によってつくられた日本庭園で、季節《きせつ》の花や紅葉《こうよう》が楽しめる。右奥《みぎおく》に見えるのは、昭和時代に再建《さいけん》された岡山城《おかやまじょう》。

写真提供：岡山後楽園

＊出雲街道《いずもかいどう》…出雲国《いずものくに》（現在《げんざい》の島根県東部）と山陽地方各地《かくち》をむすんだ街道《かいどう》。

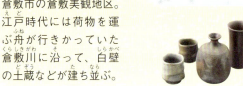

はなー
（花は）
はなー
（花を）
はねー
（花に）

岡山県《おかやまけん》の「県の花」にもなっている、ももの花。岡山県《おかやまけん》では明治《めいじ》時代からももの栽培《さいばい》がはじまり、県の特産品《とくさんひん》のひとつとなっている。

アクセントの特徴 →P.13

県のほとんどの地域《ちいき》で、東京式アクセントです。

文法の特徴

断定《だんてい》する「〜だ」は岡山県《おかやまけん》では「〜じゃ」と言います。また、相手によびかける「〜ね」は「の」や「のー」、「な」や「なー」であらわされ、「雨じゃのー。（雨だね。）」、「そーじゃなー。（そうだね。）」のように言います。

文章の最後《さいご》には、「が」もよくつけます。「〜よ」、「〜じゃないか」という意味で、「すぐ行くが。（すぐに行くよ。）」、「ありゃー犬じゃが。（あれは犬じゃないか。）」のように使います。

方言によって、命令《めいれい》する「〜しなさい」の言い方が異《こと》なります。備前《びぜん》方言では「せられー」、美作《みまさか》方言では「しんちゃい」、備中《びっちゅう》方言では「しねー」と言います。

ことばの例

うったて

岡山県

徳島県・香川県

意味 習字《しゅうじ》の書きはじめ。最初。手はじめ。

例文 何事もうったてがでーじじゃが。（何事も最初《さいしょ》が大切だよ。）

かさにのせる

岡山県

意味 かさに入れる。

解説 「かさに入る」は「かさにのる」と言う。

かさにのせてん！
（かさに入れて！）

きょーてー

岡山県

意味 こわい。恐《おそ》ろしい。気味が悪い。

解説 「気に入らない」、「いやな感じがする」という意味の「気疎《けうと》い」がもとになってできたことば。

例文 ぼっけー、きょーてー。（とてもこわい。）

しわい

岡山県

中国地方

意味 かみ切りにくい。

解説 しんやすじがあるなどして、歯切れが悪いものに使う。発音が変化《へんか》して「しうぇー」と聞こえることもある。

このにかー
しうぇーなー。
（この肉はかみ切り
にくいなあ。）

みてる

岡山県

中国四国地方

意味 なくなる。終わる。

解説 「いっぱいになる」という意味の「満《み》ちる」から生まれたことば。「人の寿命《じゅみょう》がいっぱいになる（亡《な》くなる）」という意味で使われるようになり、そこからさらに物などが「なくなる」という意味でも使われるようになったと言う。

ケーキが
みてとった。
（ケーキが
なくなっていた。）

もげる

岡山県

意味 音程《おんてい》がはずれる。

もげてしもーた！
（音程《おんてい》がはずれて
しまった！）

広島県

県内の主な方言

広島県の方言は、県東部で話されている備後《びんご》方言と、西部で話されている安芸《あき》方言の二つに分けることができます。広島県は昔、東部が備後国《びんごのくに》、西部が安芸国《あきのくに》という別《べつ》の国でした。方言も、ほとんどこの昔の国の区分に沿《そ》って分かれており、発音やことばなどにちがいがみられます。

発音の特徴

「あい」や「おい」など、母音（あ・い・う・え・お）がつづくと、ひとつになって長くのびる音で発音されます。変化《へんか》のしかたは方言によって異《こと》なり、たとえば「赤い」は備後《びんご》方言では「あきゃー」や「あけぁー」、安芸《あき》方言では「あかー」と発音されます。このような発音のしかたは、備後《びんご》方言は岡山県《おかやまけん》、安芸《あき》方言は山口県と、それぞれ県をまたいでとなり合う地域《ちいき》と共通《きょうつう》しています。

方言が話されている地域

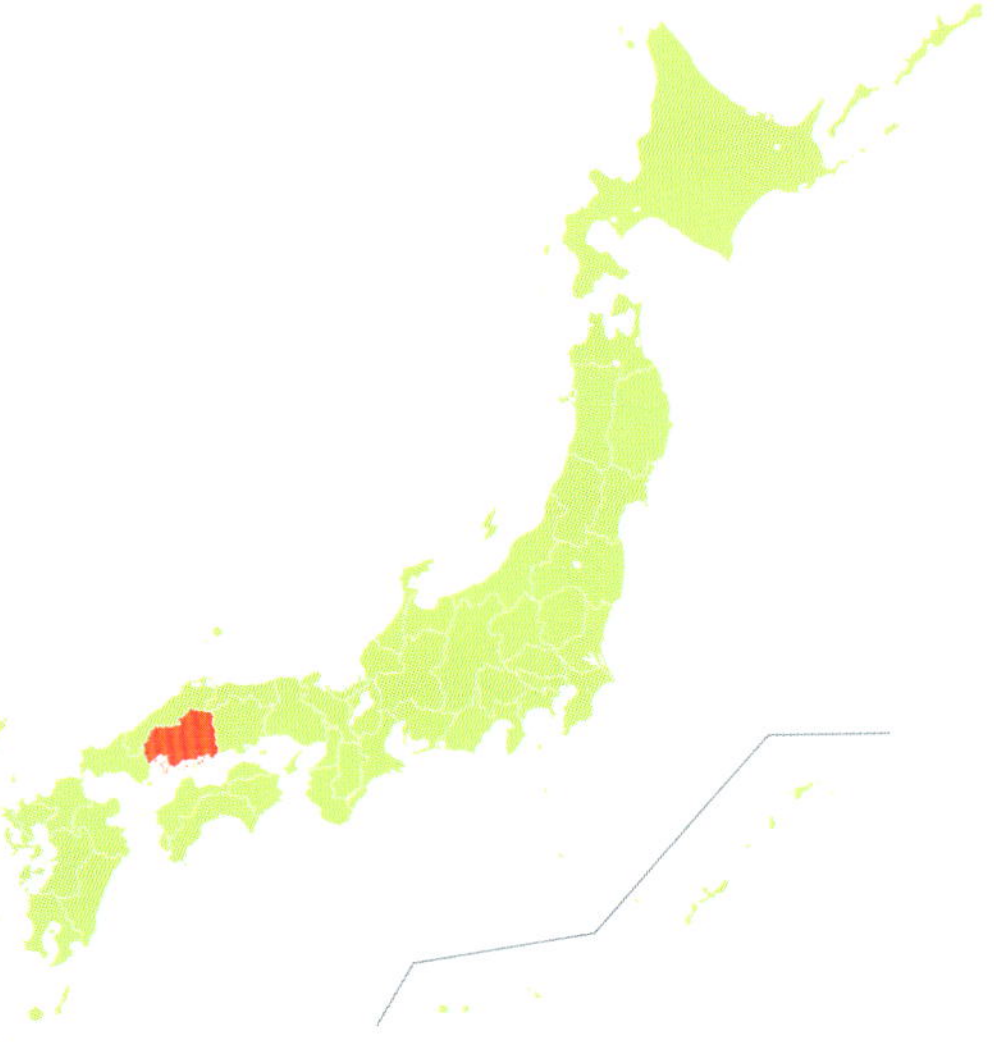

安芸《あき》方言

広島市や呉市《くれし》、廿《はつ》日市市《かいちし》などの県西部で話されている。広島市は、太《たい》平洋戦争《へいようせんそう》中に世界ではじめて原子爆弾《げんしばくだん》が投下された地域《ちいき》。大きな被害《ひがい》を受けながら復興《ふっこう》をはたし、中国地方を代表する都市となっている。廿日市市《はつかいちし》には、海上の鳥居《とりい》や社殿《しゃでん》で知られる厳島《いつくしま》神社《じんじゃ》がある。

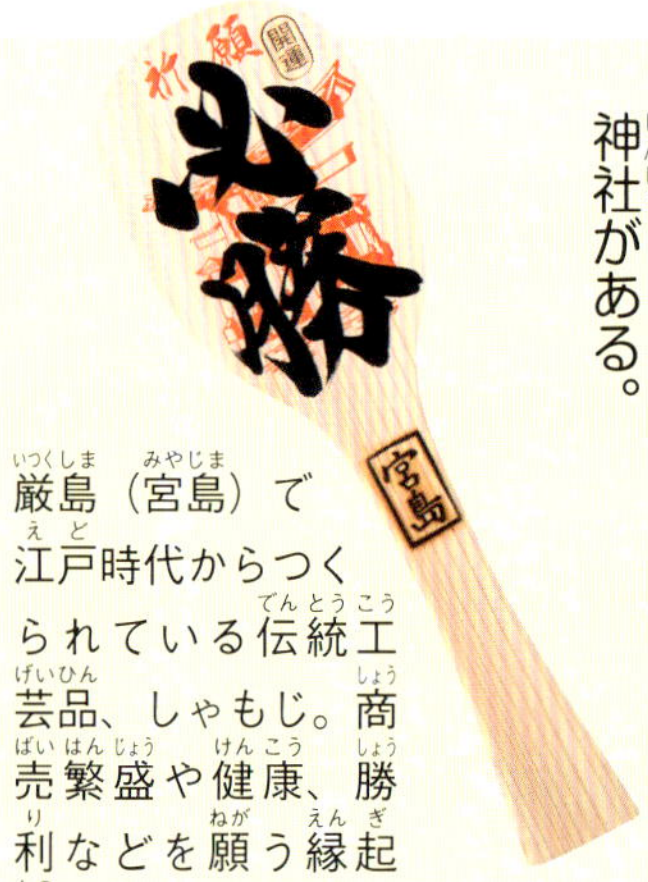

厳島《いつくしま》（宮島《みやじま》）で江戸《えど》時代からつくられている伝統工《でんとうこう》芸品《げいひん》、しゃもじ。商《しょう》売繁盛《ばいはんじょう》や健康《けんこう》、勝《しょう》利《り》などを願《ねが》う縁起《えんぎ》物《もの》としても人気。

広島県の名物、お好《この》み焼《や》き。小麦粉《こむぎこ》でできたうすい生地に、キャベツや豚肉《ぶたにく》、焼《や》きそば、薄焼《うすや》き卵《たまご》などを重ねて蒸《む》し焼《や》きにしたもの。

尾道市産《おのみちしさん》のレモン。

備後《びんご》方言

福山市や尾道市《おのみちし》などの県東部で話されている。福山市の鞆町《ともちょう》は、瀬戸内海《せとないかい》の潮《しお》の分かれ目となる場所にあり、船乗りが潮《しお》の流れが変《か》わるのを待つ港町として発展《はってん》した。尾道市《おのみちし》も古くからの港町で、レモンの産地《さんち》。因島《いんのしま》は室町時代、「村上水軍《むらかみすいぐん》」（村上海賊《むらかみかいぞく》）という海で活動する武士《ぶし》の集《しゅう》団《だん》の拠点《きょてん》のひとつだった。

毎年夏に尾道市《おのみちし》の因島《いんのしま》で開かれる因島水軍《いんのしますいぐん》まつり。木製《もくせい》の舟《ふね》によるレースなどがおこなわれる。

福山市の鞆町《ともちょう》。古い町なみや、江戸《えど》時代末期《まっき》に建《た》てられ、舟《ふね》の行き来を助けてきた「常夜灯《じょうやとう》」とよばれる灯台《とうだい》が残《のこ》る。

安芸方言
あかー
（赤い）

アクセントの特徴 →P. 13

県全域《ぜんいき》で東京式アクセントです。

声に出してみよう!!

［広島市］

雨　あめ

歌う　うたう

高い　たかい

文法の特徴

よく「〜じゃけん」、「〜じゃけえ」という言い方をします。これは「〜だから」という意味です。文章の最後《さいご》には、よく「のー」をつけます。たとえば「えー天気じゃのー。（いい天気だね。）」のように言います。

また、「〜ちゃった」という表現《ひょうげん》は、広島県では敬語《けいご》として使われています。「先生が来ちゃった。」は「先生がいらっしゃった。」という意味です。

ことばの例

いぬる

広島県　西日本各地

意味　帰る。もどる。

もういぬるん?
（もう帰るの?）
はよーいぬらにゃー。
（早く帰らなくちゃ。）

すいばり

広島県　近畿地方・中国地方・大分県など

意味　手や足に刺《さ》さるとげ。

解説　とくに木や竹のささくれのような、小さなとげのことを指す。

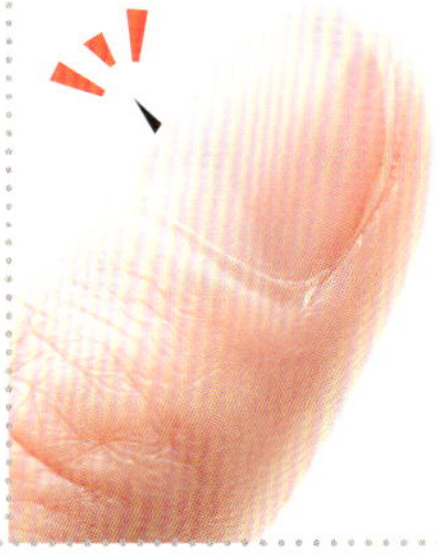

たう

広島県　中国地方・香川県・大分県など

意味　届《とど》く。

たわーん!
（届《とど》かなーい!）
たう?
（届《とど》く?）

にがる

広島県　兵庫県・中国地方・香川県など

意味　腹《はら》がはげしく痛《いた》む。

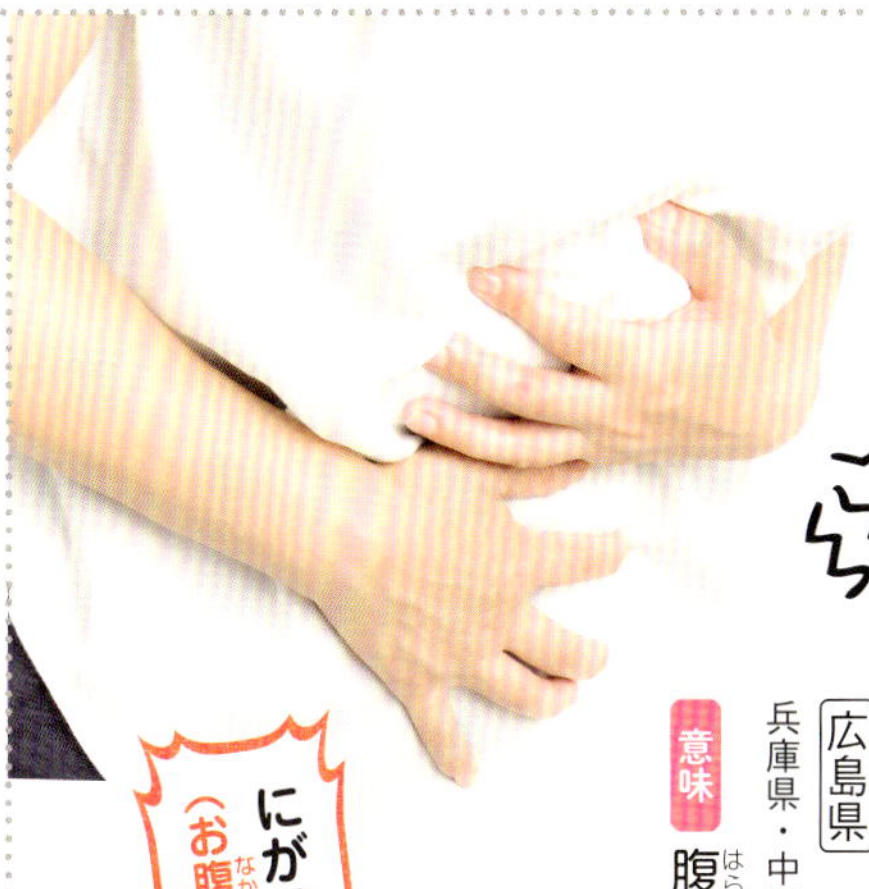
にがる!
（お腹《なか》がすごく痛《いた》い!）

みやすい

広島県　中国地方・愛媛県など

意味　かんたんだ。たやすい。

例文　今日のテスト、みやすかったのー。（今日のテスト、かんたんだったね。）

めげる

広島県　兵庫県・中国四国地方・九州地方など

意味　壊《こわ》れる。くだける。破《やぶ》れる。だめになる。

めがねがめげた……。
（めがねが壊《こわ》れた……。）

山口県

県内の主な方言

山口県は昔、東部から中部が周防国《すおうのくに》、西部が長《なが》門国《とのくに》という二つの国に分かれていました。方言もこの昔の国の区分に沿《そ》って、東部で話されている周防《すおう》方言と、西部で話されている長門《ながと》方言の二つに分けられます。

江戸《えど》時代には、周防国《すおうのくに》も長門国《ながとのくに》も長州藩《ちょうしゅうはん》によっておさめられていたこともあり、二つの方言のちがいは、そこまで大きくありません。北部から東部にかけての県境周辺《けんざかいしゅうへん》では、となり合う島根県や広島県の方言と同じ特徴《とくちょう》がみられます。また、西部の関門海峡周辺《かんもんかいきょうしゅうへん》では、海をはさんで向かい合う福岡県《ふくおかけん》の方言との共通点《きょうつうてん》がみられます。

発音の特徴

山口県の方言には「あい」や「うい」、「おい」など、母音（あ・い・う・え・お）がつづくと、ひとつになって長くのびる音で発音されるという特徴《とくちょう》があります。たとえば「赤い」は「あかー」、「熱《あつ》い」は「あちー」になります。

また、「だ行」と「ら行」の区別《くべつ》があいまいで、「うどん」は「うろん」と発音されます。「さ行」

下関市《しものせきし》と福岡県《ふくおかけん》北九州市のあいだにある関門海峡《かんもんかいきょう》。本州と九州地方をへだてる海峡《かいきょう》で、橋や海底《かいてい》トンネル、船などでさかんに行き来がおこなわれている。日本海と瀬戸内海《せとないかい》をむすぶ交通の要所《ようしょ》でもある。

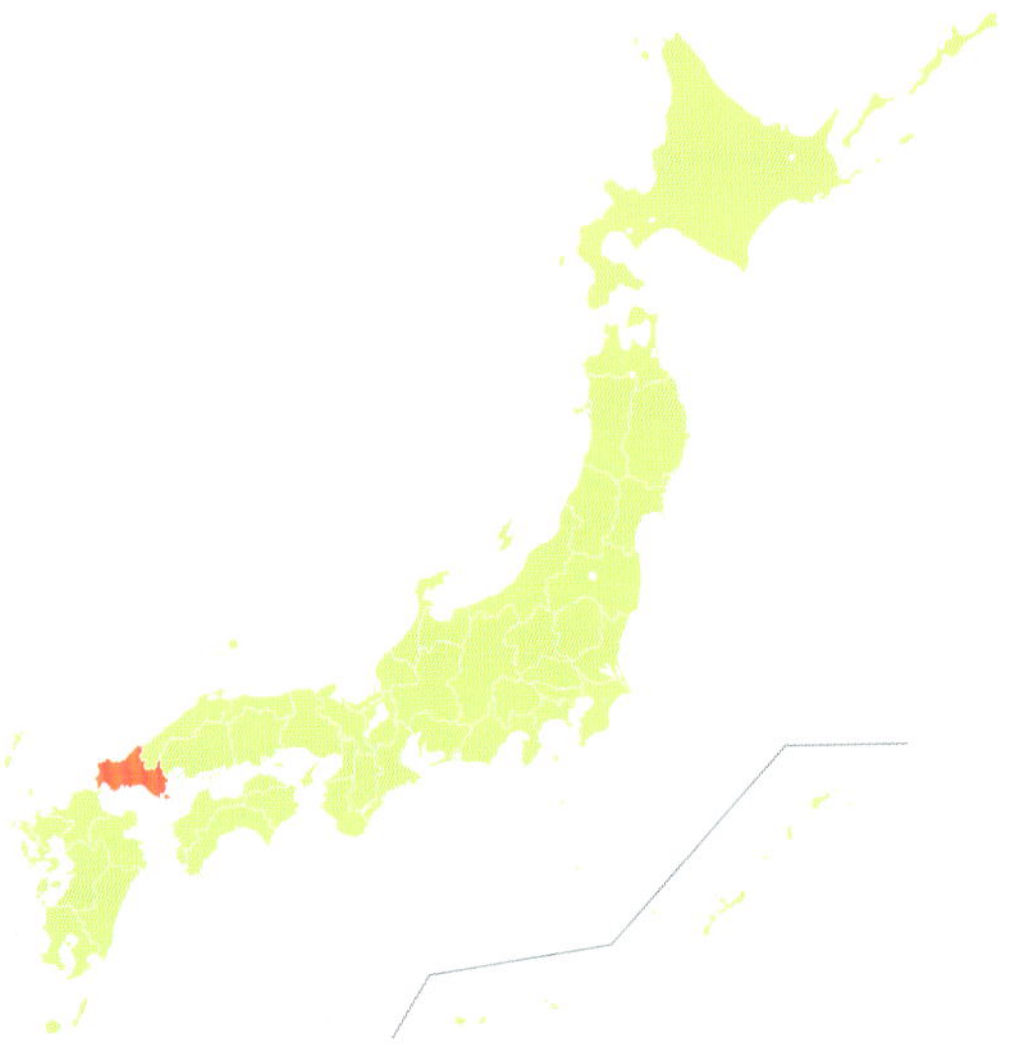

方言が話されている地域

●周防《すおう》方言

岩国市《いわくにし》や山口市《やまぐちし》など、県東部から中部にかけて話されている。県東部には屋代島《やしろじま》をはじめ、多くの島がある。岩国市《いわくにし》は東で接《せっ》する広島県との結《むす》びつきが強い地域《ちいき》。山口《やまぐち》市《し》は室町《むろまち》時代に、大内家《おおうちけ》によって京都にならって町がつくられた。

●長門《ながと》方言

萩市《はぎし》や下関市《しものせきし》など、県の西部で話されている。萩市《はぎし》は江戸《えど》時代、長州藩《ちょうしゅうはん》の藩主《はんしゅ》となった毛利家《もうりけ》の城下町《じょうかまち》として発展《はってん》した。吉田松陰《よしだしょういん》や木戸孝允《きどたかよし》、高杉晋作《たかすぎしんさく》など、江《え》戸《ど》時代から明治《めいじ》時代にかけて活躍《かつやく》した教育者や政治家《せいじか》の出身地。下関市《しものせきし》は、ふぐの水あげで有名。関門海峡《かんもんかいきょう》をはさんで福岡県《ふくおかけん》北九州市と向かい合っている。

萩市《はぎし》などでつくられている焼《や》き物《もの》、萩《はぎ》焼《やき》。江戸《えど》時代初《しょ》期《き》に、長州藩《ちょうしゅうはん》の藩主《はんしゅ》が朝鮮《ちょうせん》半島出身の職人《しょくにん》に茶道で使う茶碗《ちゃわん》などを焼《や》かせたのがはじまり。

岩国市《いわくにし》にある錦帯《きんたい》橋《きょう》は、アーチが五つ連《つら》なる木造《もくぞう》の橋。江戸《えど》時代初期《しょき》につくられ、流出のたびに再建《さいけん》されてきた。

と「は行」の区《く》別《べつ》もあいまいで、「先生」を「へんへー」、「七人」を「ひちにん」と発音することがあります。

あちー！
（熱《あつ》い！）

下関市《しものせきし》の郷土料理《きょうどりょうり》、瓦《かわら》そば。熱《ねっ》したかわら（瓦）の上にゆでた茶そばや牛肉、錦糸卵《きんしたまご》などがのせて出される。

アクセントの特徴 →P.13

県全域《ぜんいき》で、東京式アクセントです。

文法の特徴

「おはよーあります」のように、ていねいな「ございます」という表現《ひょうげん》を「あります」と言います。これは「～だよね」、「～だよ」というよびかけや強調をあらわします。強調や念押《ねんお》しをするときには「いね」や「いや」、「いの」も使います。たとえば「それいね。」は「そうだよね。」という意味です。

「ほ」や「そ」を、問いかけや命令《めいれい》などをあらわす共通語《きょうつうご》の「の」のかわりに使います。「どこいくほ。（どこに行くの。）」、「学校、休みじゃったそ。（学校、休みだったの。）」のように言います。周防《すおう》方言ではおもに「そ」を、長門《ながと》方言ではおもに「ほ」を使います。

ことばの例

けつれー！
（けれー！）

けつる
山口県
広島県・愛媛県

意味 ける。

さでこむ
山口県
中国四国地方・大分県など

意味 放りこむ。かき集める。

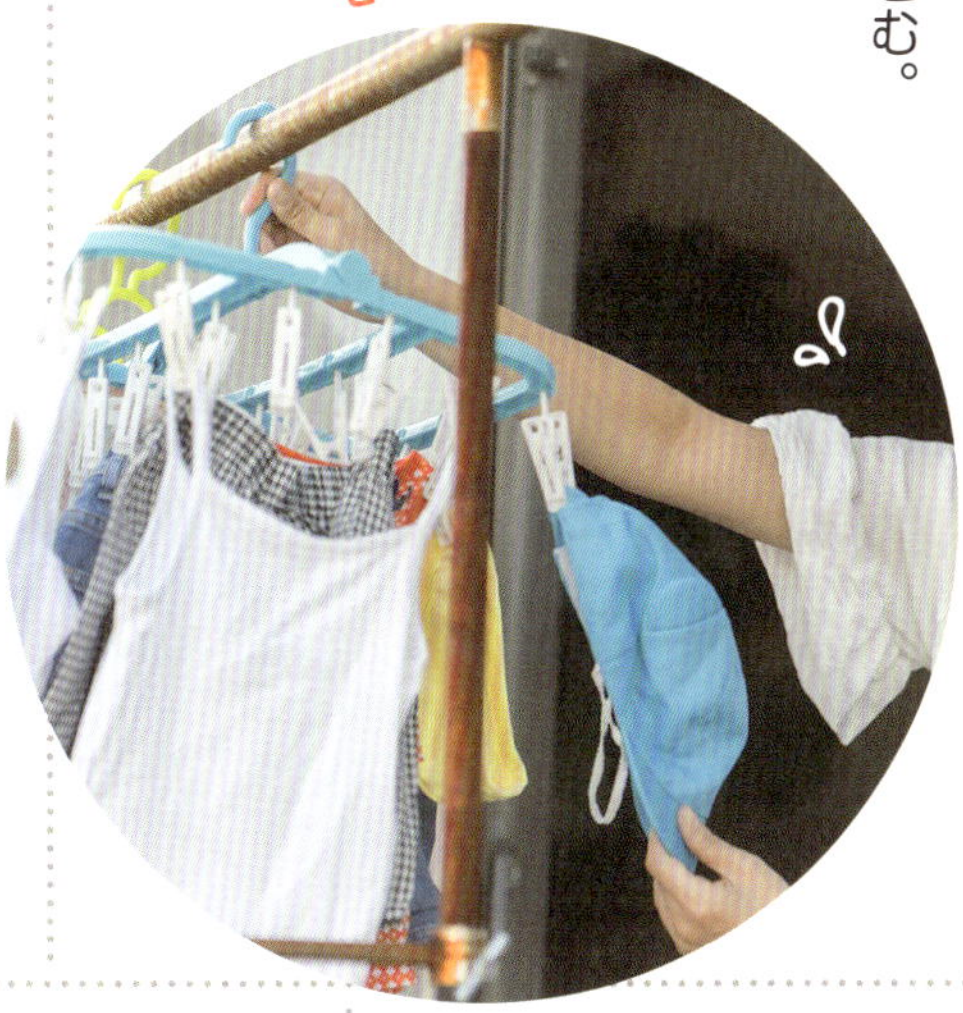
はよ、洗濯物《せんたくもの》さでこみー。
（早く、洗濯物《せんたくもの》を取りこんで。）

しあわせます
山口県

意味 幸いです。ありがたいです。うれしいです。

解説 「うまくいく」という意味の「幸せる」という方言から生まれたことば。山口県では、公的《こうてき》な文章やスピーチなどでも使われている。

例文 ご確認《かくにん》いただけますと幸せます。（ご確認《かくにん》いただけますと幸いです。）

せんない
山口県
中国地方

意味 つらい。苦しい。めんどうな。

解説 「なにかをしても、報《むく》いられない」ことをあらわす「詮《せん》ない」が変化《へんか》したことば。

宿題、せんないわー。
（宿題、めんどうだなあ。）

ぶち
山口県
広島県・岡山県

意味 とても。

解説 山口県には、「とても」をあらわすことばが多く、「ぶち」のほかにも「ぶり」、「ばり」、「ばち」などがある。

例文 ぶち暑いっちゃねー。（とても暑いね。）

ローマ
山口県
滋賀県・島根県・福岡県

意味 大葉春菊《おおばしゅんぎく》。

解説 春菊《しゅんぎく》は地中海沿岸《ちちゅうかいえんがん》が原産《げんさん》とされる野菜《やさい》。大《おお》葉春菊《ばしゅんぎく》は中国地方や北九州を中心に栽培《さいばい》されている春菊《しゅんぎく》の一種で、地中海《ちちゅうかい》にあるイタリアの首都ローマの地名から名づけられたとも言われる。

イタリアのローマにあるコロッセオ。

大葉春菊《おおばしゅんぎく》。

ローマ、食べりーね。
（大葉春菊《おおばしゅんぎく》、食べなさいね。）

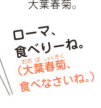

徳島県

県内の主な方言

徳島県《とくしまけん》の方言は、大きく三つに分けられます。県北部で話されている北方《きたがた》方言と、南部で話されている南方《みなみがた》方言、中部にある剣山周辺《つるぎさんしゅうへん》の山間部で話されている山分《さんぶん》方言です。

県北部では北で接《せっ》する香川県《かがわけん》の、南部の沿岸《えんがん》では海をはさんで向かい合う近畿《きんき》地方の方言の影響《えいきょう》がみられます。また、山分《さんぶん》方言には、日本語の古いことばや文法《ぶんぽう》などが残《のこ》っています。

発音の特徴

徳島県《とくしまけん》では「さ行」と「は行」の区別《くべつ》があいまいです。たとえば「それから」は「ほれから」と発音されます。

「背中《せなか》」を「しぇなか」と発音するなど、「せ」を「しぇ」、「ぜ」を「じぇ」と発音することがあります。これは、古い日本語の発音が残《のこ》ったものだと言われています。また、「火事」などの「か」を「くゎ」、「元日《がんじつ》」などの「が」を「ぐゎ」と発音することもあります。

鳴門市《なるとし》と兵庫県《ひょうごけん》の淡路島《あわじしま》のあいだにある鳴門海峡《なるとかいきょう》では、海面にできる大きなうずまき、うずしおが見られる。

藍染《あいぞ》めの布《ぬの》。徳島県《とくしまけん》では、江戸《えど》時代に徳島藩《とくしまはん》によって藍《あい》の生産《せいさん》と藍染《あいぞ》めがすすめられたことから、現在《げんざい》でも藍染《あいぞ》めがさかん。

徳島県《とくしまけん》の特産品《とくさんひん》、すだち。神山町《かみやまちょう》や徳島市《とくしまし》、阿南市《あなんし》などがおもな産地《さんち》。

方言が話されている地域

南方方言《みなみがた》

阿南市《あなんし》や美波町《みなみちょう》などの県南部で話されている。那賀川《なかがわ》の河口《かこう》がある阿南市《あなんし》では、工業がさかん。太平洋に面した美波町《みなみちょう》には、毎年五月から八月にかけてアカウミガメが産卵《さんらん》に訪《おとず》れる大浜《おおはま》海岸がある。

山分《さんぶん》方言

三好《みよし》市の南部や那賀町《なかちょう》の西部など、剣山周辺《つるぎさんしゅうへん》の山間部で話されている。一九五五メートルの剣《つるぎ》山《さん》は県の最高《さいこう》峰《ぼう》。三好《みよし》市には大歩危《おおぼけ》・小歩《こぼ》危《け》とよばれるけわしい峡《きょう》谷《こく》がある。

三好市《みよしし》の大歩危《おおぼけ》。吉野《よしの》川《がわ》によってつくられた峡谷《きょうこく》で、桜《さくら》や紅葉《こうよう》の名所としても知られる。

北方《きたがた》方言

徳島市《とくしまし》や鳴門市《なるとし》、三好市《みよしし》の北西部など、県北部で話されている。徳島市《とくしまし》は、江戸《えど》時代に阿波国《あわのくに》(現在《げんざい》の徳島県《とくしまけん》)をおさめた徳島藩《とくしまはん》の城下町《じょうかまち》として栄《さか》えた地域《ちいき》。四百年以上《いじょう》の歴史《れきし》をもつとされる阿波踊《あわおど》りで知られる。鳴門市《なるとし》には四国遍路《しこくへんろ》*の出発点である第一番札所《ふだしょ》、霊山寺《りょうぜんじ》がある。

＊四国遍路《しこくへんろ》…四国地方に88か所ある、弘法大師《こうぼうだいし》(空海《くうかい》、真言宗《しんごんしゅう》という仏教《ぶっきょう》の宗派《しゅうは》を開いた僧《そう》)にゆかりのある霊場《れいじょう》(寺)を参拝《さんぱい》してまわること。霊場《れいじょう》は「札所《ふだしょ》」とよばれる。

アクセントの特徴 ↓P.13

県内の大部分の地域《ちいき》で、京阪式《けいはんしき》アクセントです。

文法の特徴

疑問《ぎもん》をあらわす「で」がよく使われます。たとえば「私《わたし》の辞書《じしょ》知らんで?」は「私《わたし》の辞書《じしょ》(どこか)知らない?」という意味です。「あるでないで。(あるではないか。)」、「ないでないで。(ないではないか。)」という使い方もします。

断定《だんてい》する「〜だ」はおもに「じゃ」や「や」が使われますが、「友だちと遊園地に行くんじょ。(友だちと遊園地に行くんだ。)」のように「じょ」を使うこともあります。

なにかを禁止《きんし》するときには、「泳がれん。(泳いではいけない。)」、「入られん。(入ってはいけない。)」のように動詞《どうし》に「れん」や「られん」をつけてあらわします。

背中《せなか》にあるでないで。
(背中《せなか》にあるではないか。)

ことばの例

いっこも
徳島県
長野県・和歌山県・中国地方など

意味 すこしも。まったく。

解説 「まったく」を意味する「一向に」が変化《へんか》したことばだと考えられている。

えっとぶり
徳島県

意味 ひさしぶり。

えっとぶりー!
(ひさしぶりー!)
ほんにえっとぶりやね。
(本当にひさしぶりだね。)

きゃっきゃがくる
徳島県
香川県

意味 いらいらする。腹《はら》が立つ。

渋滞《じゅうたい》で車がいっこも動かん……。きゃっきゃがくるわー。
(渋滞《じゅうたい》で車がすこしも動かない……。いらいらするなあ。)

こまい
徳島県
北海道・西日本各地

意味 小さい。

解説 「こんまい」とも言う。

せこい
徳島県
岡山県・四国地方

意味 苦しい。つらい。しんどい。

階段《かいだん》のぼるん、せこいわー。
(階段《かいだん》をのぼるのが、つらいよー。)

太龍寺《たいりゅうじ》の階段《かいだん》をのぼるお遍路《へんろ》の人々《ひとびと》。徳島県《とくしまけん》阿南《あなん》市にある太龍寺《たいりゅうじ》は四国遍路《しこくへんろ》の霊場《れいじょう》のひとつで、標高《ひょうこう》約600メートルの太竜寺山《たいりゅうじさん》の山頂付近《さんちょうふきん》にある。

どちらいか
徳島県
香川県

意味 こちらこそ。とんでもない。どういたしまして。

解説 謙遜《けんそん》の気持ちから、相手のことばをていねいに打ち消して返す、あいさつのことば。

どちらいかお願《ねが》いします。
(こちらこそお願《ねが》いします。)

香川県

県内の主な方言

香川県《かがわけん》の方言は、大きく三つに分けられます。県東部で話されている東讃《とうさん》方言と、西部で話されている西讃《せいさん》方言、小豆島《しょうどしま》などの島しょ部で話されている島しょ部方言です。

香川県《かがわけん》本土は昔から讃岐国《さぬきのくに》とよばれるひとつの国でしたが、江戸《えど》時代には県東部を高松藩《たかまつはん》が、西部を丸亀藩《まるがめはん》が支配《しはい》していました。二つの藩《はん》の境《さかい》だった土器川《どきがわ》が、東讃《とうさん》方言と西讃《せいさん》方言の境《さかい》になっています。

古くから近畿《きんき》地方との行き来がさかんだったことから、近畿《きんき》地方の方言と多くの共通点《きょうつうてん》がみられます。小豆島《しょうどしま》は、より距離《きょり》が近いことから、近畿《きんき》地方や中国地方の影《えい》響《きょう》を強く受けているとされます。

発音の特徴

ことばにつまる「っ」やはねる「ん」の音がよく入ります。たとえば「おもっしょい（おもしろい）」、「にんぎゃか（にぎやか）」のように言います。

小豆島《しょうどしま》でのそうめんづくり。小豆島《しょうどしま》には、400年ほど前に現在《げんざい》の奈良県《ならけん》からそうめんづくりの技術《ぎじゅつ》が伝《つた》わった。

方言が話されている地域

東讃《とうさん》方言

高松市《たかまつし》やさぬき市などの県東部で話されている。県東部は江戸《えど》時代に高《たか》松藩《まつはん》がおさめた地域《ちいき》。その城下町《じょうかまち》として発展《はってん》した高松市《たかまつし》には、高松藩《たかまつはん》ゆかりの公園や寺社がある。

島しょ部方言

小豆島《しょうどしま》をはじめとした、瀬戸内海《せとないかい》の島々《しまじま》で話されている。小豆島《しょうどしま》は瀬戸内海《せとないかい》で淡路島《あわじしま》の次に大きな島で、そうめんやしょうゆ、オリーブなどの産地《さんち》として知られる。

西讃《せいさん》方言

丸亀市《まるがめし》や善通寺市《ぜんつうじし》、琴平町《ことひらちょう》などの県西部で話されている。県西部は江戸《えど》時代に丸亀藩《まるがめはん》がおさめた地域《ちいき》で、丸亀市《まるがめし》はその中心地だった。善通寺市《ぜんつうじし》にある総本山善通寺《そうほんざんぜんつうじ》は、真言宗《しんごんしゅう》という仏教《ぶっきょう》の宗派《しゅうは》を開いた弘法大師《こうぼうだいし》（空海《くうかい》）の生誕地《せいたんち》。琴平町《ことひらちょう》には江戸《えど》時代以降《こう》、「金毘羅参り《こんぴらまいり》」として全国から参拝者《さんぱいしゃ》が訪《おとず》れる金刀比羅宮《ことひらぐう》がある。

丸亀市《まるがめし》などに伝《つた》わる伝統工芸品《でんとうこうげいひん》、丸亀《まるがめ》うちわ。江戸《えど》時代初期《しょき》に、金毘羅参《こんぴらまい》りのみやげものとしてつくられたのがはじまりといい、丸亀藩《まるがめはん》の下級武士《ぶし》の内職《ないしょく》としてさかんに生産《せいさん》された。

総本山善通寺《そうほんざんぜんつうじ》。四国遍路《しこくへんろ》*の第75番札所《ふだしょ》でもある。

高松市《たかまつし》にある栗林公園《りつりんこうえん》。江戸《えど》時代に高松藩《たかまつはん》の歴代藩主《れきだいはんしゅ》によって整備《せいび》された。

＊四国遍路《しこくへんろ》…四国地方に88か所ある、弘法大師《こうぼうだいし》（空海《くうかい》、真言宗《しんごんしゅう》という仏教《ぶっきょう》の宗派《しゅうは》を開いた僧《そう》）にゆかりのある霊場《れいじょう》（寺）を参拝《さんぱい》してまわること。霊場《れいじょう》は「札所《ふだしょ》」とよばれる。

アクセントの特徴

↓P.13

県全域《ぜんいき》が京阪式《けいはんしき》アクセントに分けられますが、「讃岐式《さぬきしき》アクセント」とよばれる独特《どくとく》なアクセントが使われています。たとえば「犬」や「山」は高低《こうてい》をつけず、平らなアクセントで発音されます。

島しょ部ではめずらしいアクセントが使われていることも多く、県西部の伊吹島《いぶきじま》には、平安時代の京都のアクセントが残《のこ》っているとされます。

やま

丸亀市《まるがめし》と坂出市《さかいでし》の境《さかい》にそびえる飯野山《いいのやま》。おむすびのような形をしており、「讃岐富士《さぬきふじ》」とよばれて親しまれている。

文法の特徴

文章の最後《さいご》によく「なー」や「のー」をつけます。また、ていねいに命令《めいれい》する「～しなさい」を「～まい」と言います。「はよ来まい。（早く来なさい。）」のように使います。

「～してください」という言い方は、方言によって異《こと》なります。東讃《とうさん》方言では「いた」、中讃《ちゅうさん》方言や西讃《せいさん》方言では「つか」と言います。たとえば「うどんいた。」は「うどんをください。」という意味です。おもに親しい人に対して使います。

「～だから」と理由をしめす表現《ひょうげん》は、香川県《かがわけん》本土では四国地方で広く使われる「～けん」、「～きん」ですが、小豆島《しょうどしま》では「～から」や「～せに」が使われます。

ことばの例

うまげな
香川県

意味 立派《りっぱ》な。感じがよい。すばらしい。

例文 そのワンピース、うまげなのー。（そのワンピース、いい感じだね。）

おなかがおきる
香川県 徳島県

意味 満腹《まんぷく》になる。

うどんでおなかおきたわ。
（うどんでおなかいっぱいになったよ。）

香川県《かがわけん》では讃岐《さぬき》うどんとよばれる、太くてこしのあるうどんが広く食べられており、全国で飛《と》びぬけてうどんの消費量《しょうひりょう》が多い。

おとっちゃま
香川県

意味 こわがり。おくびょうな人。

おとっちゃまやのー。
（こわがりだねえ。）

じょんならん
香川県

意味 どうにもならない。手に負えない。

解説 「自由にならん（ならない）」ということばが変化《へんか》したもの。

例文 毎日暑くて、じょんならんわー。（毎日暑くて、どうにもならないよ。）

ひにしる
香川県 中部地方・四国地方など

意味 つねる。

解説 指でつねる場合に使う。つめの先でねじるのは「ちみきる」と言う。

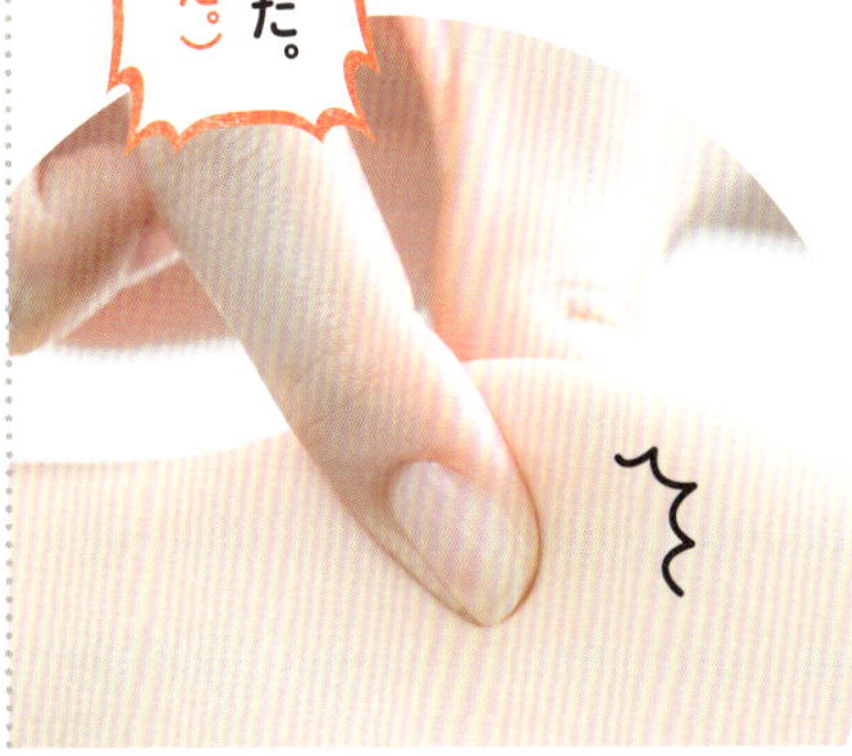
腕《うで》をひにしられた。
（うでをつねられた。）

まんでがん
香川県

意味 すべて。残《のこ》らず。

解説 「まんで」は「すべて」をあらわす「丸で」が変化《へんか》したもので、「がん」は「～くらい」、「～だけ」という意味。

まんでがん、いた！
（ぜんぶ、ください！）

愛媛県

県内の主な方言

愛媛県《えひめけん》は昔、伊予国《いよのくに》とよばれていました。方言は県東部で話されている東予《とうよ》方言、中部で話されている中予《ちゅうよ》方言、南部で話されている南予《なんよ》方言の三つに分けることができます。瀬戸内海《せとないかい》の島々《しまじま》の方言を、別《べつ》の方言として分けることもあります。

県東部は東で接《せっ》する香川県《かがわけん》と、南部は南で接《せっ》する高知県と、それぞれ方言に共通点《きょうつうてん》がみられます。また、瀬戸内海《せとないかい》の島々《しまじま》の方言は、広島県の方言と同じ特徴《とくちょう》があります。

発音の特徴

愛媛県《えひめけん》では「を」を「うぉ」と発音し、「お」と区別《くべつ》しています。

アクセントの特徴

↓P.13

東予《とうよ》方言と中予《ちゅうよ》方言は京阪式《けいはんしき》アクセントです。南予《なんよ》方言を話す地域《ちいき》のうち、大洲《おおず》市周辺《ししゅうへん》では無型《むけい》アクセントが、八幡浜《やわたはま》市周辺《ししゅうへん》では京阪式《けいはんしき》アクセントが、宇和島《うわじま》市周辺《ししゅうへん》では東京式アクセントが使われています。そのため同じ「橋」でも、地域《ちいき》によって異《こと》なるアクセントで発音されます。

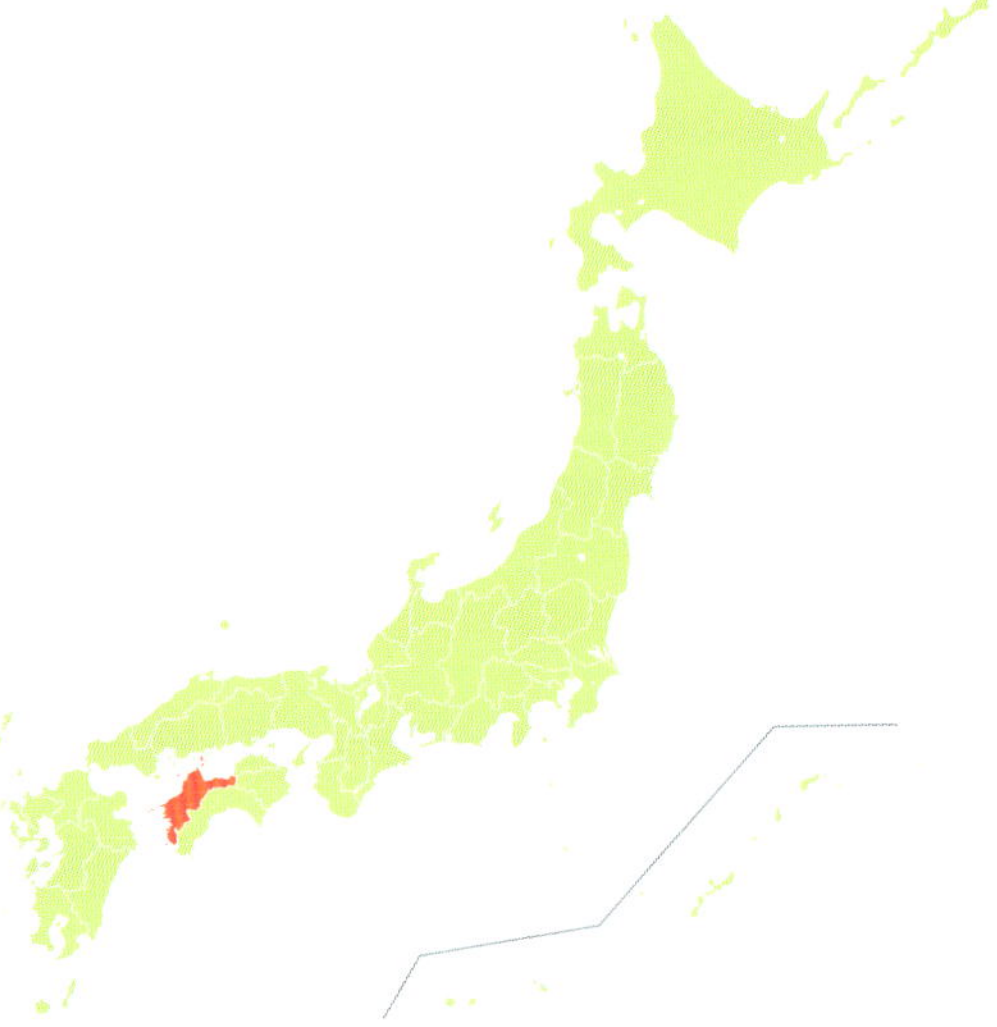

方言が話されている地域

中予《ちゅうよ》方言

松山市《まつやまし》や伊予市《いよし》などの県中部で話されている。松山市《まつやまし》は江戸《えど》時代に松山城《まつやまじょう》の城下町《じょうかまち》として栄《さか》えた地域《ちいき》で、日本最古《さいこ》の温泉《おんせん》のひとつとされる道後温泉《どうごおんせん》がある。夏目漱石《なつめそうせき》の小説《しょうせつ》『坊《ぼ》っちゃん』の舞台《ぶたい》としても有名。

道後温泉《どうごおんせん》のシンボルである共同浴場《きょうどうよくじょう》、道後《どうご》温泉《おんせん》本館。夏目漱石《なつめそうせき》も利用《りよう》したとされる。

東予《とうよ》方言

今治市《いまばりし》や新居浜市《にいはまし》などの県東部で話されている。今治市《いまばりし》は江戸《えど》時代に今《いま》治城《ばりじょう》の城下町《じょうかまち》として栄《さか》え、当時発展《はってん》した塩《しお》づくりや造船業《ぞうせんぎょう》が現在《げんざい》もさかん。今治市《いまばりし》の能島《のしま》と来島《くるしま》は、室町《むろまち》時代に瀬戸内海《せとないかい》で活躍《かつやく》した武士《ぶし》の集《しゅう》団《だん》、「村上水軍《むらかみすいぐん》(村上海賊《むらかみかいぞく》)」の拠点《きょてん》だった。新居浜市《にいはまし》は江戸《えど》時代以降《いこう》、別子《べっし》銅山《どうざん》での銅《どう》の採掘《さいくつ》で栄《さか》えた地域《ちいき》。

宇和海《うわかい》をのぞむ八幡浜市《やわたはまし》のみかん畑。

南予《なんよ》方言

大洲《おおず》市《し》や宇和島《うわじま》市、八幡浜《やわたはま》市《し》など、県南部で話されている。県南部では、年間を通してあたたかい気候《きこう》をいかしたみかんの栽培《さいばい》がさかん。宇和島《うわじま》市《し》には、江戸《えど》時代に築《きず》かれた宇和島《うわじま》城《じょう》の天守が残《のこ》る。

今治市《いまばりし》の造船所《ぞうせんじょ》。

東予方言《とうよ》・中予方言《ちゅうよ》
八幡浜市周辺《やわたはまししゅうへん》（南予方言《なんよ》）
はし

大洲市周辺《おおずししゅうへん》
（南予方言《なんよ》）
はし
はし
はし

宇和島市周辺《うわじまししゅうへん》
（南予方言《なんよ》）
はし

広島県尾道市《おのみちし》と愛媛県今治市《えひめけんいまばりし》をむすぶしまなみ海道《かいどう》には、多くの橋がかけられている。写真は今治市《いまばりし》本土と大島をつなぐ来島海峡《くるしまかいきょう》第二大橋。

文法の特徴

「〜よ」、「〜んよ」、「〜なんよ」をよく文章の最後《さいご》につけます。これらは「〜だよ」にあたります。また、「〜してはいけない」と禁止《きんし》するときには、動詞《どうし》のあとに「れん」や「られん」をつけます。たとえば「捨《す》てられん」は「捨《す》ててはいけない」という意味です。

東予方言《とうよ》や中予方言《ちゅうよ》では「ください」は「つかーさい」と言い、「取ってつかーさい。（取ってください。）」のように使います。南予方言《なんよ》では「取ってやんなはい。」のように「やんなはい」と言います。

ことばの例

いってこーわい　愛媛県

意味 行ってきます。

解説 「帰ります」や「さようなら」を意味する「いんでこーわい」もよく使われる。

いってこーわい！
（行ってきます！）

いでらしい　愛媛県

意味 長持ちしている。持ちがよい。

そのえんぴつ、まだ使いよんかな。いでらしいなー。
（そのえんぴつ、まだ使っているの。物持ちがいいねえ。）

かやる　愛媛県　中部地方・中国四国地方など

意味 ひっくり返る。倒《たお》れる。こぼれる。

解説 「帰る」や「反る」が変化《へんか》したことば。

例文 静《しず》かに持て行かんと、みそ汁《しる》がかやるよ。（静《しず》かに持って行かないと、みそ汁《しる》がこぼれるよ。）

そーたいぶり　愛媛県南部

意味 ひさしぶり。

解説 「そーたい」は「長い間」という意味。

そーたいぶりー！
（ひさしぶりー！）

愛媛県産《えひめけんさん》の真鯛《まだい》。愛媛県《えひめけん》の真鯛《まだい》の生産量《せいさんりょう》は全国１位《い》で、県の魚にもなっている。

たごる　愛媛県　中国四国地方・福岡県など

意味 せきをする。

解説 「吐《は》く」の古い表現《ひょうげん》が変化《へんか》したことば。

たごるのー。どしたん？
（せきがでるね。どうしたの？）

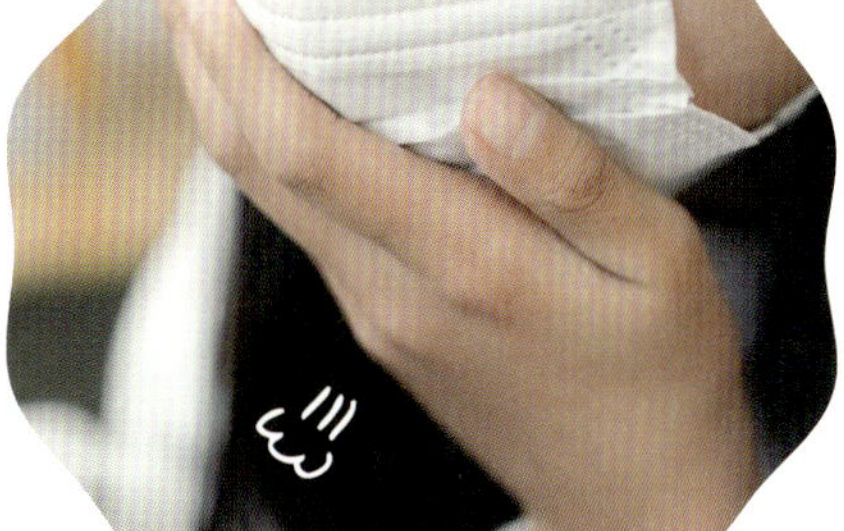

まがる　愛媛県　山口県・香川県

意味 さわる。あたる。

例文 それにまがられんよ。（それにさわっちゃだめだよ。）

高知県

県内の主な方言

高知県の方言は、県の東部から中部にかけて話されている高知方言と、県の西部で話されている幡《は》多《た》方言の二つに分けることができます。

二つの方言の大きなちがいはアクセントです。幡《は》多《た》方言には、北の愛媛県《えひめけん》の宇和島《うわじま》方言（↓P.108）との共通点《きょうつうてん》がみられます。

（↓P.108）

発音の特徴

「じ」と「ぢ」、「ず」と「づ」は共通語《きょうつうご》では区別《くべつ》しないで発音しますが、高知県では「ぢ」を「でぃ」、「づ」を「でゅ」と発音し、区別《くべつ》があります。これは平安時代の発音のしかたが残《のこ》ったものだとされます。

「し」が「い」になることがあり、「どうした」は「どういた」と発音されます。

どういた?
（どうした?）

アクセントの特徴

↓P.13

高知方言はおおむね京阪式《けいはんしき》アクセント、幡《は》多《た》方言は東京式アクセントです。

高知県で水あげされたかつお。高知県のかつおの年間消費量《しょうひりょう》は全国有数で、県の魚にもなっている。

方言が話されている地域

●幡《は》多《た》方言

土《と》佐《さ》清《し》水《みず》市《し》や四《し》万《まん》十《と》市《し》など、西部の幡《は》多《た》地域《ちいき》で話されている。西部を流れる四《し》万《まん》十《と》川《がわ》は、四国地方でもっとも長い川で、「最《さい》後《ご》の清流《せいりゅう》」として知られる。土《と》佐《さ》清《し》水《みず》市《し》はかつおの水あげで有名。

●高知方言

高知市や安芸《あき》市《し》など、県の東部から中部にかけて話されている。中部の高知平野にある高知市《こうちし》は、江《え》戸《ど》時代に高知県を支配《しはい》した土佐藩《とさはん》の城下町《じょうかまち》として発展《はってん》した。江《え》戸《ど》時代末期《まっき》から明治《めいじ》時代にかけて活躍《かつやく》した坂本龍馬《さかもとりょうま》や板垣退助《いたがきたいすけ》らの出身地として知られる。東部は山地で、林業やゆずの栽培《さいばい》などがさかん。

高知県東部の特産品《とくさんひん》、ゆず。

高知市で毎年８月に開かれる「よさこい祭《まつ》り」。鳴子《なるこ》という楽《がっ》器《き》を鳴らしながら、「よさこい鳴子踊《なるこおど》り」という音楽に合わせておどる。

高知市の桂浜公園《かつらはまこうえん》にある坂本龍馬像《さかもとりょうまぞう》。

声に出してみよう!!

［高知市《こうちし》］

雨　あめ

歌う　うたう

高い　たかい

文法の特徴

文章の終わりによく「がや」や「ぞね」、「ちや」をつけます。いずれも「〜だよ」、「〜だね」という意味です。たとえば「そうながや。（そんなんだね。）」のように言います。また、「もの」や「こと」にあたる「の」を「が」と言います。「赤いがが好《す》きや。」は「赤いのが好《す》きだ。」という意味です。

なにかを禁止《きんし》するときには、「行かれん（行ってはいけない）」、「せられん（してはいけない）」のように動詞《どうし》に「れん」や「られん」をつけます。これは徳島県《とくしまけん》や愛媛県《えひめけん》と同じ特徴《とくちょう》です。

理由をしめす「〜から」は、高知方言は「〜き」、幡多《はた》方言は「〜けん」、「〜けに」であらわします。

共通語
雨が降《ふ》っているから
高知方言
雨が降《ふ》りゆうき
幡多方言
雨が降《ふ》りようけん

ことばの例

高知県の郷土《きょうど》料理《りょうり》、かつおのたたき。かつおを直火であぶって厚《あつ》めに切り、塩《しお》をふったあと、たたいて味をなじませる。

こじゃんと

高知県　島根県・香川県

意味　見事に。すごく。たくさん。きちんと。

これ食べてみいや。こじゃんとうまいき!
（これを食べてみてよ。すごくおいしいから!）

たまるか

高知県

意味　おや。まあ。申し訳《わけ》ない。ありがとう。

解説　「たまらない」がもとになったことば。おどろいたときに、思わず口にする。また、「そんなに親切にしてもらっては、たまらない」という気持ちをこめて、感謝《かんしゃ》を伝《つた》えるときにも使う。

のーがわるい

高知県　徳島県

意味　道具などの調子が悪い。具合が悪い。

解説　「のー」は能力《のうりょく》の「能《のう》」で、人にも物にも言う。

朝からのーがわるい……。
（朝から調子が悪い……。）

ふとる

高知県　北陸地方・広島県・四国地方・熊本県など

意味　成長《せいちょう》する。大きくなる。

例文　いつのまにかふとったねー。（いつのまにか成長《せいちょう》したね。）

へんしも

高知県

意味　急いで。すぐに。

解説　「ほんのすこしの間」を意味する「片《かた》時《とき》も」が変化《へんか》したことば。「ざんじ」ということばも使われる。

へんしも来てやー。
（早く来てよね。）

ごめんちや! ざんじ行くきね!
（ごめんね! すぐに行くからね!）

りぐる

高知県

意味　念《ねん》を入れてする。こだわる。理屈《りくつ》を言う。

高知市や安芸市《あきし》などでつくられている伝統工芸《でんとうこうげい》品《ひん》、土佐打刃物《とさうちはもの》。森林が多い高知県では、古くから林業などに使う刃物《はもの》がさかんにつくられていた。江戸《えど》時代に土佐藩《とさはん》のもとで技術《ぎじゅつ》がみがかれ、現在《げんざい》もさまざまな刃物《はもの》がつくられている。

この包丁《ほうちょう》、まっこと りぐっちゅうねー。
（この包丁《ほうちょう》、本当にこだわってつくっているねえ。）

写真提供：西村卓

福岡県

県内の主な方言

福岡県《ふくおかけん》の方言は、それぞれ県東部、西部、南部で話されている東部方言、西部方言、南部方言の三つに分けられます。

東部方言は大分県《おおいたけん》、宮崎県《みやざきけん》の方言と同じ特徴《とくちょう》をもち、まとめて「豊日方言《ほうにちほうげん》」とよばれます。豊日方《ほうにち》言には、中国四国地方の方言との共通点《きょうつうてん》もみられます。一方、西部方言と南部方言は佐賀県《さがけん》、長崎県《ながさきけん》、熊本県《くまもとけん》と同じ特徴《とくちょう》をもち、まとめて「肥筑方言《ひちくほうげん》」とよばれます。

発音の特徴

北九州市周辺《きたきゅうしゅうししゅうへん》や糸島市《いとしまし》などをのぞく、大部分の地域《ちいき》で「せ」を「しぇ」、「ぜ」を「じぇ」と発音します。たとえば「先生」は「しぇんしぇー」になります。これは古い日本語の発音が残《のこ》ったものだと言われており、九州地方で広くみられる特徴《とくちょう》です。

毎年5月に福岡市博多区《ふくおかしはかたく》でおこなわれる博多《はかた》どんたく。800年以上《いじょう》の歴史《れきし》をもつとされる祭りで、仮装《かそう》した人々《ひとびと》がしゃもじを打ち鳴らしながらまちをねり歩き、おどりをひろうする。

写真提供：福岡市民の祭り振興会

方言が話されている地域

東部方言

北九州市《きたきゅうしゅうし》などの県東部で話されている。九州の北端《ほくたん》にあたる北九州市《きたきゅうしゅうし》は、関門海峡《かんもんかいきょう》をはさんで山口県下関市《しものせきし》と向かい合っており、古くから交通の要所《ようしょ》だった。明治《めいじ》時代に日本で最初《さいしょ》の近代的《きんだいてき》な製鉄所《せいてつじょ》、「官営八幡製鉄所《かんえいやはたせいてつじょ》」がつくられ、現在《げんざい》にいたるまで工業がさかんな地域《ちいき》。

西部方言

福岡市《ふくおかし》や太宰府市《だざいふし》など、県西部で話されている。福岡市《ふくおかし》は九州地方を代表する都市で、江戸《えど》時代に筑《ち》前国《ぜんのくに》（現在《げんざい》の福岡県《ふくおかけん》の大部分）をおさめた福岡藩《ふくおかはん》の城下町《じょうかまち》として発展《はってん》した。市内の博多区《はかたく》は室町《むろまち》時代から商業のまちとして栄《さか》え、歴史《れきし》ある祭りや伝統《でんとう》工芸《こうげい》が受けつがれている。

福岡市博多区《ふくおかしはかたく》を中心につくられている伝統工芸品《でんとうこうげいひん》、博多人形《はかたにんぎょう》。江戸《えど》時代初期《しょき》からの歴史をもつ。

写真提供：福岡県観光連盟

南部方言

久留米市《くるめし》や柳川市《やながわし》など、県南部で話されている。久留米市《くるめし》も柳川《やながわ》市《し》も、それぞれ江戸《えど》時代に城下町《じょうかまち》として栄《さか》えた地域《ちいき》。久留米市《くるめし》は久留米絣《くるめがすり》という江戸《えど》時代に生まれた綿織物《めんおりもの》で知られる。柳川市《やながわし》には「掘割《ほりわり》」とよばれる古くからの水路が残《のこ》る。

柳川市《やながわし》の掘割《ほりわり》。約《やく》2000年の歴史《れきし》があると言われ、現在《げんざい》も農業用水として使われている。船で掘割《ほりわり》をめぐる川下りも人気。

北九州市《きたきゅうしゅうし》の門司区《もじく》にある、大正時代に建《た》てられた門司港駅《もじこうえき》の駅舎《えきしゃ》。門司区《もじく》は明治《めいじ》時代から昭和時代初期《しょき》にかけて、石炭などの輸出港《ゆしゅつこう》として栄《さか》えた地域《ちいき》。

写真提供：福岡県観光連盟

アクセントの特徴 ↓P.13

東部方言と西部方言は、東京式アクセントです。南部方言は無型《むけい》アクセントで、アクセントで「雨」と「飴《あめ》」を区別《くべつ》しません。

文法の特徴

西部方言や南部方言では、文章の終わりによく「ばい」や「たい」をつけます。どちらも「〜よ」、「〜だよ」という意味で、「ばい」は相手が知らないことを伝《つた》えるときなどに、「たい」は言いたいことを強調するときや、自分の意見を伝《つた》えるときなどに使います。

同じく西部方言と南部方言では、「暑い」を「暑か」、「赤い」を「赤か」と言うように、もののようすをあらわす形容詞《けいようし》の最後《さいご》にある「い」は「か」になります。

西部方言では「〜と」を疑問《ぎもん》や念押《ねんお》しをあらわす「〜の」という意味で使います。たとえば「取っとーと?（取ってあるの?）」のように言います。

からか!
（からい!）

福岡市博多《ふくおかしはかた》地区の名物、辛子《からし》明太子《めんたいこ》。塩漬《しおづ》けのたらこを、とうがらしなどで漬《つ》けたもの。朝《ちょう》鮮《せん》半島でつくられていた保存食《ほぞんしょく》をもとに、昭和時代に博多《はかた》地区でつくられたのがはじまり。

写真提供：福岡県観光連盟

ことばの例

ランドセルからって。
（ランドセル背負《せお》って。）

からう
福岡県
九州地方

意味 背負《せお》う。おんぶする。

解説 「かるう」とも言う。

来る
福岡県 西部・南部
富山県・岐阜県・九州地方

意味 行く。

解説 共通語《きょうつうご》では「相手が自分のところへ来る」ことをしめすが、福岡県《ふくおかけん》などでは、相手を基準《きじゅん》にして、「自分が相手のところへ来る」という意味でも使われる。

いつ来ると?
（いつ来るの?）

いまから来るけん!
（いまから行くよ!）

せからしか
福岡県 西部・南部
兵庫県・九州地方

意味 落ち着かない。うるさい。めんどうくさい。

解説 「せ」を「しぇ」と発音するため、「しぇからしか」になる。

例文 しぇからしか! 静《しず》かにしときぃ。（うるさいよ! 静《しず》かにしていなさい。）

なんかかる
福岡県 西部
九州地方

意味 寄《よ》りかかる。もたれかかる。

ばさらか
福岡県 南部

意味 とても。たくさん。ものすごく。

例文 「好《す》き勝《かつ》手《て》な、はでで常《じょう》識《しき》のないふるまい」を意味する「ばさら」から生まれたことば。「ばさら」はもともとインドの古いことばでダイヤモンドを意味する。

ばさらかうまか〜。
（とてもおいしい〜。）

福岡県《ふくおかけん》の郷《きょう》土料理《どりょうり》、がめ煮《に》。鶏肉《とりにく》と根菜《こんさい》、たけのこなどをいっしょに煮《に》たもの。「寄《よ》せ集《あつ》める」という意味の県西部の方言「がめりこむ」が名前の由来とされ、全国的《ぜんこくてき》には「筑前煮《ちくぜんに》」とよばれる。写真出典：農林水産省「うちの郷土料理」（画像提供：中村学園大学栄養科学部）

よか
福岡県

意味 よい。

解説 福岡県《ふくおかけん》の方言では、形容詞《けいようし》の終わりの「い」が「か」になるので、「よい」が「よか」になる。「よかよか」と二回つづけて言うことも多い。

よかよか。気にせんでよかよ!
（いいよいいよ。気にしないで!）

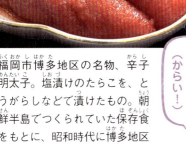

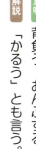

佐賀県

県内の主な方言

佐賀県《さがけん》は江戸《えど》時代、県東部から中南部を佐賀藩《さがはん》が、北西部を唐津藩《からつはん》がおもに支配《しはい》していました。また、東部の鳥栖市《とすし》の一部と基山町《きやまちょう》からなる基肄《きい》養父《やぶ》地区は、対馬《つしま》（長崎県《ながさきけん》）を拠点《きょてん》とした対馬藩《つしまはん》の領地《りょうち》でした。この江戸《えど》時代の藩《はん》の領地《りょうち》とほとんど同じように、県内の方言も佐賀《さが》方言と唐津《からつ》方言、基肄養父《きいやぶ》方言の三つに分けることができます。

佐賀県《さがけん》の方言は、福岡県《ふくおかけん》の西部と南部、長崎《ながさき》県《けん》、熊本県《くまもとけん》と共通《きょうつう》する特徴《とくちょう》があり、これらをまとめた肥筑《ひちく》方言とよばれる方言にふくまれます。基《き》肄養父《いやぶ》地区はまわりを福岡県《ふくおかけん》にかこまれており、福岡県《ふくおかけん》の南部方言と似《に》た特徴《とくちょう》が多くみられます。

発音の特徴

佐賀県《さがけん》では「あい」や「うい」のように母音（あ・い・う・え・お）がつづくと、ひとつになって長くのびる音で発音されます。たとえば「野菜《やさい》」は「やしゃー」、「すいか」は「しーか」になります。

佐賀《さが》方言では「薬」が「くすい」になるなど、「り」が「い」と発音されることがあります。「これ」や「あれ」の「れ」も「い」になり、「こい」、「あい」と言います。唐津《からつ》方言では「これ」、「あれ」

方言が話されている地域

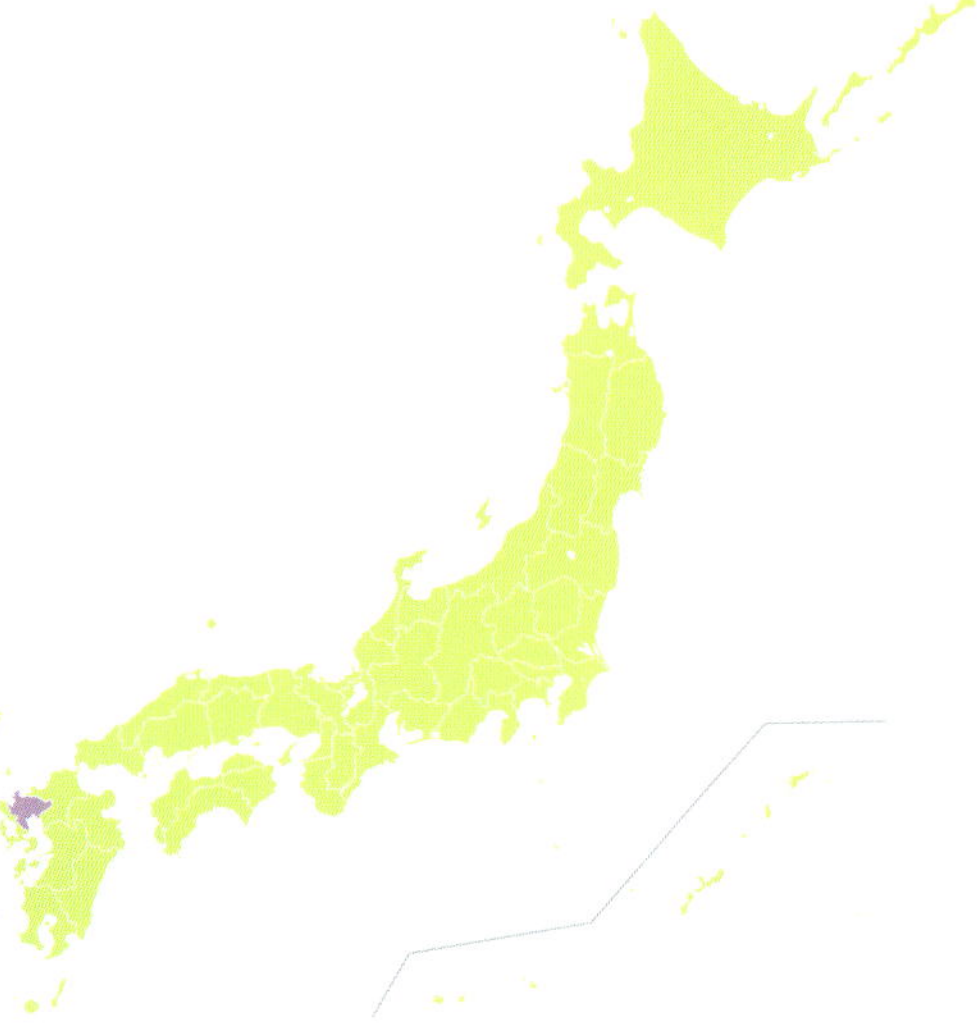

唐津《からつ》方言

唐津市《からつし》などの県北西部で話されている。県北西部は古くから中国や朝鮮《ちょうせん》半島と交流がさかんだった地域《ちいき》。江戸《えど》時代には唐津《からつ》藩《はん》の領地《りょうち》となり、唐津市《からつし》はその中心地として発展《はってん》した。

唐津市《からつし》にある虹《にじ》の松原《まつばら》。唐津湾《からつわん》沿《ぞ》いに、虹《にじ》のような弧《こ》をえがいて松《まつ》の林がつづく。江《え》戸《ど》時代に唐津藩《からつはん》の初代藩主《しょだいはんしゅ》が、防風《ぼうふう》・防潮《ぼうちょう》林《りん》として植林したのがはじまり。

伊万里《いまり》・有田焼《ありたやき》。江戸《えど》時代初《しょ》期《き》に、佐賀藩主《さがはんしゅ》が朝鮮《ちょうせん》半島から連《つ》れ帰《かえ》った職人《しょくにん》が磁器《じき》の原《げん》料《りょう》である陶石《とうせき》を発見し、日本で最初《さいしょ》の磁器《じき》を焼《や》いたのがはじまりとされる。

有明海《ありあけかい》で育てられるのりは、佐《さ》賀県《がけん》の特産品《とくさんひん》。

基肄養父《きいやぶ》方言

鳥栖市《とすし》の一部と基山町《きやまちょう》で話されている。鳥栖市《とすし》は江戸《えど》時代に現在《げんざい》の福岡県《ふくおかけん》と長崎《ながさき》県《けん》をむすぶ街道《かいどう》の宿場町だった地域《ちいき》で、現在《げんざい》も九州の交通の要所《ようしょ》となっている。基山町《きやまちょう》には約《やく》一三〇〇年の歴史《れきし》をもつとされる大《だい》興善寺《こうぜんじ》がある。

基山町《きやまちょう》にある大興善寺《だいこうぜんじ》。紅《こう》葉《よう》やつつじの名所としても有名。

佐賀《さが》方言

佐賀市《さがし》や鹿島市《かしまし》、伊万里《いまり》市《し》など、県の北西部をのぞく広い範囲《はんい》で話されている。佐賀市《さがし》は江戸《えど》時代に佐賀藩《さがはん》の城下町《じょうかまち》として栄《さか》えた地域《ちいき》。鹿島市《かしまし》には衣食住《いしょくじゅう》の神をまつる祐徳《ゆうとく》稲荷神社《いなりじんじゃ》がある。伊万里《いまり》市《し》や有田町《ありたちょう》は伊万里《いまり》・有《あり》田焼《たやき》という伝統的《でんとうてき》な磁器《じき》の産地《さんち》。

鹿島市《かしまし》にある祐徳稲荷神社《ゆうとくいなりじんじゃ》。

「方言が話されている地域」で使用している写真：いずれも佐賀県観光連盟提供

は「こり」、「あり」になります。

また、同じく佐賀《さが》方言では「取る」を「とっ」、「降《ふ》る」を「ふっ」と発音するなど、「る」で終わる動詞《どうし》の最後《さいご》がつまる「っ」になります。

やしゃー
（野菜《やさい》）
佐賀県産《さがけんさん》のれんこん。有明海《ありあけかい》に面した白石町《しらいしちょう》はれんこんの産地《さんち》として知られ、全国有数の生産量《せいさんりょう》をほこる。

写真提供：佐賀県観光連盟

アクセントの特徴

↓P.13

県の北部は無型《むけい》アクセント、それ以外《いがい》の地域《ちいき》は東京式や京阪式《けいはんしき》とは異《こと》なる、特殊《とくしゅ》なアクセントです。

文法の特徴

「〜している」という、いまもつづいているようすをあらわすときの言い方が、方言によって異《こと》なります。佐賀《さが》方言は「〜とっ」や「〜とー」、唐津《からつ》方言は「〜ちょる」、基肄養父《きいやぶ》方言は「〜とる」と言います。たとえば「立っている」は佐賀《さが》方言では「立っとっ」や「立っとー」、唐津《からつ》方言では「立っちょる」、基肄養父《きいやぶ》方言「立っとる」と言います。

佐賀《さが》方言では、「じゃーじゃーじゃー」、「わんわんわん」のように、共通語《きょうつうご》ではくり返しが二回の擬音語《ぎおん》を、三回くり返すという特徴《とくちょう》があります。

雨がじゃーじゃーで降《ふ》りよー。
（雨がざあざあと降《ふ》っている。）

ことばの例

がばい 佐賀県

意味 とても。ものすごく。

がばいふとかー！
（すごく大きい！）
毎年11月に唐津市《からつし》でおこなわれる唐津《からつ》くんち。「えんや、えんや」、「よいさ、よいさ」のかけ声とともに、鯛《たい》や獅子《しし》など、さまざまな形をした華《はな》やかな曳山《ひきやま》（山車《だし》）がまちをめぐる。

写真提供：唐津観光協会

しっきゃー 佐賀県

意味 すべて。全部。

解説 「全部」をあらわす「悉皆《しっかい》」という漢語（中国から伝《つた》わって日本語になったことば）から生まれたことば。佐賀県《さがけん》では、佐賀藩《さがはん》の武士《ぶし》が学んだ漢語が広まって、話しことばにも使われるようになった例《れい》がみられる。

しゃー 佐賀県 佐賀地域

意味 おかず。

解説 「おかず」をあらわす「菜《さい》」の発音が変化《へんか》したもの。

きゅーのしゃーは……くちぞこの煮《に》つけたい！
（今日のおかずは……くちぞこの煮《に》つけだよ！）
写真出典：農林水産省「うちの郷土料理」

佐賀県《さがけん》の有明海《ありあけかい》の沿岸《えんがん》でよく食べられている郷《きょう》土料理《どりょうり》、くちぞこの煮《に》つけ。有明海《ありあけかい》でとれる魚くちぞこは、形がくつの底《そこ》に似《に》ていることからよび名がついたという。

そいぎ 佐賀県

意味 それなら。またね。

解説 「〜ぎ」は「〜なら」という条件《じょうけん》をしめすために使うことば。「それならまた今度」という意味で、別《わか》れのあいさつにも使われる。「そいぎんた」と言うこともある。

ちゃーがつかー！
（恥《は》ずかしい！）

ちゃーがつか 佐賀県

意味 恥《は》ずかしい。

なーい 佐賀県

意味 はい。

解説 人のよびかけに反応《はんのう》したり、同意したりするときに出ることば。

こりくんしゃい。
（これください。）
なーい。
（はーい。）
写真提供：佐賀県観光連盟

唐津市《からつし》の呼子《よぶこ》地区の朝市で売られている干物。朝市は元日以外《いがい》、毎朝開かれ、朝どれの魚や干物《ひもの》などを買うことができる。

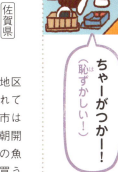

長崎県

県内の主な方言

長崎県《ながさきけん》の方言は、大きく三つに分けることができます。県北部で話されている北部方言と、中部から南部で話されている中南部方言、対馬《つしま》や壱岐《いき》などの島々《しまじま》で話されている島《とう》しょ部《ぶ》方言です。

長崎県《ながさきけん》の方言は、福岡県《ふくおかけん》の西部と南部、佐賀《さが》県《けん》、熊本県《くまもとけん》と同じ特徴《とくちょう》をもち、まとめて「肥筑《ひちく》方言」とよばれます。

発音の特徴

本土の方言では、語中や語尾《ごび》の「な行」や「ま行」が「ん」になることがあります。たとえば「犬」は「いん」と発音されます。また、「来る」を「くっ」、「する」を「すっ」と言うなど、「る」で終わる動詞《どうし》の最後《さいご》がつまる「っ」になることがあります。また、「かか」も「っか」という「っ」の入った音になり、「高い」をしめす「高か」は「たっか」になります。

島《とう》しょ部《ぶ》のうち五島《ごとう》列島では

五島市《ごとうし》にある堂崎天主堂《どうざきてんしゅどう》。明治《めいじ》時代にキリスト教の信仰《しんこう》がゆるされるようになってから、五島《ごとう》列島にはじめてつくられた教会。

＊写真掲載については長崎大司教区の許可を取得済。

方言が話されている地域

北部方言

佐世保市《させぼし》や平戸市《ひらどし》、波佐見町《はさみちょう》など、県北部で話されている。佐《さ》世保市《せぼし》は明治《めいじ》時代に海軍《かいぐん》の港として整備《せいび》された地域《ちいき》で、現在《げんざい》も造船業《ぞうせんぎょう》がさかん。波佐見町《はさみちょう》は四〇〇年以上《いじょう》の歴史《れきし》をもつ波佐《はさ》見焼《みやき》という焼《や》き物で知られる。

島《とう》しょ部《ぶ》方言

五島《ごとう》列島や壱岐《いき》、対馬《つしま》などの島《とう》しょ部《ぶ》で話されている。五《ご》島《とう》列島には、キリスト教の信仰《しんこう》が禁止《きんし》されていた江戸《えど》時代に、ひそかにキリスト教徒《きょうと》が移《うつ》り住んだ歴史《れきし》があり、各地《かくち》に多くの教会がある。対馬《つしま》は九州と朝鮮《ちょうせん》半島のあいだに位置《いち》する島で、古くから朝《ちょう》鮮《せん》半島との交流の拠《きょ》点《てん》だった。

五島《ごとう》列島の新上五島町《しんかみごとうちょう》の椿《つばき》。椿《つばき》からとる椿油《つばきあぶら》は、五島《ごとう》列島の特産品《とくさん》。

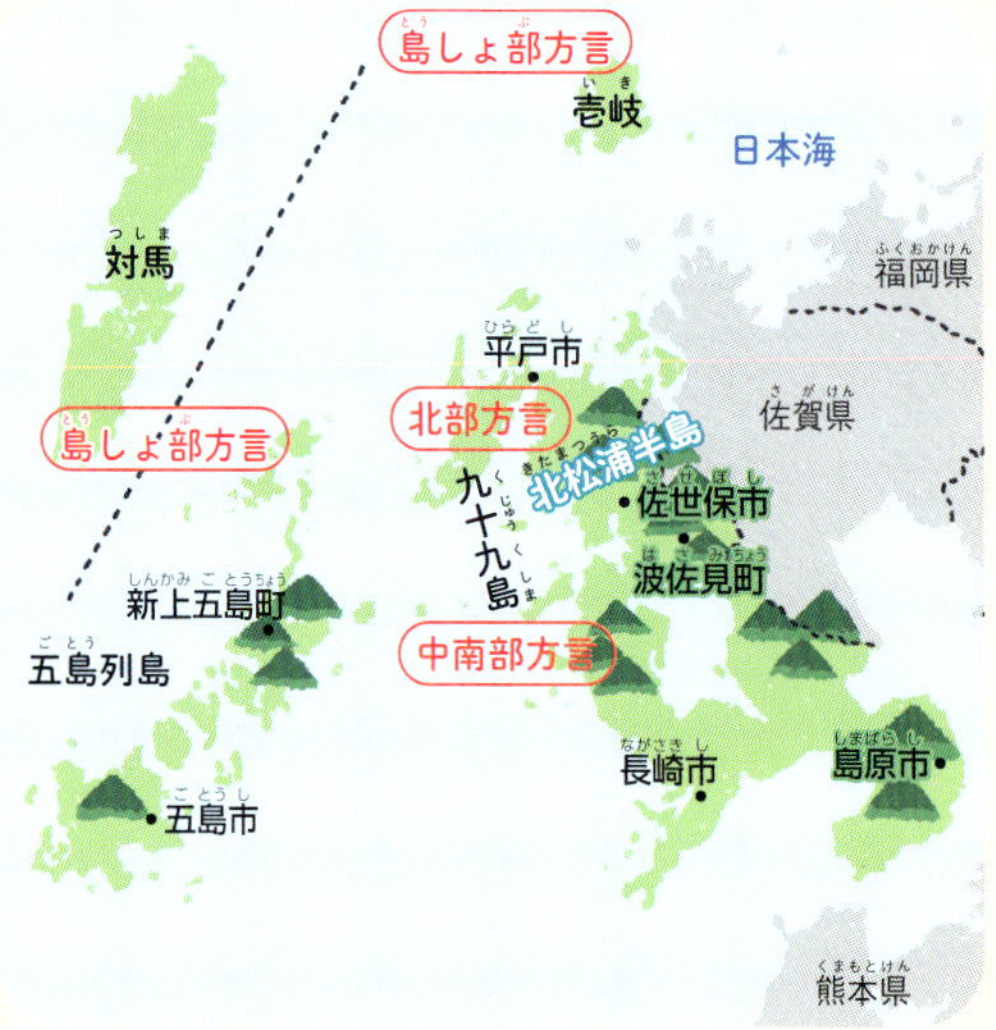

佐世保市《させぼし》の九十九島《くじゅうくしま》。北松浦《きたまつうら》半島西岸に連《つら》なるリアス海岸と大小208の島々《しまじま》からなり、長崎県《ながさきけん》を代表する景勝地《けいしょうち》として知られている。

中南部方言

長崎市《ながさきし》や島原市《しまばらし》など、県の中部から南部にかけて話されている。長《なが》崎市《さきし》は周囲《しゅうい》を山にかこまれ、古くから港町として発展《はってん》した地域《ちいき》。江《え》戸《ど》時代には国内で唯一《ゆいいつ》、ヨーロッパとの貿易《ぼうえき》が許可《きょか》された出島《でじま》があった。海外の影響《えいきょう》を受けた文化や建物《たてもの》が残《のこ》る。

長崎市《ながさきし》の旧《きゅう》グラバー住宅《じゅうたく》。江《え》戸時代末期《まっき》に来日したスコットランド（イギリス）の商人、トーマス・グラバーの住まいだった建物《たてもの》で、現存《げんそん》する国内最古《さいこ》の木造《もくぞう》洋風建築《けんちく》。

「ぎ」や「ず」の音が「ん」の音にかわることがあり、「右」も「水」も「みん」と発音されます。

アクセントの特徴 →P.13

北部方言は無型《むけい》アクセント、島《とう》しょ部《ぶ》の対馬《つしま》と壱岐《いき》は東京式アクセントです。中南部方言は東京式や京阪式《けいはんしき》などとは異《こと》なる、特殊《とくしゅ》なアクセントです。

いん
（犬）

文法の特徴

「本ば読む（本を読む）」のように、目的《もくてき》や対象《たいしょう》をあらわす「を」は「ば」になります。

できること、できないことをしめすときに、それが能力《のうりょく》によるものか、状況《じょうきょう》によるものかを区別《くべつ》して言います。たとえば自分が泳ぐのが苦手で泳げないときは「泳ぎきらん」と言いますが、水温が低《ひく》いためにプールに入れず泳げないときは「泳がれん」と言います。この使い分けは、同じ肥筑《ひちく》方言の福岡県《ふくおかけん》西部・南部、佐賀県《さがけん》、熊本県《くまもとけん》でもみられます。

よく「けれども」という意味の「ばってん」を使います。たとえば「ばってん、まだ眠《ねむ》たかばい。（だけど、まだ眠《ねむ》たいんだよ。）」のように言います。

読んだばってん、いっちょんわからん……。
（読んだけれども、まったくわからない……。）

ことばの例

いっちょん
長崎県　福岡県・佐賀県・熊本県・鹿児島県

意味　まったく。少しも。

おもやい
長崎県　中国地方・九州地方

意味　物をいっしょに使う。分かち合う。

解説　「複数《ふくすう》の人がいっしょになにかをすること」をあらわす「催合《もやい》」から生まれたことば。

長崎県《ながさきけん》の名物、カステラ。室町《むろまち》時代にポルトガル人が伝《つた》えた、スペインのカスティーリャ王国の菓子《かし》がもとになったとされる。

おもやいで食べようで。
（分け合って食べよう。）

さるく
長崎県　九州地方など

意味　ぶらぶら歩く。散歩《さんぽ》する。

解説　「歩きまわる」という意味の「為歩《しあり》く」という古語から生まれたことば。

例文　長崎《ながさき》のまちば、さるくかんね。（長崎《ながさき》のまちを、ぶらぶら歩こう。）

はわく
長崎県　九州地方

意味　（掃除《そうじ》などで）はく。

教室ばほうきではわく。
（教室をほうきではく。）

もってこい
長崎県

意味　アンコールをもとめるかけ声。

解説　長崎市《ながさきし》で毎年10月におこなわれる諏訪《すわ》神社《じんじゃ》の祭り、長崎《ながさき》くんちでは、催《もよお》し物《もの》が終わるたびに観客《かんきゃく》から「もってこーい!」というかけ声があがる。長崎《ながさき》県内ではコンサートなどでも「もってこい」が使われる。

長崎《ながさき》くんちではさまざまなおどりが奉納《ほうのう》される。海外の文化の影響《えいきょう》を受けたおどりも多く、写真は中国のおどりがもとになった「龍踊《りゅうおどり》」。

もってこーい!
（アンコール!）

離合《りごう》する
長崎県　九州地方・山口県など

意味　せまい道で車がすれちがうこと。

解説　九州地方では、道路に「この先 離合困難《りごうこんなん》」などと看《かん》板《ばん》に書かれていることもある。

熊本県

県内の主な方言

熊本県《くまもとけん》の方言は、県北部で話されている北部方言、東部で話されている東部方言、南部で話されている南部方言の三つに分けることができます。

熊本県《くまもとけん》の方言は、福岡県《ふくおかけん》西部・南部、佐賀県《さがけん》、長崎県《ながさきけん》の方言とともに、肥筑《ひちく》方言とよばれる方言のなかまにふくまれます。ただし南部方言には、南の鹿児島県《かごしまけん》の方言の影響《えいきょう》もみられます。また、熊本県《くまもとけん》の方言は、肥筑《ひちく》方言のなかでも古いことばがよく残《のこ》っているとされます。

発音の特徴

県全体で、母音（あ・い・う・え・お）がつづくと、ひとつになって長くのびる音で発音されるという特徴《とくちょう》があります。変化《へんか》のしかたは方言によって異《こと》なり、「書いた」は北部方言と南部方言では「きゃーた」、東部方言では「けーた」となります。

また、「あ」や「お」が「う」、「え」が「う」や「い」と発音されることがあります。たとえば熊本県《くまもとけん》の田原坂という地名は「たばるざか」とよみます。「原」の「ら」にふくまれる「あ」の音が「う」になり、「る」と発音されるのです。

つまる「っ」が多いのも、熊本県《くまもとけん》の方言の特徴《とくちょう》

方言が話されている地域

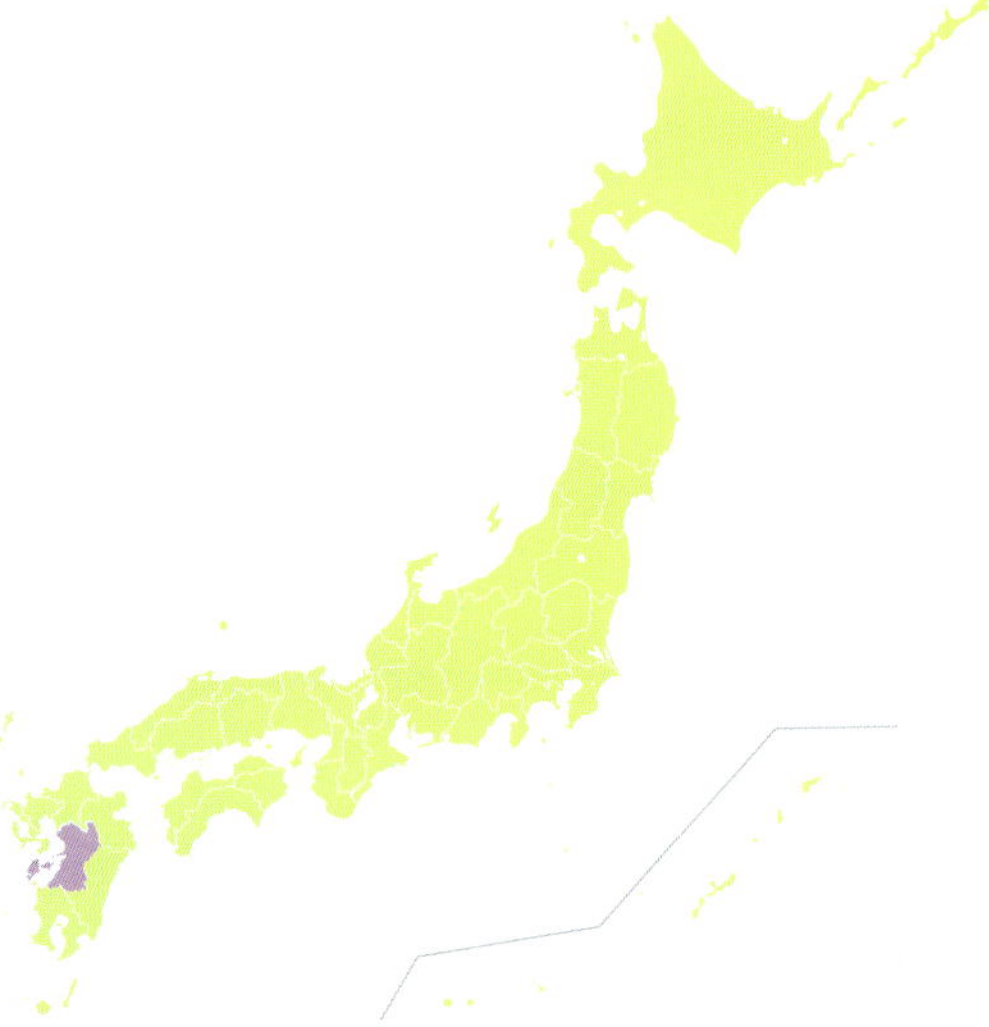

東部方言

阿蘇市《あそし》など県の東部で話されている。県東部には世界有数のカルデラが広がる阿蘇山《あそさん》があり、周辺《しゅうへん》には広大な草原が広がる。草原は約《やく》千年にわたって、人々《ひとびと》が放牧《ほうぼく》をしたり、春に野焼《のや》きをしたりすることで守られてきた。

北部方言

熊本市《くまもとし》や山鹿市《やまがし》など、県北部で話されている。熊本市《くまもとし》は古くから肥後国《ひごのくに》（現在《げんざい》の熊本県《くまもとけん》）をおさめる役所がおかれた地《ち》域《いき》。江戸《えど》時代初期《しょき》に武将《ぶしょう》、加藤清正《かとうきよまさ》が熊《くま》本城《もとじょう》を完成《かんせい》させ、その城下町《じょうかまち》として発展《はってん》した。

せいしょこさん（清正公《せいしょうこう》さん）

熊本市《くまもとし》にある加藤清正《かとうきよまさ》の銅像《どうぞう》。加藤清正《かとうきよまさ》は現在《げんざい》も熊本県《くまもとけん》の人々《ひとびと》からしたわれ、「せいしょこさん（清正公《せいしょうこう》さん）」とよばれている。

南部方言

八代市《やつしろし》や人吉市《ひとよしし》、天草市《あまくさし》など、天草諸島《あまくさしょとう》をふくむ県南部で話されている。県南部を流れる球磨川《くまがわ》は、全国でもとくに流れが急な川。八代《やつしろ》平野の広がる八代市《やつしろし》では果物《くだもの》や野菜《やさい》の栽培《さいばい》が、人吉市《ひとよしし》などの山地が多い地域《ちいき》では林業がさかん。

八代市《やつしろし》の特産品《とくさんひん》、晩白柚《ばんぺいゆ》。熊本県《くまもとけん》ではあたたかい気候《きこう》をいかしたかんきつ栽培《さいばい》がさかん。

人吉市《ひとよしし》にある青井阿蘇神社《あおいあそじんじゃ》。約《やく》1200年前の創建《そうけん》と伝《つた》えられ、江戸《えど》時代初期《しょき》に建《た》てられた本殿《ほんでん》などが国宝《こくほう》に指定されている。

阿蘇中岳《あそなかだけ》の火口と周辺《しゅうへん》に広がるカルデラ。中岳《なかだけ》は現在《げんざい》も活発な火山活動をつづけている。

「方言が話されている地域」で使用している写真：いずれも熊本県観光連盟提供

です。「低《ひく》い」という意味の「低《ひく》か」は「ひっか」、「ありません」は「ありまっせん」となります。

アクセントの特徴 ↓P.13

県のほとんどの地域《ちいき》が無型《むけい》アクセントで、「雨」と「飴《あめ》」をアクセントで区別《くべつ》しません。西部には特殊《とくしゅ》なアクセントが使われている地域《ちいき》もあります。

文法の特徴

熊本県《くまもとけん》の方言は、敬語《けいご》の表現《ひょうげん》が豊《ゆた》かです。たとえば「行った」は尊敬《そんけい》の気持ちが強い順《じゅん》に「行きなさった」、「行きなはった」、「行きなった」、「行った」と変化《へんか》します。

また、目的《もくてき》や対象《たいしょう》をあらわす「を」は「ば」になり、「ケーキを食べる」は「ケーキば食べる」になります。

北部方言と南部方言では「暑い」、「うまい」などの形容詞《けいようし》の「い」は「か」になり、「暑か」、「うまか」となります。また、「元気だ」や「安全だ」などの漢字からなる形容動詞《けいようどうし》も、「元気か」、「安全か」のように「だ」が「か」になります。

こんからし蓮根《れんこん》、うまかね。
（このからし蓮根《れんこん》、おいしいね。）

熊本県《くまもとけん》の郷土料理《きょうどりょうり》、からし蓮根《れんこん》。加藤清正《かとうきよまさ》の死後、肥後国《ひごのくに》をおさめた熊本藩《くまもとはん》の藩主《はんしゅ》、細川《ほそかわ》忠利《ただとし》が栄養《えいよう》をつけるために食べたものがはじまりとされる。

写真提供：熊本県観光連盟

ことばの例

あいた 熊本県 福岡県・長崎県・大分県

意味 あっ。おっと。しまった。

解説 失敗《しっぱい》したときや、こまったときなどに出ることば。

あいたっ、しもた……。
（あっ、やってしまった……。）

あとぜき 熊本県

意味 開けたドアやふすまなどを閉《し》めること。

解説 「ぜき」は「川などの流れをせきとめるもの」を指す「堰《せき》」や、関所《せきしょ》の「関《せき》」が由来だとされる。

あとぜきばせんね！
（開けたドアはちゃんと閉《し》めなさい！）

かってくる 熊本県

意味 借《か》りる。

解説 「借《か》りる」は熊本県《くまもとけん》では「借《か》る」と言う。「取る」が「取ってくる」になるように、「借《か》る」が「借《か》ってくる」になったもの。「買ってくる」は「こうてくる」と言う。

例文 図書館で本ばかってきたけん。（図書館で本を借《か》りてきたよ。）

かせする 熊本県 九州地方

意味 手伝《てつだ》う。

解説 「力をかして助ける」を意味する「加勢《かせい》する」が変化《へんか》したことば。

例文 かせしてはいよ。（手伝《てつだ》ってください。）

ほめく 熊本県 京都府・九州地方・沖縄県

意味 蒸《む》し暑くなる。暑くなる。

今日はほめくなー。
（今日は蒸《む》し暑いね。）

むしゃんよか 熊本県

意味 かっこいい。

解説 もとは「よろいやかぶとを身に着けた勇《いさ》ましい武士《ぶし》のすがた」や「武士《ぶし》にふさわしい態度《たいど》や行動」を意味する「武者《むしゃ》ぶり」がよいことを指したことば。

熊本城《くまもとじょう》はむしゃんよかね！
（熊本城《くまもとじょう》はかっこいいね！）

熊本市《くまもとし》の中心部にある熊本城《くまもとじょう》。明治《めいじ》時代には西南戦争《せいなんせんそう》の舞台《ぶたい》となった。2016年の熊本地震《くまもとじしん》で昭和時代に再建《さいけん》された天守《てんしゅ》や、江戸《えど》時代から残《のこ》る石垣《いしがき》などが被災《ひさい》したが、熊本県民《くまもとけんみん》や全国からの支援《しえん》を受け、天守《てんしゅ》は2021年に完全復旧《かんぜんふっきゅう》を果《は》たした。

写真提供：熊本県観光連盟

大分県

県内の主な方言

大分県《おおいたけん》の方言は、県の東西南北でそれぞれ異《こと》なり、北部方言、東部方言、西部方言、南部方言の四つに分けることができます。

大分県《おおいたけん》の方言は、福岡県《ふくおかけん》東部と宮崎県《みやざきけん》の大部分で話されている方言と共通《きょうつう》する特徴《とくちょう》をもち、「豊《ほう》日《にち》方言」という方言のまとまりにふくまれます。一方で、瀬戸内海《せとないかい》をへだてて向かい合う中国四国地方と共通《きょうつう》する特徴《とくちょう》もみられます。

発音の特徴

「歩いて」や「〜って言ってみて」などの助詞《じょし》「て」が「ち」になり、「歩いち」、「〜ち言ってみち」と発音します。「で」は「ぢ」になり、「山ぢ会うた（山で会った）」のように言います。

また、「あい」が「えー」、「うい」が「いー」になるなど、母音（あ・い・う・え・お）がつづくとあわさって長くのびる音で発音されます。「辛《から》い」は「かれー」、「熱《あつ》い」は「あてぃー」になります。

西部方言では「じ」と「ぢ」、「ず」

別府市《べっぷし》の別府温泉《べっぷおんせん》にある赤い湯の色をした温泉《おんせん》、「血《ち》の池地獄《いけじごく》」。別府市《べっぷし》にある7つの「地獄《じごく》」とよばれる温泉《おんせん》のひとつ。

方言が話されている地域

●北部方言

中津市《なかつし》や宇佐市《うさし》、別府市《べっぷし》など、県北部で話されている。中津市《なかつし》や宇佐市《うさし》は昔、福岡県《ふくおかけん》の東部とともに豊前国《ぶぜんのくに》とよばれた地域《ちいき》で、現在《げんざい》も福岡県《ふくおかけん》とのつながりが強い。宇佐市《うさし》には全国にある八幡神社《はちまんじんじゃ》の総本宮《そうほんぐう》、宇佐神宮《うさじんぐう》がある。別府市《べっぷし》は温泉《おんせん》で有名。

●西部方言

日田市《ひたし》や九重町《ここのえまち》などの県西部で話されている。県西部は県内でもとくに森林の多い地域《ちいき》。九重《ここのえ》町《まち》から竹田市《たけたし》にかけて広がるくじゅう連山《れんざん》には、九州本土の最《さい》高峰《こうほう》、中岳《なかだけ》（標高《ひょうこう》一七九一メートル）がある。

くじゅう連山《れんざん》。中岳《なかだけ》をはじめとする山々《やまやま》が連《つら》なり、「九州の屋根」とよばれる。

江戸《えど》時代に杵築城《きつきじょう》の城下町《じょうかまち》として栄《さか》えた杵築市《きつきし》には、古い武家屋敷《ぶけやしき》や町屋などが残《のこ》る。

●東部方言

国東市《くにさきし》や杵築市《きつきし》など、国東《くにさき》半島東部で話されている。国東《くにさき》半島は中央にそびえる火山、両子山《ふたごさん》の噴火《ふんか》によってできたとされる半島。両子山《ふたごさん》のふもとには多くの寺院がある。

●南部方言

大分市《おおいたし》や臼杵市《うすきし》など、県中部から南部にかけて話されている。大分市《おおいたし》は古くから豊後国《ぶんごのくに》（現在《げんざい》の大分県《おおいたけん》中部から南部）をおさめる役所がおかれた地域《ちいき》。安土《あづち》桃山《ももやま》時代には大名、大友宗麟《おおともそうりん》のもとで栄《さか》えた。

大友宗麟《おおともそうりん》の像《ぞう》。一時は九州北部一帯《いったい》を支配《しはい》した。

と「づ」をそれぞれ区別《くべつ》し、昔のかなづかいで「ふじ」と書く「富士《ふじ》」は「ふじ」、昔のかなづかいで「ふぢ」と書く「藤《ふじ》」は「ふでぃ」と発音します。これは昔の日本語の発音が残《のこ》ったものだとされ、海をはさんで向かい合う高知県でもみられる特徴《とくちょう》です。

ふじ
（富士《ふじ》）

ふでぃ
（藤《ふじ》）

アクセントの特徴 →P.13

県全域《ぜんいき》で、東京式アクセントが使われています。

文法の特徴

断定《だんてい》する「〜だ」は「〜じゃ」や「〜や」と言います。また、言いたいことを強調するときに「っちゃ」を文章の最後《さいご》につけます。たとえば「したいっちゃ！（したいんだ！）」のように言います。

「花が」、「雨が」などの「が」を、北部方言では「ぐ」、南部方言では「い」と言う場合があります。たとえば「雨が降《ふ》っている。」は北部方言では「雨ぐ降《ふ》りよる。」、南部方言では「雨い降《ふ》りよる。」になります。

ことばの例

いっすんずり

大分県

意味 少しずつしか進まない。ひどく渋滞《じゅうたい》している。

解説 「いっすん」は「一寸《すん》」のこと。「寸《すん》」は昔の長さの単位《たんい》で、一寸《すん》は約《やく》三センチメートルにあたる。車の渋滞《じゅうたい》をあらわすときによく使われる。

別大国道《べつだいこくどう》がいっすんずりじゃ。
（別大国道《べつだいこくどう》が大渋滞《じゅうたい》だ。）

九州を南北にはしる国道10号のうち、大分県別府市《べっぷし》と大《おお》分市《いたし》をむすぶ区間は別大国道《べつだいこくどう》とよばれ、九州地方でもとくに交通量《こうつうりょう》が多い区間。

えらしー

大分県

意味 とてもかわいい。

解説 「愛《あい》らしい」が変化《へんか》したことば。「ええらしー」とも言われる。

こんねこはえらしーのー。
（このねこはとてもかわいいなあ。）

かたる

大分県 東北地方・関東地方・九州地方など

意味 なかまに入る。参加《さんか》する。

かーてーて！
（なかまにいーれーて！）

しんけん

大分県 新潟県佐渡島・徳島県・熊本県など

意味 とても。また、一生懸命《いっしょうけんめい》（一所懸命《いっしょけんめい》）。

解説 「一生懸命《いっしょうけんめい》」という意味の「しらしんけん」ということばが省略《しょうりゃく》され、「とても」という意味でも使われるようになった。

しんけん気持ちいいー！
（とても気持ちいい！）

なば

大分県 中国地方・九州地方・沖縄県

意味 きのこ。

解説 大分県《おおいたけん》では、しいたけのことを指す場合が多い。古くから九州地方で使われていたことばで、鎌倉《かまくら》時代につくられた辞書《じしょ》『名語記《みょうごき》』にも、九州地方ではきのこを「なば」とよぶことが書かれている。

大分県産《おおいたけんさん》の干《ほ》ししいたけ。大分県《おおいたけん》ではしいたけの栽培《さいばい》に必要《ひつよう》なクヌギの木が多く、干《ほ》ししいたけの生産量《せいさんりょう》は全国1位《い》（2022年度）。

むげねー

大分県 愛媛県・福岡県・熊本県など

意味 かわいそうだ。

例文 あんドラマは、むげねかったのー。（あのドラマは、かわいそうだったねえ。）

宮崎県

県内の主な方言

宮崎県《みやざきけん》の方言は、大きく二つに分けられます。県の大部分で話されている日向《ひゅうが》方言と、県南西部の諸県地域《もろかたちいき》で話されている諸県《もろかた》方言です。

宮崎県《みやざきけん》は昔、日向国《ひゅうがのくに》とよばれ、江戸《えど》時代にはさまざまな藩《はん》の領土《りょうど》に分かれていました。そのため日向《ひゅうが》方言も、地域《ちいき》によってことばなどにちがいがみられます。また、諸県地域《もろかたちいき》は西の鹿児島県《かごしまけん》とともに薩摩藩《さつまはん》の領地《りょうち》だったため、諸県《もろかた》方言はアクセントや文法《ぶんぽう》などが県のほかの地域《ちいき》と異《こと》なります。

発音の特徴

宮崎県《みやざきけん》では「あい」は「えー」、「うい」や「おい」は「いー」と発音されるという特徴《とくちょう》があります。たとえば「うまい」は「うめー」、「寒い」は「さみー」、「白い」は「しりー」になります。

ことばのなかの音が、よくつまる「っ」になったり、はねる「ん」になったりします。

高千穂町《たかちほちょう》にある高千穂峡《たかちほきょう》。熊本県《くまもとけん》の阿蘇山《あそさん》の噴火《ふんか》によってできたけわしい谷で、県を代表する景勝地《けいしょうち》。

方言が話されている地域

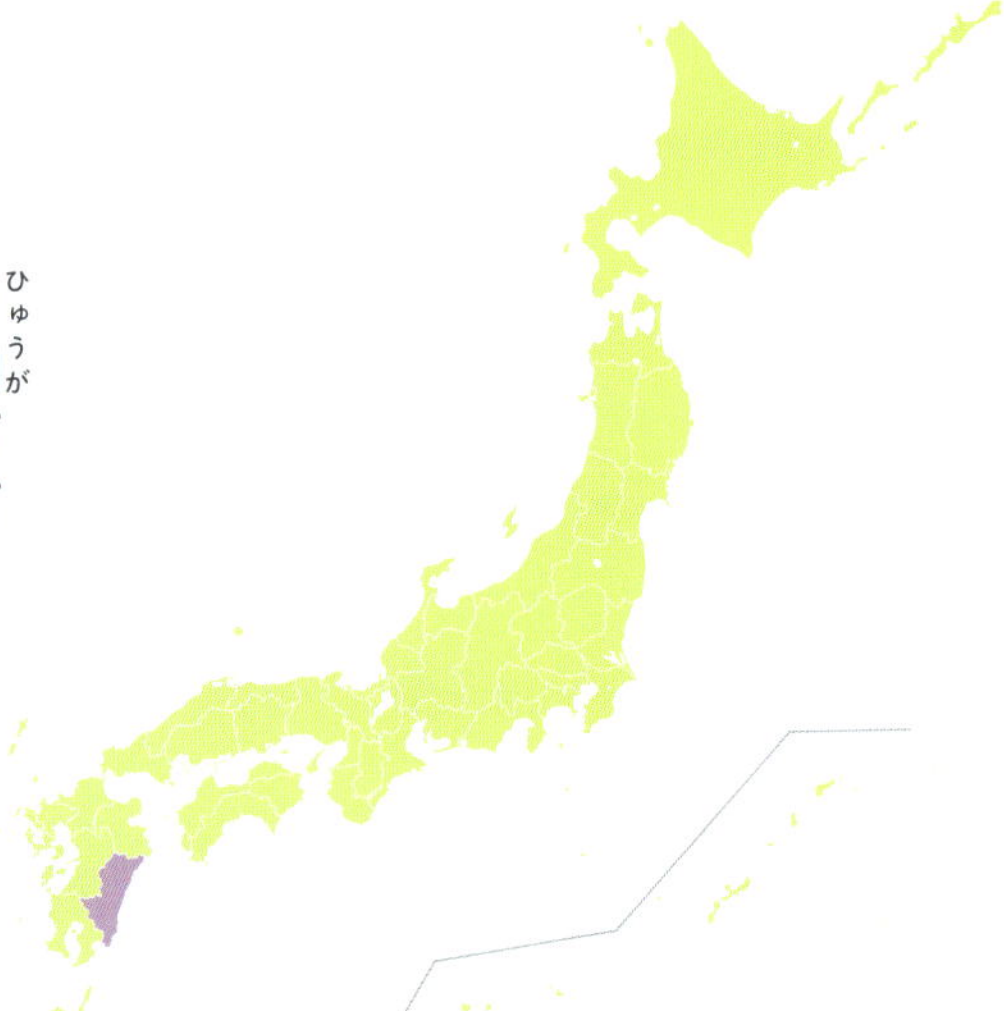

日向《ひゅうが》方言

宮崎市《みやざきし》や延岡市《のべおかし》、日南市《にちなんし》など、県の南西部をのぞく大部分の地域《ちいき》で話されている。現在《げんざい》の宮崎市《みやざきし》の中南部と日南市《にちなんし》は、江戸《えど》時代に飫《お》肥《び》藩《はん》の領地《りょうち》だった地域《ちいき》で、日南市《にちなんし》には当時の町なみが残《のこ》る。延岡市《のべおかし》は明治《めいじ》時代以《い》降《こう》、工業都市として発展《はってん》した北部の中心地。北部の内《ない》陸側《りくがわ》には神話の舞台《ぶたい》として知られる高千穂町《たかちほちょう》がある。

諸県《もろかた》方言

都城市《みやこのじょうし》や小林市《こばやしし》など、県南西部の諸県地域《もろかたちいき》で話されている。諸県地域《もろかたちいき》は、江戸《えど》時代に薩摩藩《さつまはん》の領土《りょうど》だった地域《ちいき》。都城市《みやこのじょうし》は焼酎《しょうちゅう》の生産《せいさん》や畜産業《ちくさんぎょう》のほか、都城大弓《みやこのじょうだいきゅう》という伝統工芸品《でんとうこうげいひん》の弓の産地《さんち》として知られる。

宮崎市《みやざきし》などで栽培《さいばい》されている宮崎県《みやざきけん》の特《とく》産品《さんぴん》、マンゴー。

日南市《にちなんし》の飫肥《おび》地区には、昭和時代に再建《さいけん》された飫肥城《おびじょう》の大手門がある。

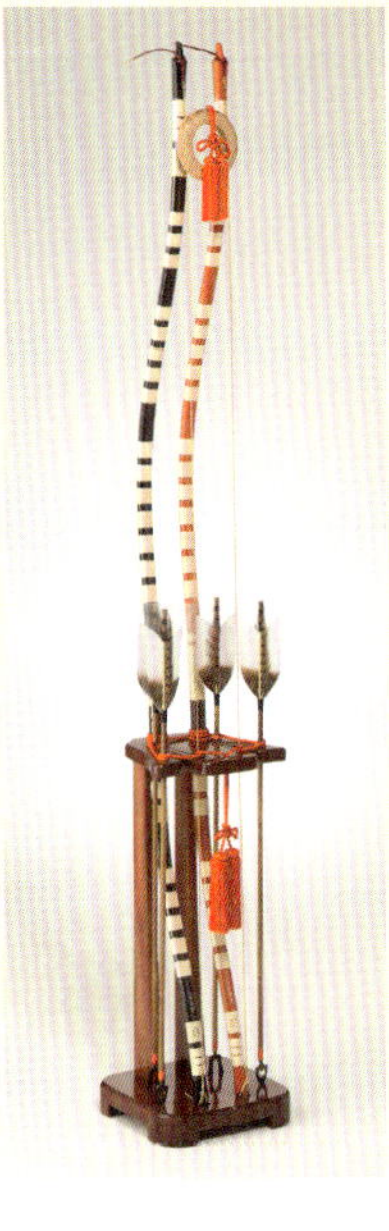

都城大弓《みやこのじょうだいきゅう》。江戸《えど》時代初期《しょき》からの歴史《れきし》をもつ弓で、地元で豊富《ほうふ》にとれる真竹《まだけ》と、はぜの木からつくられる。

アクセントの特徴 →P.13

県のほとんどの地域《ちいき》は、「雨」と「飴《あめ》」をアクセントで区別《くべつ》しない無型《むけい》アクセントです。諸県方《もろかた》言を話す県南西部の一部地域《ちいき》では、一型《いっけい》アクセントが使われています。どんなことばも最後《さいご》の音を高く発音するというもので、全国で宮崎県《みやざきけん》南西部と鹿児島県《かごしまけん》東部の一部地域《ちいき》でしか使われていません。県南西部のえびの市では、二型《にけい》アクセント（→P.125）という特殊《とくしゅ》なアクセントがみられます。

声に出してみよう!!

［都城市《みやこのじょうし》］

雨　あ め

歌う　う た う

高い　た か い

文法の特徴

断定《だんてい》する「～だ」は、「～じゃ」や「～っちゃ」、「～や」と言います。また、「～している」は「～ちょる」や「～よる」になります。たとえば「待っちょる（待っている）」のように言います。

近年になって使われるようになった表現《ひょうげん》に「～だよね?」という意味の「～こっせん」があります。

諸県方《もろかた》言では、「さみもさみ（とても寒い）」のように、強調したいときに形容詞《けいようし》を重ねるという特徴《とくちょう》があります。

ことばの例

おじい

宮崎県

福井県・奈良県・大分県・鹿児島県など

意味 こわい。

解説 「こわがる」という意味の「怖《お》じる」が由来。

こん小説《しょうせつ》、てげおじかった～！
（この小説《しょうせつ》、すごくこわかった～！）

そうやっちゃ！ 読むんが楽しんじゃ。
（そうなんだ！ 読むのが楽しみだ。）

くいまらん

宮崎県 諸県地域

意味 やらなくてはならないことができない。

例文 掃除《そうじ》がなかなかくいまらんが。（掃除《そうじ》をやろうと思っているけれど、なかなかできないなあ。）

じゃがじゃが

宮崎県

意味 そうだそうだ。だよねだよね。

解説 同意をあらわすときに使う表現《ひょうげん》。

チキン南蛮《なんばん》、てげうめーこっせん？
（チキン南蛮《なんばん》、とてもおいしいよね？）

じゃがじゃが！
（だよねだよね！）

延岡市発祥《のべおかしはっしょう》とされる宮崎県《みやざきけん》の名物料理《りょうり》、チキン南蛮《なんばん》。衣《ころも》をつけてあげた鶏肉《とりにく》を「南蛮酢《なんばんす》」とよばれる甘酢《あまず》にひたし、盛《も》りつけたものにタルタルソースをかけたもの。

てげてげ

宮崎県

意味 てきとう。だいたい。ほどほど。

解説 「てげ」は「ほどほど」という意味をもつ「大概《たいがい》」が変化《へんか》したことば。宮崎県《みやざきけん》では「てげ」だけだと「とても」という意味になり、「てげてげ」とは異《こと》なる。

てげてげでいっちゃが。
（てきとうでいいよ。）

宮崎県《みやざきけん》の郷土料理《きょうどりょうり》、冷《ひ》や汁《じる》。焼《や》いたあじなどをほぐしたものと、すりごま、焼《や》き味噌《みそ》をといただし汁《しる》に、うすく切ったきゅうりやとうふなどを入れて、麦ごはんにかけて食べる。夏の定番料理《りょうり》。

写真出典：農林水産省「うちの郷土料理」

まっぽす

宮崎県

九州地方

意味 真ん中。正面に。まともに。

解説 「真星《まぼし》」という、弓の的《まと》の中心の丸い部分を指すことばから生まれた。

例文 今度の台風、まっぽす来そうやね。（今度の台風、直撃《ちょくげき》しそうだね。）

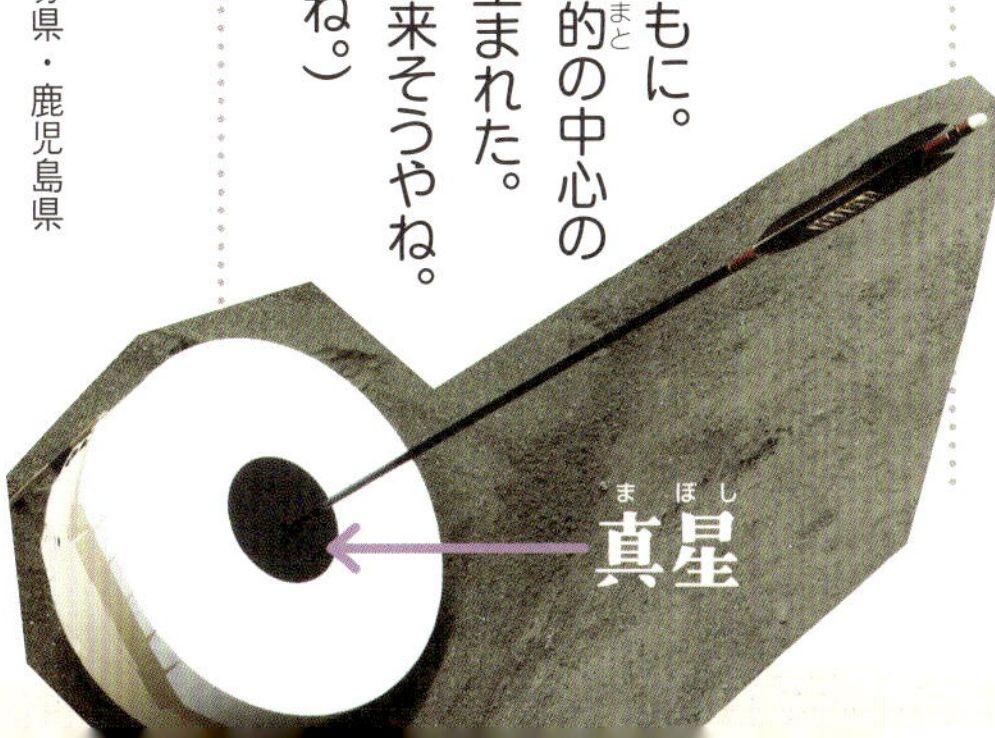

よだきー

宮崎県

福岡県・大分県・鹿児島県

意味 おっくうだ。めんどうだ。

例文 明日の朝練、よだきーわ。（明日の朝練、めんどうだなあ。）

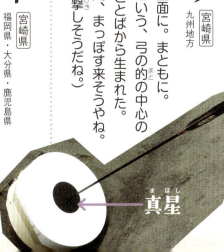

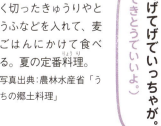

鹿児島県

県内の主な方言

鹿児島県《かごしまけん》の方言は、大きく二つに分けられます。トカラ列島の宝島《たからじま》から北で話されている薩隅《さつぐう》方言と、奄美《あまみ》大島から南で話されている奄美《あまみ》方言です。

鹿児島県《かごしまけん》は昔、県西部が薩摩国《さつまのくに》、東部が大隅国《おおすみのくに》とよばれていました。「薩隅《さつぐう》方言」という方言の名前は、これらの国名が由来です。

奄美《あまみ》方言は「琉球《りゅうきゅう》方言（琉球語《りゅうきゅうご》）」（→P.126）とよばれる沖縄県《おきなわけん》などで話されている方言のなかまで、ほかの方言とは特徴《とくちょう》が大きく異《こと》なります。

発音の特徴

薩隅《さつぐう》方言では、よくことばの最後《さいご》の音がつまる「っ」やはねる「ん」になります。たとえば「口」も「くつ」も「くぎ」もすべて「くっ」になり、「紙」は「かん」と発音されます。

また、母音（あ・い・う・え・お）がつづくと、ひとつの短い音になることがあり、「灰《はい》」は「へ」、「太い」は「ふて」、「言う」は「ゆ」になります。

薩摩《さつま》半島南部や種子島《たねがしま》などでは、語中や語尾《ごび》の「か行」が「が行」に、「た行」

桜島《さくらじま》。桜島《さくらじま》はいまも活発に活動をつづける火山で、火山の周辺《しゅうへん》では噴火《ふんか》による降灰《こうはい》（火山灰《ばい》が降《ふ》ること）と日常的《にちじょうてき》に付《つ》き合っている。

方言が話されている地域

奄美《あまみ》方言

奄美大島《あまみおおしま》をはじめとした、奄美群島《あまみぐんとう》で話されている。奄美大島《あまみおおしま》は鹿児島県《かごしまけん》本土と沖縄《おきなわ》県《けん》本島のほぼ中間にある島で、15世紀《せいき》ごろから琉球王国《りゅうきゅうおうこく》（現在《げんざい》の沖縄県《おきなわけん》）の、17世紀《せいき》からは薩摩藩《さつまはん》の領土《りょうど》となった。大島紬《おおしまつむぎ》という絹織物《きぬおりもの》の産地《さんち》として知られる。アマミノクロウサギなど、固有種《こゆうしゅ》の生き物も多い。

薩隅《さつぐう》方言

奄美群島《あまみぐんとう》をのぞく、県の広《こう》域《いき》で話されている。鹿児島《かごしま》県《けん》は江戸《えど》時代に薩摩藩《さつまはん》がおさめた地域《ちいき》で、江戸《えど》時代末《まっ》期《き》から明治《めいじ》時代にかけて活《かつ》躍《やく》した西郷隆盛《さいごうたかもり》や大久保《おおくぼ》利通《としみち》は、現在《げんざい》の鹿児島市《かごしまし》出身。枕崎市《まくらざきし》はかつおの水あげで有名。ロケットの打ち上げで知られる種子島《たねがしま》、豊《ゆた》かな自然《しぜん》の残《のこ》る屋久島《やくしま》のことばも薩隅《さつぐう》方言にふくまれる。

樹齢《じゅれい》2000年以上《いじょう》とされる、屋久島《やくしま》の縄文杉《じょうもんすぎ》。

写真提供：（公社）鹿児島県観光連盟

西郷隆盛《さいごうたかもり》の銅像《どうぞう》。

江戸幕府《えどばくふ》を倒《たお》す倒幕《とうばく》運動で大きな役割《やくわり》を果《は》たした。

写真提供：（公社）鹿児島県観光連盟

奄美大島《あまみおおしま》の海岸、アオンのリーフ。島の周囲《しゅうい》にはきれいな青い海が広がる。

写真提供：（公社）鹿児島県観光連盟

が「だ行」になることがあります。たとえば「肩《かた》が痛《いた》い」は「かだがいだが」と発音されます。

アクセントの特徴 ↓P.13

鹿児島県《かごしまけん》では、ほぼ全域《ぜんいき》で二型《にけい》アクセントという特殊《とくしゅ》なアクセントが使われています。これはことばの長さに関係《かんけい》なく、最後《さいご》の音か、最後《さいご》から二つ目の音を高くするという、二つの型《かた》しかないアクセントです。県北東部では、宮崎県《みやざきけん》南西部の諸《もろ》県地域《かたちいき》とともに一型《いっけい》アクセント（↓P.123）がみられます。

声に出してみよう!!

［鹿児島市《かごしまし》］

雨　あ め

歌う　う た う

高い　た か い

文法の特徴

薩隅《さつぐう》方言では、「けちょっ（書いている）」、「しちょっ（している）」のように、「〜している」は「〜ちょっ」であらわします。

また、文章の最後《さいご》に「が」をつけると、「〜よ」、「〜しよう」、「いっしょうに〜しよう」という意味になります。たとえば「んまかが。（おいしいよ。）」、「食べるが。（食べよう。）」、「行っが。（いっしょに行こう。）」のように言います。

ことばの例

からいも

鹿児島県 本土　広島県・山口県・四国地方・九州地方など

意味 さつまいも。

解説 中国をはじめとする外国を指す「唐《から》」から伝《つた》わったことから。共通語《きょうつうご》の「さつまいも」は薩摩国《さつまのくに》から日本のほかの地域《ちいき》に伝《つた》わったことが由来。屋久島《やくしま》と奄美大《あまみおお》島《しま》では、それぞれ「唐芋《からいも》（といも）」が変化《へんか》した「とんぼ」、「とん」と言う。

きょらさ

鹿児島県 奄美群島　沖縄県

意味 きれいだ。

解説 「きょら」は「清《きよ》ら」のことで、清《きよ》らかで美しいことを指す。

大島紬《おおしまつむぎ》の着物。大島《おおしま》紬《つむぎ》は奄美大島《あまみおおしま》を中心につくられている絹織《きぬおり》物《もの》。繊細《せんさい》なもようを生み出す糸の先染《さきぞ》めなど、時間のかかる高度な技術《ぎじゅつ》で知られる。

写真提供：（公社）鹿児島県観光連盟

大島紬《おおしまつむぎ》の着物、きょらさやー。
（大島紬《おおしまつむぎ》の着物、きれいだねえ。）

だからよー

鹿児島県 本土

意味 そうだね。

解説 「だよー」とも言う。相手に同意するときに使うあいづち。奄美《あまみ》方言では「ちゃー」と言う。

チェスト

鹿児島県 本土

意味 強くはげましたり、気合を入れたりするときのかけ声。

解説 運動会などで使われる。

チェストいけー！
（気合を入れてがんばれー！）

びんた

鹿児島県 本土　熊本県・宮崎県など

意味 頭。

解説 「髪《かみ》」という意味でも使われる。

かつおの頭を丸ごと味噌《みそ》などで煮《に》こんだもの。かつおの水あげがさかんな枕崎市《まくらざきし》の郷土料理《きょうどりょうり》。

写真提供：鹿児島県南薩地域振興局

かつおのびんた
（かつおの頭）

むぞか

鹿児島県本土　九州地方など

意味 かわいい。

解説 「かわいそうな」や「無残《むざん》な」という意味の「むぞい」がもとになったことば。

ラーフル

鹿児島県　愛媛県・宮崎県

意味 黒板消し。

解説 もとは学校用品をあつかう企業《きぎょう》で使われる業界用語だった。由来は「ぼろ切れ」という意味の英語《えいご》「raffle」や、「ほつれた糸」という意味のオランダ語「rafel」など、さまざまな説《せつ》がある。

沖縄県

県内の主な方言

沖縄県《おきなわけん》の方言は、沖縄島《おきなわじま》を中心に話されている沖縄《おきなわ》方言と、宮古島《みやこじま》や石垣島《いしがきじま》、与那国島《よなぐにじま》など、先島諸島《さきしましょとう》で話されている先島《さきしま》方言の、大きく二つに分けられます。先島《さきしま》方言は、さらに宮古《みやこ》方言、八重山《やえやま》方言、与那国《よなぐに》方言の三つに分けることができます。これらの方言はそれぞれ大きく異《こと》なり、県内でもちがう方言どうしでは会話がむずかしいと言います。

沖縄県《おきなわけん》の方言は鹿児島県《かごしまけん》の奄美《あまみ》方言（→P.124）とともに琉球《りゅうきゅう》方言とよばれ、本土の方言とは大きく異《こと》なることばです。沖縄県《おきなわけん》は、昔、琉球王国《りゅうきゅうおうこく》という王国が支配《しはい》した地域《ちいき》で、長いあいだ日本とは異《こと》なる歴史《れきし》を歩んできました。そのため琉球《りゅうきゅう》方言を方言ではなく、日本語とは別《べつ》の、独立《どくりつ》した言語だと考える人もいます。

首里城《しゅりじょう》の正殿《せいでん》。那覇市《なはし》にあった琉球王国《りゅうきゅうおうこく》の王城《おうじょう》で、太平洋戦争《たいへいようせんそう》で焼失《しょうしつ》したのち再建《さいけん》されたが、2019年にふたたび焼失《しょうしつ》した。写真は消失《しょうしつ》前のもので、再建《さいけん》に向けた工事がおこなわれている（2024年現在《げんざい》）。写真提供：（一財）沖縄美ら島財団

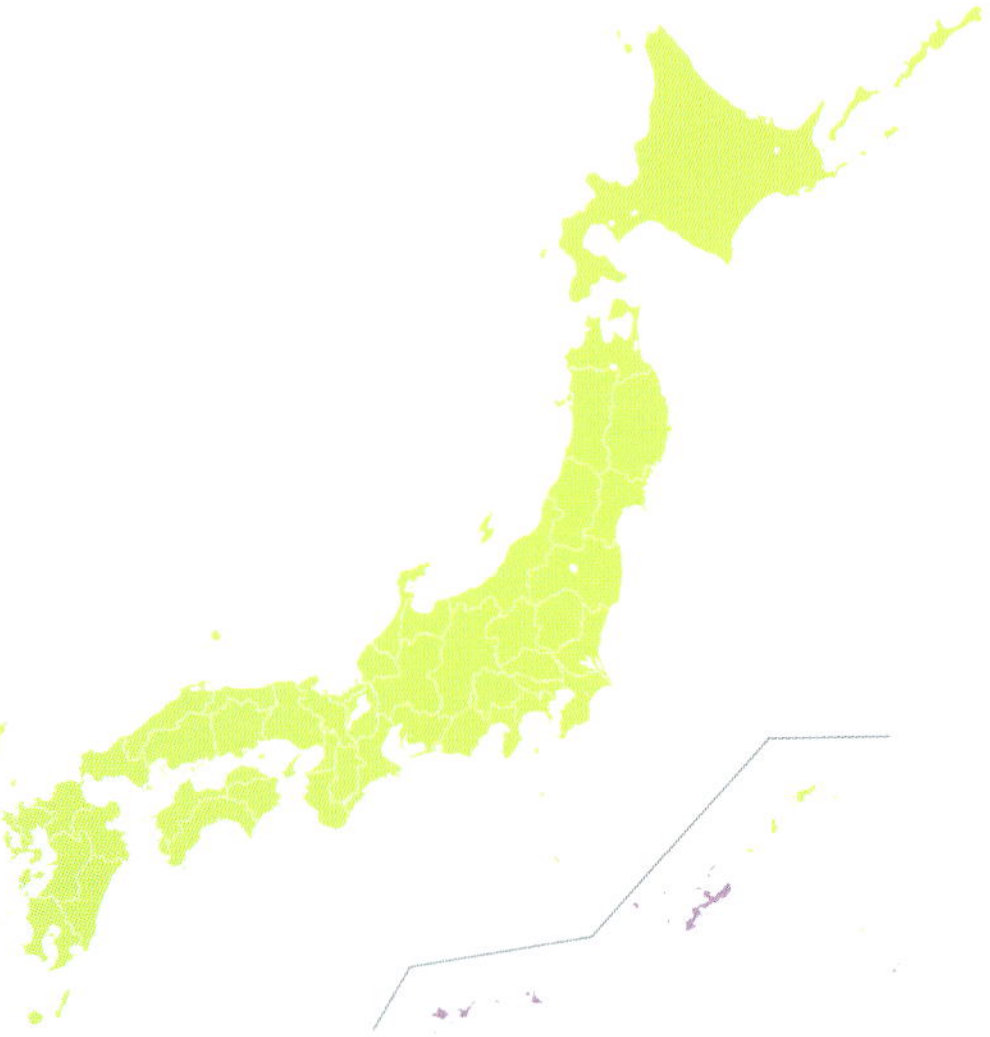

方言が話されている地域

沖縄《おきなわ》方言

沖縄島《おきなわじま》を中心に話されている。沖縄島《おきなわじま》南部にある那覇市《なはし》は、琉球王国《りゅうきゅうおうこく》の中心地だった地域《ちいき》で、中国や東南アジアの国々《くにぐに》との貿易《ぼうえき》で栄《さか》えた。当時の史跡《しせき》や、琉球王国《りゅうきゅうおうこく》時代に由来する食べ物や祭り、工芸《こうげい》などの文化が多く残《のこ》る。

沖縄県《おきなわけん》の伝統的《でんとうてき》な菓子《かし》、ちんすこう。小麦粉《こむぎこ》に砂糖《さとう》やラードを混《ま》ぜて焼《や》いたもので、もとは琉球王国《りゅうきゅうおうこく》の王族や貴族《きぞく》の食べ物だった。

写真提供：沖縄観光コンベンションビューロー

石垣島周辺《いしがきじましゅうへん》のサンゴ。

八重山《やえやま》方言

八重山列島《やえやまれっとう》の石垣島《いしがきじま》や竹富島《たけとみじま》、西表島《いりおもてじま》などで話されている。石垣島周辺《いしがきじましゅうへん》の海は、サンゴ礁《しょう》が広がるダイビングの名所。竹富島《たけとみじま》には豊作《ほうさく》を願《ねが》う種子取祭《タナドゥイ》をはじめ、伝統的《でんとうてき》な文化が多く残《のこ》る。豊《ゆた》かな自然《しぜん》が残《のこ》る西表島《いりおもてじま》は固有種《こゆうしゅ》、イリオモテヤマネコの生息地。

沖縄《おきなわ》方言
沖縄島《おきなわじま》
那覇市《なはし》
太平洋

与那国《よなぐに》方言

日本の最西端《さいせいたん》にある与那国島《よなぐにじま》で話されている。与那国島《よなぐにじま》は、ほかの八重山列島《やえやまれっとう》の島とは距離《きょり》があり、独自《どくじ》の文化を育んできた。黒潮《くろしお》がすぐ近くを流れ、かじきまぐろの漁《りょう》がさかん。

与那国島《よなぐにじま》で育てられている日本在来種《ざいらいしゅ》の馬、与那国馬《よなぐにうま》。

写真提供：沖縄県

宮古《みやこ》方言

宮古島《みやこじま》や来間島《くりまじま》などの宮古列島《みやこれっとう》で話されている。宮古島《みやこじま》はきれいな砂浜《すなはま》と海が広がるビーチで有名。宮古上布《みやこじょうふ》という伝統的《でんとうてき》な麻織物《あさおりもの》が受けつがれている。

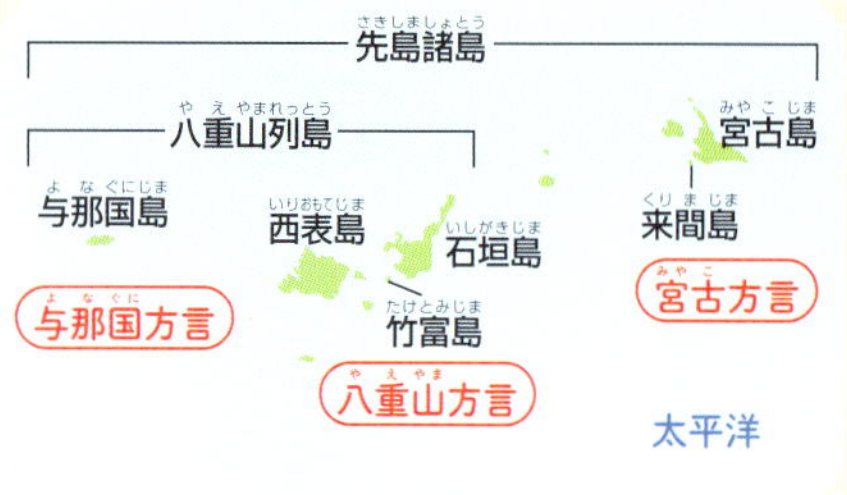

先島諸島《さきしましょとう》
八重山列島《やえやまれっとう》
与那国島《よなぐにじま》
西表島《いりおもてじま》
石垣島《いしがきじま》
竹富島《たけとみじま》
宮古島《みやこじま》
来間島《くりまじま》
与那国《よなぐに》方言
八重山《やえやま》方言
宮古《みやこ》方言
太平洋

発音の特徴

共通語《きょうつうご》では、母音は「あ」、「い」、「う」、「え」、「お」の五つですが、沖縄《おきなわ》方言では基本的《きほんてき》に「あ」、「い」、「う」の三つです。そのため共通語《きょうつうご》の「え」が「い」に、「お」が「う」になることがあり、「雨」は「あみ」、「音」は「うとぅ」と発音します。

アクセントの特徴 ↓P. 13

沖縄島《おきなわじま》北部では東京式アクセントが、沖縄島《おきなわじま》南部や先島諸島《さきしましょとう》では二型《にけい》アクセント（↓P. 125）という、アクセントの型《かた》が二つのみという特殊《とくしゅ》なアクセントが使われています。

文法の特徴

沖縄《おきなわ》方言では「高い」のような形容詞《けいようし》は最後《さいご》の「い」が「さん」になって「高さん」と言います。宮古《みやこ》方言では「い」が「かい」になって「高かい」と言います。

また、沖縄《おきなわ》方言では「行く」が「いちゅん」、「笑《わら》う」が「わらゆん」になるなど、動詞《どうし》も共通《きょうつう》語とは異《こと》なるかたちになります。

沖縄県《おきなわけん》では「～しましょーね」、「～しよーね」という言い方をよくします。これは相手を「～しよう」とさそうのではなく、「～します」と自分の行動を伝《つた》える表現《ひょうげん》です。たとえば「もう帰りましょーね」は「（私《わたし》は）もう帰ります」という意味です。

もう帰りましょーね！
（もう帰るね！）

ことばの例

ちむ　沖縄県 沖縄島

意味　肝《きも》。心。

解説　もとは内臓《ないぞう》の「肝《きも》」のことで、そこから「心」をあらわすようになった。「ちむじゅらさん」で「心やさしい」、「ちむぐりさん」で「かわいそう」、「ちむぐくる」で「まごころ」をあらわす。

例文　かーぎや かわどぅやる、ちむぐくるでーいち。（顔の美しさよりも、心が一番大切だ。）

ちゅらさん　沖縄県 沖縄島／鹿児島県 奄美大島

意味　美しい。きれいだ。

解説　「ちゅら」は共通《きょうつう》語の「清《きよ》ら」が変化《へんか》したもの。「さん」は形容《けいよう》詞《し》の「い」にあたる。

宮古島《みやこじま》の海、ちゅらさんやー。
（宮古島《みやこじま》の海は、美しいなあ。）

宮古島《みやこじま》の与那覇前浜《よなはまえはま》には、白い砂浜《すなはま》と、あざやかな青色の海が広がる。

写真提供：沖縄県

どぅしぐゎー　沖縄県 沖縄島

意味　友だち。

解説　「どぅし」は「なかま」をあらわす「同志《どうし》」や「同士《どうし》」のこと。

わったー どぅしぐゎー！
（私《わたし》たち、友だちだよ！）

なんくるないさー　沖縄県

意味　なんとかなるよ。

解説　「なんくる」は「自然《しぜん》に」という意味。「まくとぅーそーけー（誠実《せいじつ》なおこないをしていれば）、なんくるないさ（自然《しぜん》にあるべきようになるものだ）」ということばが縮《ちぢ》まったもの。

ぶーず　沖縄県 宮古島

意味　さとうきび。

解説　沖縄島《おきなわじま》では「うーじ」、石垣島《いしがきじま》では「しぃっつぁ」、与那国島《よなぐにじま》では「あまだ」と言う。

沖縄県《おきなわけん》の特産品《とくさんひん》であるさとうきび。いまから400年ほど前、さとうきびから黒糖《こくとう》をつくる技術《ぎじゅつ》が中国から持ち帰られ、さとうきびの栽培《さいばい》もさかんになった。

みみぐすい　沖縄県 沖縄島

意味　よい音楽や歌、ことばなどのこと。

解説　「ぐすい」は「薬」のこと。よい音楽や歌、ことばは、耳の薬になるということから。

みみぐすいなてぃあー。
（いい音だね。）

沖縄県《おきなわけん》の伝統的《でんとうてき》な弦楽器《げんがっき》、三線《さんしん》。胴《どう》に使われているのはへびの皮で、あたたかみのある音色が特徴《とくちょう》。14世紀末《せいきまつ》に中国から持ちこまれた楽器《がっき》がもとになって生まれた。

写真提供：沖縄観光コンベンションビューロー

コラム

地域《ちいき》による ちがいがわかる! 方言地図を見てみよう・活用しよう

貴重《きちょう》な方言の資料《しりょう》

同じことばを全国の方言でなんと言うのか、また、地方や地域《ちいき》によって言い方にちがいがあるのか知りたいときには、どこで、どんな方言が使われているかをまとめた方言地図を見てみましょう。日本のことばを広く研究している国立国語研究所のホームページでは、「これまでの刊行物《かんこうぶつ》」として一九六六〜一九七四年に発刊《はっかん》された『日本言語地図』の方言地図を公開しており、だれでも無償《むしょう》で利用《りよう》することができます。

地図は合わせて三〇〇図あり、「頭」、「赤い」、「かぼちゃ」のような単語《たんご》のほか、「ナオスを〝片付《かたづ》ける・しまう〟の意味で使うか」といった調査《ちょうさ》の結果《けっか》や、発音のちがいをしめした地図もあります。地図は、一九五七〜一九六五年におこなわれた調《ちょう》査《さ》をもとにつくられました。一つひとつ、直接《ちょくせつ》聞き取った結果《けっか》をもとに、手作業でまとめられた貴《き》重《ちょう》な資料《しりょう》です。発刊《はっかん》が六十年以上《いじょう》前なので、いまでは使われていない方言もたくさんあるかもしれません。それでも、昔はどんな言い方をしていたのか、どこにことばや発音などの境目《さかいめ》があったのかを知ることは、方言と地域《ちいき》のつながりについて理解《りかい》し、考えることを助けてくれます。ぜひ活用してください。

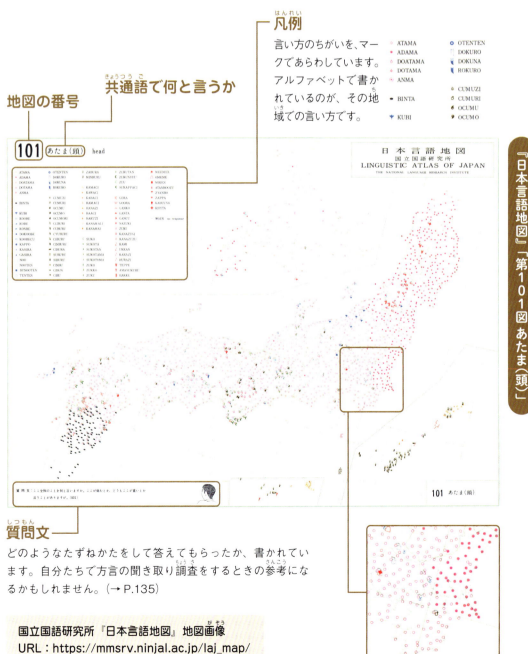

『日本言語地図』「第101図 あたま(頭)」

凡例《はんれい》

言い方のちがいを、マークであらわしています。アルファベットで書かれているのが、その地《ち》域《いき》での言い方です。

ATAMA
ADAMA
DOATAMA
DOTAMA
ANMA
BINTA
KUBI
OTENTEN
DOKURO
DOKUNA
ROKURO
CUMUZI
CUMURI
OCUMU
OCUMO

共通語《きょうつうご》で何と言うか

地図の番号

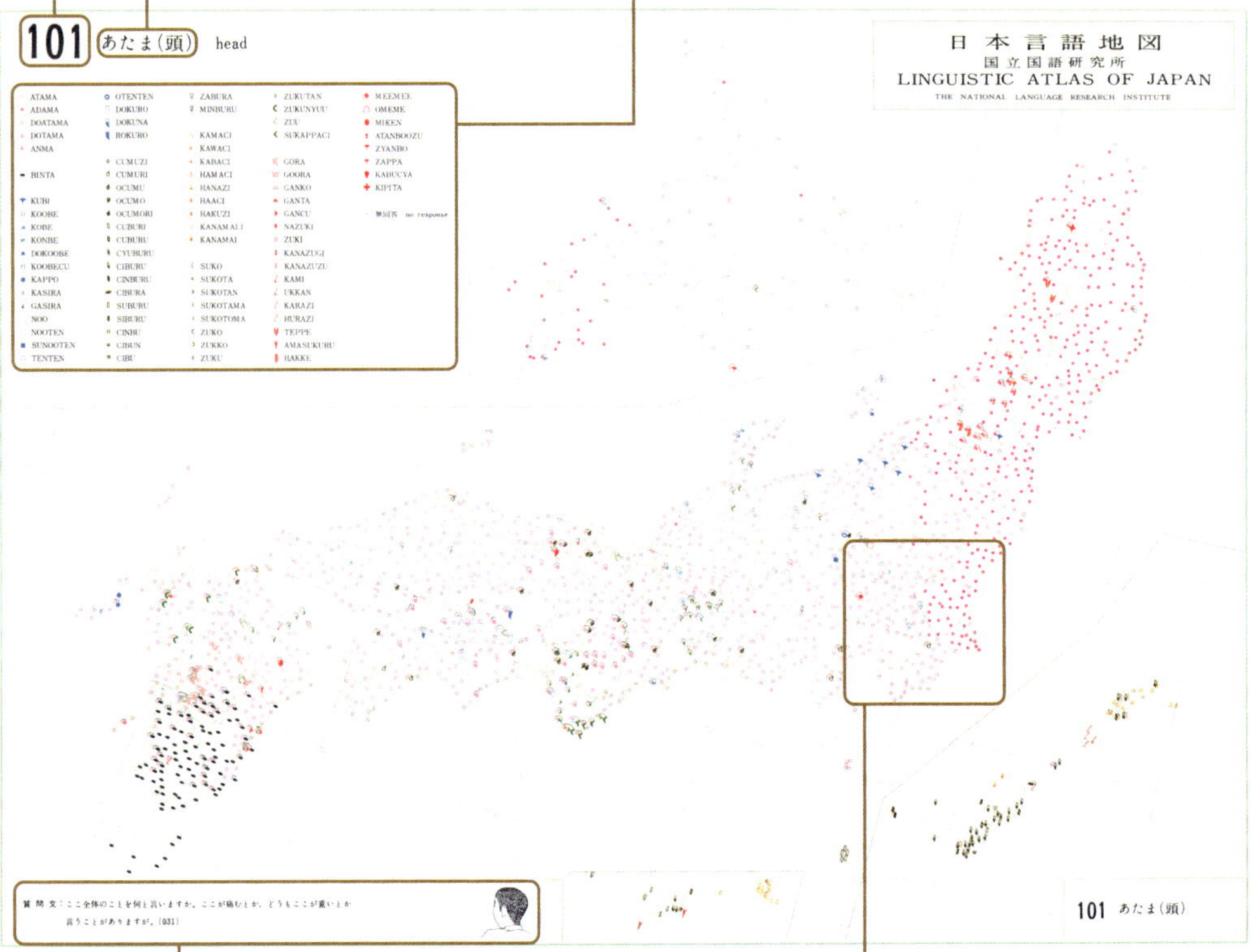

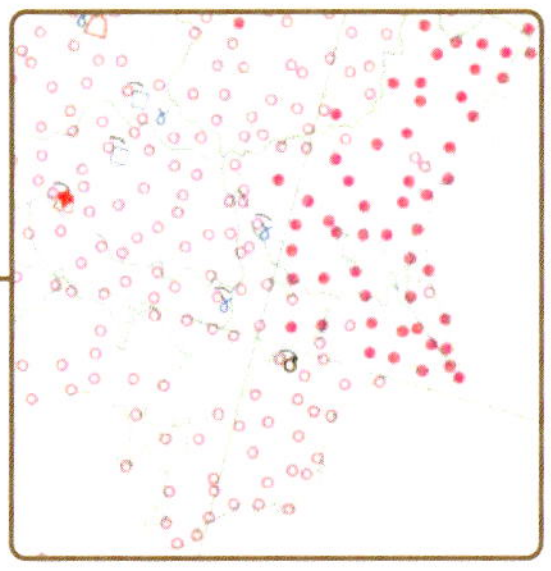

質問文《しつもんぶん》

どのようなたずねかたをして答えてもらったか、書かれています。自分たちで方言の聞き取り調査《ちょうさ》をするときの参考《さんこう》になるかもしれません。(→ P.135)

国立国語研究所『日本言語地図』地図画像《がぞう》
URL : https://mmsrv.ninjal.ac.jp/laj_map/

方言のいままでとこれから

古くから地域《ちいき》のくらしをささえてきた方言は、明治《めいじ》時代にはじまった政策《せいさく》や、共通語《きょうつうご》の広まりによって大きく変化《へんか》しました。方言は、これからどうなっていくのでしょうか。

はるか昔から人とともにあった方言

日本語の方言は、少なくとも一二〇〇年前にはあったといいます。奈良《なら》時代にできた日本最古《さいこ》の歌集、『万葉集《まんようしゅう》』には、「東歌《あずまうた》」という当時の東日本の方言で書かれた和歌がおさめられています。室町《むろまち》時代のことわざには、「京《きょう》へ筑紫《つくし》に坂東《ばんどう》さ」(京都は「へ」、九州地方では「に」、関東《かんとう》地方では「さ」)という、方向をあらわすときに使う助詞《じょし》の方言を取り上げたものがあります。江《え》戸《ど》時代には、いま話されている方言や共通語《きょうつうご》(→P.7)のもとになるようなことばが形づくられ、方言の辞《じ》典《てん》をつくった人もいました。遠い昔から方言は私《わたし》たちのくらしに根付き、コミュニケーションを豊《ゆた》かなものにしてきたのです。

方言を矯正《きょうせい》しようとした時代

その方言が、「価値《かち》のないことば」としてあつかわれた時期があります。今から一六〇年ほど前の明《めい》治《じ》時代に、国の近代化を進めるなか、当時の政府《せいふ》は全国の人々《ひとびと》をまとめあげるため、「正しい日本語」として標準語《ひょうじゅんご》(→P.7)を定めました。学校では標準語《ひょうじゅんご》の教育がおこなわれる一方、方言は「価値《かち》のないことば」、「なおさなければいけないことば」とされました。学校の教育の内容《ないよう》や目標《もくひょう》を定めた学習《がくしゅう》指導要領《しどうようりょう》には、一九九八年の改訂《かいてい》まで「なまりのない正しい発音で話すこと」といった、方言を矯正《きょうせい》する内容《ないよう》が書かれていました。沖縄県《おきなわけん》などでは、明治《めいじ》～昭和時代半ばまで学校で方言を話した生徒《せいと》に「方《ほう》言札《げんふだ》」とよばれる木の札《ふだ》を首から下げさせるという罰《ばつ》がありました。

共通語《きょうつうご》が広まっても方言は消えない

標準語《ひょうじゅんご》の教育をすすめる政策《せいさく》に加《くわ》え、一九五〇年代半ばごろからはテレビの普及《ふきゅう》や交通手段《しゅだん》の発達《はったつ》などにより、共通語《きょうつうご》が急速に広まりました。くらしや環境《かんきょう》が変化《へんか》するなか、古くから伝《つた》わってきたことばが使われなくなったり、共通語《きょうつうご》に近いアクセントで話すようになったりと、方言にも変化《へんか》がみられます。

しかし、方言が日本からなくなってしまうとは考えられていません。「ジャージ」をあらわす宮城県《みやぎけん》のことば「ジャス」(→P.41)や、「行くしない?(行かない?)」のように相手をさそうときに「～しない」(→P.73)と言う長野県の言い方など、新しい方言も次々《つぎつぎ》に生まれています。地域《ちいき》のくらしや文化をささえてきた方言が、「かけがえのないもの」として見直されるようにもなりました。共通語《きょうつうご》でさまざまな地域《ちいき》の人と交流できることはすばらしいことですが、自分がくらす地域《ちいき》の方言も、大切にしていきたいですね。

この本で紹介《しょうかい》している方言一覧《いちらん》

二章で紹介《しょうかい》した、各都道府県《かくとどうふけん》の方言を地図にまとめています。方言の分け方にはさまざまな考え方があり、ここで紹介《しょうかい》している以外《いがい》の分け方もあります。また、よび方も人によって異《こと》なる場合があります。

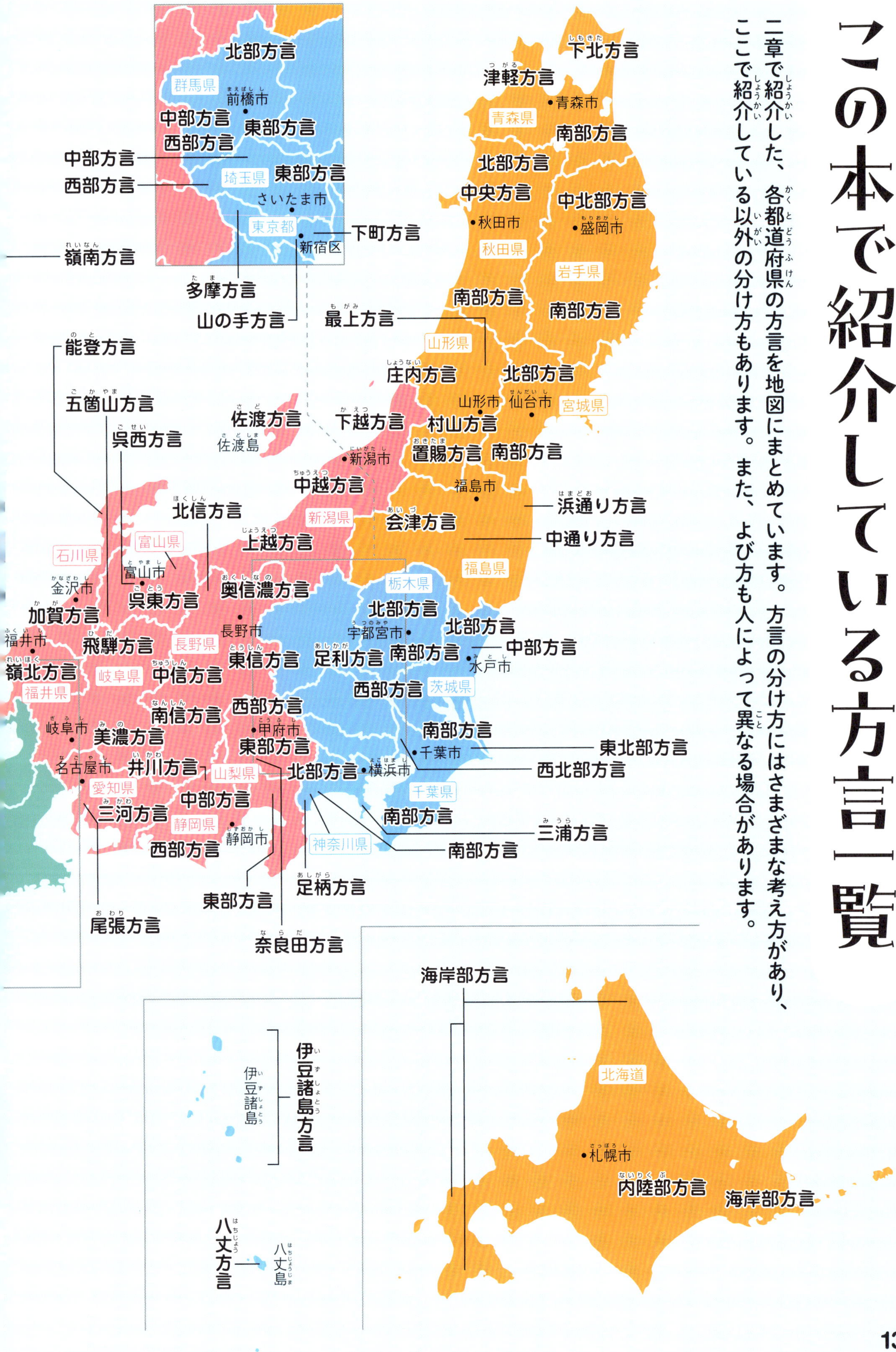

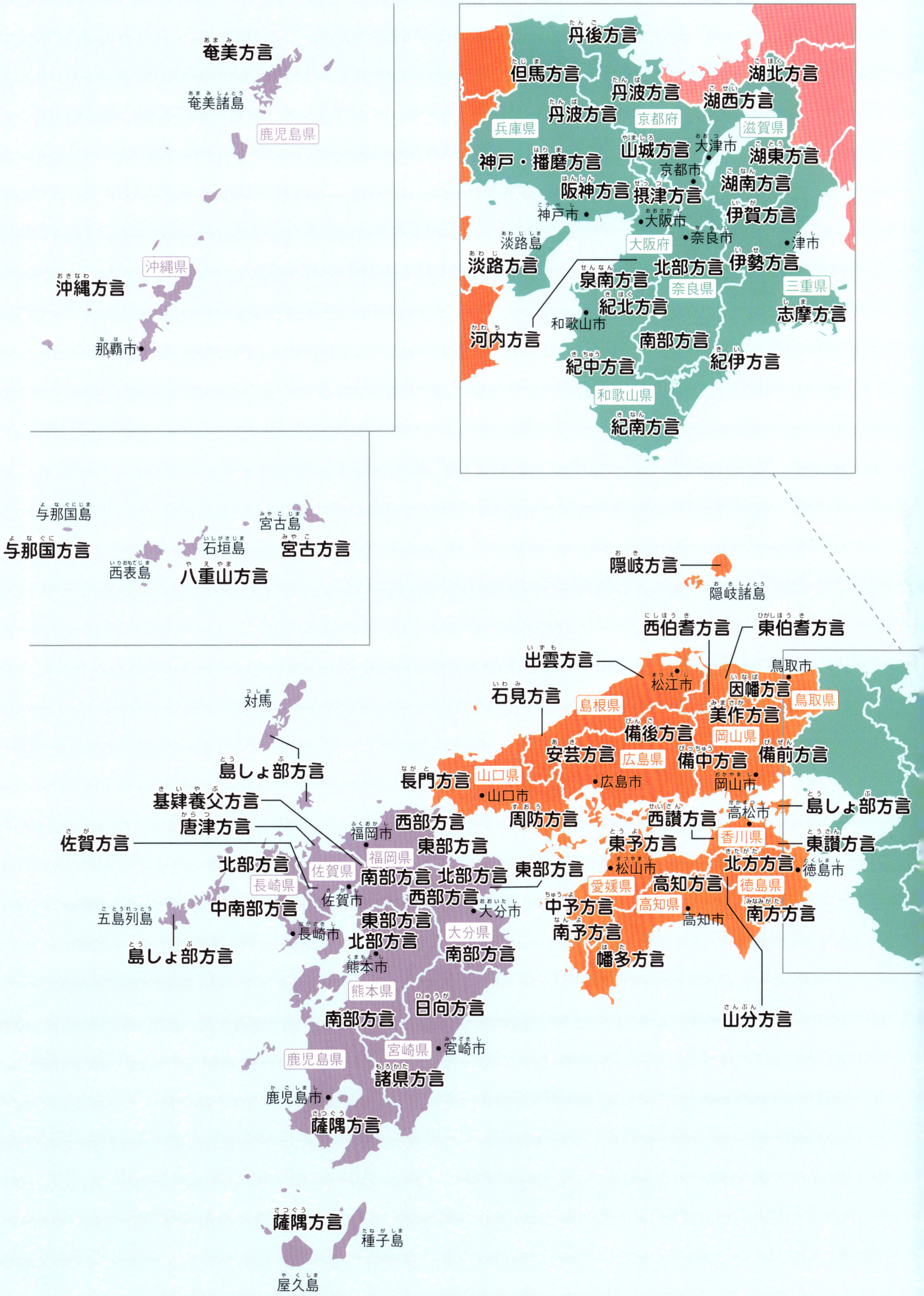
奄美《あまみ》方言
奄美諸島《あまみしょとう》
鹿児島県
沖縄県
沖縄《おきなわ》方言
那覇市《なはし》
与那国島《よなぐにじま》
与那国《よなぐに》方言
宮古島《みやこじま》
宮古《みやこ》方言
石垣島《いしがきじま》
西表島《いりおもてじま》
八重山《やえやま》方言
丹後《たんご》方言
但馬《たじま》方言
丹波《たんば》方言
湖北《こほく》方言
湖西《こせい》方言
丹波《たんば》方言
兵庫県
京都府
滋賀県
山城《やましろ》方言
大津市《おおつし》
神戸・播磨《はりま》方言
湖東《ことう》方言
京都市
阪神《はんしん》方言
摂津《せっつ》方言
湖南《こなん》方言
神戸市《こうべし》
大阪市《おおさかし》
伊賀《いが》方言
淡路島《あわじしま》
奈良市《ならし》
津市《つし》
大阪府
淡路《あわじ》方言
泉南《せんなん》方言
北部方言
伊勢《いせ》方言
奈良県
三重県
紀北《きほく》方言
志摩《しま》方言
和歌山市
河内《かわち》方言
南部方言
紀中《きちゅう》方言
紀伊《きい》方言
和歌山県
紀南《きなん》方言
隠岐《おき》方言
隠岐諸島《おきしょとう》
西伯耆《にしほうき》方言
東伯耆《ひがしほうき》方言
出雲《いずも》方言
松江市《まつえし》
鳥取市
因幡《いなば》方言
石見《いわみ》方言
島根県
鳥取県
美作《みまさか》方言
備後《びんご》方言
岡山県
安芸《あき》方言
広島県
備中《びっちゅう》方言
備前《びぜん》方言
長門《ながと》方言
山口県
広島市
岡山市《おかやまし》
山口市
周防《すおう》方言
西讃《せいさん》方言
高松市《たかまつし》
島《とう》しょ部《ぶ》方言
東予《とうよ》方言
香川県
東讃《とうさん》方言
松山市《まつやまし》
北方《きたがた》方言
徳島市《とくしまし》
東部方言
中予《ちゅうよ》方言
愛媛県
高知方言
徳島県
高知県
高知市
南方《みなみがた》方言
南予《なんよ》方言
幡多《はた》方言
山分《さんぶん》方言
対馬《つしま》
島《とう》しょ部《ぶ》方言
基肄養父《きいやぶ》方言
唐津《からつ》方言
佐賀《さが》方言
福岡市《ふくおかし》
西部方言
東部方言
北部方言
佐賀県
福岡県
長崎県
南部方言
北部方言
佐賀市《さがし》
西部方言
大分市《おおいたし》
中南部方言
五島列島《ごとうれっとう》
長崎市《ながさきし》
東部方言
大分県
北部方言
熊本市《くまもとし》
南部方言
島《とう》しょ部《ぶ》方言
熊本県
日向《ひゅうが》方言
南部方言
宮崎県
宮崎市《みやざきし》
鹿児島県
諸県《もろかた》方言
鹿児島市《かごしまし》
薩隅《さつぐう》方言
薩隅《さつぐう》方言
種子島《たねがしま》
屋久島《やくしま》

日本の昔の地域《ちいき》区分

昔の地域《ちいき》区分は、方言の成り立《な》ち《た》に深くかかわっています。自分のくらす都道府県《とどうふけん》が昔、どのようなすがたをしていたのか、どんな名前でよばれていたのか、みてみましょう。P.130の「この本で紹介《しょうかい》している方言一覧《いちらん》」と見くらべてみてもよいですね。

●昔の国境《こっきょう》と方言の関係《かんけい》

いまでは日本の地域《ちいき》は四十七の都道府県《とどうふけん》に分けられていますが、古代から江戸《えど》時代までは「五畿七道《ごきしちどう》」とよばれる地域《ちいき》区分が使われていました。「五畿《ごき》」は、現在《げんざい》の奈良県《ならけん》や京都府《きょうとふ》など、都《みやこ》が置《お》かれていた場所を中心とする地域《ちいき》で、大和国《やまとのくに》、山城国《やましろのくに》、摂津国《せっつのくに》、河内国《かわちのくに》、和泉国《いずみのくに》の五つの国を指します。「七道《しちどう》」は都《みやこ》からのびる幹線《かんせん》道路をもとに、五畿《き》以外《いがい》の地域《ちいき》を七つに分けたもので、東山道《とうさんどう》、北陸道《ほくりくどう》、東海道《とうかいどう》、山陰道《さんいんどう》、山陽道《さんようどう》、南海道《なんかいどう》、西海道《さいかいどう》の七つを指します。七道《しちどう》はさらに「陸奥国《むつのくに》」や「肥前国《ひぜんのくに》」などの国に分かれていました。

明治《めいじ》時代に入ると五畿七道《ごきしちどう》の区分は廃止《はいし》され、現在《げんざい》のような都道府県《とどうふけん》が誕生《たんじょう》しましたが、県《けん》境《ざかい》や県内の地域《ちいき》区分には昔の国《こっ》境《きょう》がもとになっているものも多く、方言の区分にも大きな影響《えいきょう》をあたえています。

●独自《どくじ》の歴史《れきし》とことばをもつ北海道と沖縄県《おきなわけん》

五畿七道《ごきしちどう》には、北海道と沖縄県《おきなわけん》はふくまれていません。どちらも日本のほかの地域《ちいき》とは異《こと》なる歴史《れきし》を歩んできた地域《ちいき》で、江戸《えど》時代には北海道は「蝦夷地《えぞち》」、沖縄県《おきなわけん》は「琉球王国《りゅうきゅうおうこく》」とよばれていました。ことばについてもほかの地域《ちいき》とは状況《じょうきょう》が異《こと》なり、北海道では先住民《せんじゅうみん》であるアイヌ民族《みんぞく》の言語、アイヌ語が受けつがれています。また、沖縄県《おきなわけん》や琉球王国《りゅうきゅうおうこく》の支配地《しはいち》だった奄美諸《あまみしょ》島《とう》などで話されている琉球《りゅうきゅう》方言は本土の方言とは区別《くべつ》され、独《どく》立《りつ》した言語だと考える人もいます。

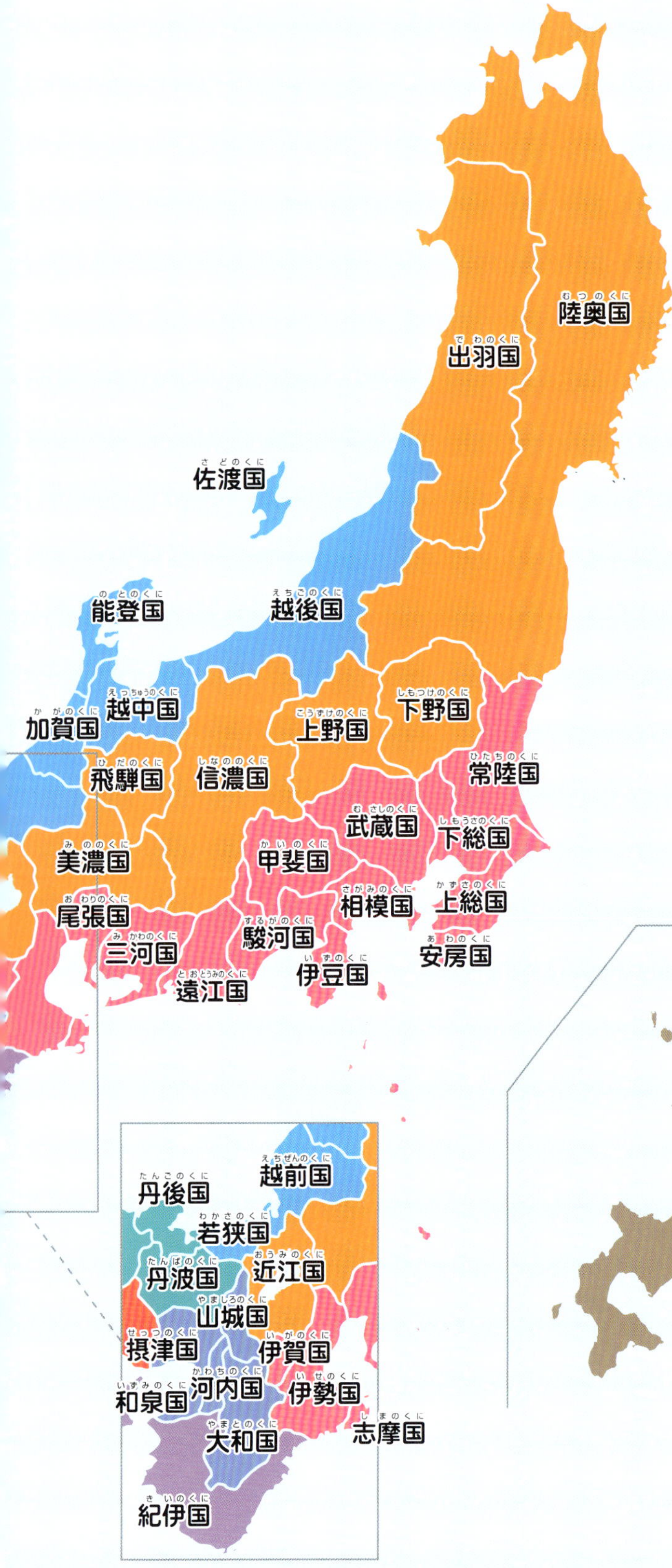

陸奥国《むつのくに》
出羽国《でわのくに》
佐渡国
能登国《のとのくに》
越後国《えちごのくに》
越中国《えっちゅうのくに》
加賀国《かがのくに》
上野国《こうずけのくに》
下野国《しもつけのくに》
常陸国《ひたちのくに》
飛騨国《ひだのくに》
信濃国《しなののくに》
武蔵国《むさしのくに》
下総国《しもうさのくに》
美濃国《みののくに》
甲斐国《かいのくに》
相模国《さがみのくに》
上総国《かずさのくに》
尾張国《おわりのくに》
駿河国《するがのくに》
安房国《あわのくに》
三河国《みかわのくに》
伊豆国《いずのくに》
遠江国《とおとうみのくに》
越前国《えちぜんのくに》
丹後国《たんごのくに》
若狭国《わかさのくに》
丹波国《たんばのくに》
近江国《おうみのくに》
山城国《やましろのくに》
摂津国《せっつのくに》
伊賀国《いがのくに》
河内国《かわちのくに》
和泉国《いずみのくに》
伊勢国《いせのくに》
大和国《やまとのくに》
志摩国《しまのくに》
紀伊国《きいのくに》

蝦夷地《えぞち》

五畿七道《ごきしちどう》と対応《たいおう》する現在《げんざい》の都道府県《とどうふけん》

七道《しちどう》

東山道《とうさんどう》

近江国《おうみのくに》	滋賀県《しがけん》
美濃国《みののくに》	岐阜県《ぎふけん》
飛騨国《ひだのくに》	岐阜県《ぎふけん》
信濃国《しなののくに》	長野県
上野国《こうずけのくに》	群馬県《ぐんまけん》
下野国《しもつけのくに》	栃木県《とちぎけん》
陸奥国《むつのくに》	福島県、宮城県《みやぎけん》 岩手県、青森県 秋田県
出羽国《でわのくに》	山形県、秋田県

北陸道《ほくりくどう》

若狭国《わかさのくに》	福井県《ふくいけん》
越前国《えちぜんのくに》	福井県《ふくいけん》
加賀国《かがのくに》	石川県
能登国《のとのくに》	石川県
越中国《えっちゅうのくに》	富山県《とやまけん》
越後国《えちごのくに》	新潟県《にいがたけん》
佐渡国《さどのくに》	新潟県《にいがたけん》

東海道《とうかいどう》

伊賀国《いがのくに》	三重県
伊勢国《いせのくに》	三重県
志摩国《しまのくに》	三重県
尾張国《おわりのくに》	愛知県《あいちけん》
三河国《みかわのくに》	愛知県《あいちけん》
遠江国《とおとうみのくに》	静岡県《しずおかけん》
駿河国《するがのくに》	静岡県《しずおかけん》
伊豆国《いずのくに》	静岡県《しずおかけん》
甲斐国《かいのくに》	山梨県《やまなしけん》
相模国《さがみのくに》	神奈川県《かながわけん》
武蔵国《むさしのくに》	埼玉県《さいたまけん》、東京都 神奈川県《かながわけん》
常陸国《ひたちのくに》	茨城県《いばらきけん》
下総国《しもうさのくに》	千葉県、茨城県《いばらきけん》
上総国《かずさのくに》	千葉県
安房国《あわのくに》	千葉県

山陰道《さんいんどう》

丹波国《たんばのくに》	京都府《きょうとふ》、兵庫県《ひょうごけん》
丹後国《たんごのくに》	京都府《きょうとふ》
但馬国《たじまのくに》	兵庫県《ひょうごけん》
因幡国《いなばのくに》	鳥取県
伯耆国《ほうきのくに》	鳥取県
出雲国《いずものくに》	島根県
石見国《いわみのくに》	島根県
隠岐国《おきのくに》	島根県

山陽道《さんようどう》

播磨国《はりまのくに》	兵庫県《ひょうごけん》
美作国《みまさかのくに》	岡山県《おかやまけん》
備前国《びぜんのくに》	岡山県《おかやまけん》
備中国《びっちゅうのくに》	岡山県《おかやまけん》
備後国《びんごのくに》	広島県
安芸国《あきのくに》	広島県
周防国《すおうのくに》	山口県
長門国《ながとのくに》	山口県

南海道《なんかいどう》

紀伊国《きいのくに》	和歌山県、三重県
淡路国《あわじのくに》	兵庫県《ひょうごけん》
阿波国《あわのくに》	徳島県《とくしまけん》
讃岐国《さぬきのくに》	香川県《かがわけん》
伊予国《いよのくに》	愛媛県《えひめけん》
土佐国《とさのくに》	高知県

西海道《さいかいどう》

対馬国《つしまのくに》	長崎県《ながさきけん》
壱岐国《いきのくに》	長崎県《ながさきけん》
筑前国《ちくぜんのくに》	福岡県《ふくおかけん》
筑後国《ちくごのくに》	福岡県《ふくおかけん》
豊前国《ぶぜんのくに》	福岡県《ふくおかけん》、大分県
豊後国《ぶんごのくに》	大分県
肥前国《ひぜんのくに》	佐賀県《さがけん》、長崎県《ながさきけん》
肥後国《ひごのくに》	熊本県《くまもとけん》
日向国《ひゅうがのくに》	宮崎県《みやざきけん》
大隅国《おおすみのくに》	鹿児島県《かごしまけん》
薩摩国《さつまのくに》	鹿児島県《かごしまけん》

五畿《ごき》

山城国《やましろのくに》	京都府《きょうとふ》
大和国《やまとのくに》	奈良県《ならけん》
河内国《かわちのくに》	大阪府《おおさかふ》
和泉国《いずみのくに》	大阪府《おおさかふ》
摂津国《せっつのくに》	大阪府《おおさかふ》、兵庫県《ひょうごけん》

方言について調べよう

方言を調べるために、どこか遠い場所へ行く必要《ひつよう》はありません。どこに住んでいても、だれでも、調べることができます。さまざまな方法《ほうほう》があるので、自分にあったやり方で挑戦《ちょうせん》してみましょう。

・まずは自分がくらす地域《ちいき》からはじめよう

この本でみてきたように、方言は同じ都道府県《とどうふけん》でも地域《ちいき》によって異《こと》なります。また、ことば（単語《たんご》）だけでなく、発音やアクセント、文法《ぶんぽう》などにもそれぞれ特徴《とくちょう》があります。同じ方言でも時とともに変化《へんか》していくので、話す人の年齢《ねんれい》によってもちがいがあります。「方言について調べたい」と思ったら、自分がどの方言について、どんなことを知りたいのか考え、調べるテーマを決めましょう。「あのことばはどんな意味なんだろう。」と気になっている方言のことばがあったら、それを調べることからはじめてもいいですね。

いつもあいさつしてくれるけれど、これって方言なのかな？　どんな意味なんだろう。
おせんどさん。

もっとも調べやすいのは、自分が住んでいる地域《ちいき》の方言です。方言は、地域《ちいき》の自然《しぜん》や歴史《れきし》、産業《さんぎょう》、文化などと強いつながりがあります。自分がくらす地《ち》域《いき》について知っていることが、方言を調べるときに役に立つはずです。地域《ちいき》の人に直接《ちょくせつ》たずねることができ、くわしい資料《しりょう》も手に入れやすいので、まずは地元で話されている方言について調べてみるのがよいかもしれません。

・単語について調べたい

方言の単語、発音、アクセント、文法《ぶんぽう》のうち、調べやすいのは単語です。共通語《きょうつうご》とくらべやすく、資《し》料《りょう》もたくさんあります。直接《ちょくせつ》、方言を話す人にたずねるのがむずかしくても、調べることができます。初《はじ》めて方言を調べるときは、単語からはじめるのがおすすめです。

調べるときには、テーマをしぼりましょう。たとえば「植物の名前」、「体の部位《ぶい》」、「海にかかわることば」、「家族をあらわすことば」、「あいさつ」、「人をほめることば」のように、調べる範囲《はんい》を決めます。そこから、「体の部位《ぶい》」であれば「頭」、「目」、「耳」、「腕《うで》」、「足」……というように、テーマから思いうかぶ単語を共通語《きょうつうご》で書き出していきます。

調べたいことばが決められないときには、方言をテーマにした本を読んでみましょう。全国各地《かくち》の方言を紹介《しょうかい》するもののほか、地方ごとに方言をまとめたもの、分野ごとに方言の例《れい》をあげたものなど、さまざまな本があります（→P.137）。また、国立国語研究所の方言地図（→P.128）で取り上げられている単語を見てみるのも参考《さんこう》になるでしょう。

調べることが決まったら、次のような方法《ほうほう》で調べていきましょう。

辞書《じしょ》や本で調べる

まずは、辞書《じしょ》や本で調べてみましょう。共通語《きょうつうご》から調べたいときには、共通語《きょうつうご》で引ける辞書《じしょ》がべんりです。見聞きした方言についてくわしく知りたいときには、方言から引く辞書《じしょ》を活用してください。全国の方言がのっている辞書《じしょ》だけでなく、都道府県《とどうふけん》や、ある地域《ちいき》の方言だけをまとめた辞書《じしょ》もあるので、探《さが》してみましょう。また、地域《ちいき》の方言をまとめた本であれば、調べている単語が見つかるかもしれません。

資料《しりょう》を見つけられないときには、図書館のレファレンスサービスを利用《りよう》してみてください。「津軽《つがる》方言の虫の名前について書かれた本はありますか。」などと、調べたいことを具体的《ぐたいてき》に伝《つた》えれば、参考《さんこう》になる資料《しりょう》を提案《ていあん》してくれます。

辞書《じしょ》や本で調べるときは、いつ発刊《はっかん》された本か、調査《ちょうさ》の時期はいつか、確認《かくにん》しておこう。

インターネットを活用する

調べたい単語を、インターネットで検索《けんさく》するという方法《ほうほう》もあります。インターネット上には地域《ちいき》の方言の一覧《いちらん》やデータベース、動画、音声などが公開されており、知りたい情報《じょうほう》が見つかるかもしれません。

ただし、情報《じょうほう》の出典《しゅってん》が明らかでないものも多いので、都道府県《とどうふけん》や区市町村、大学、放送局など、信用《しんよう》できる機関《きかん》による情報《じょうほう》を選《えら》んで利用《りよう》するようにしましょう。見つかった情報《じょうほう》を、辞書《じしょ》や本などで調べて確《たし》かめることも大切です。

人に直接《ちょくせつ》たずねる

辞書《じしょ》やインターネットで調べてもわからないことは、調べたい方言を話す人に会って、直接《ちょくせつ》たずねてみましょう。その地域《ちいき》で生まれ育った人、長く生活している人にお願《ねが》いしましょう。お年寄《としよ》りのほうが、たくさんのことばを知っていることが多いです。

たずねるときには「『とうもろこし』を方言でなんと言いますか。」のように、共通語《きょうつうご》をあげて聞く方法《ほうほう》のほか、ことばを使わず、写真や絵を見せて方言での言い方をこたえてもらう方法《ほうほう》もあります。

「おもしろい」や「かわいい」のようなようすをあらわすことばは、聞くときに工夫《くふう》が必要《ひつよう》です。「おもしろい」にも、笑《わら》ってしまうようなおかしい「おもしろい」もあれば、興味《きょうみ》深くてもっと知りたいと思う「おもしろい」もありますね。「思わず笑《わら》ってしまうような漫才《まんざい》を見たとき、なんと言いますか。」のように、調べたい単語が使われる状況《じょうきょう》をくわしく説明《せつめい》して、たずねていきましょう。

聞きたい単語のリストをつくっておき、聞き取った内容《ないよう》をメモしましょう。単語そのものの言い方だけでなく、実際《じっさい》に会話で使う例《れい》を教えてもらえるといいですね。だれに対して使うか、今も使っているかなどもたずねてみましょう。

家族以外《いがい》の人に調査《ちょうさ》に協力《きょうりょく》してもらう場合には、必《かなら》ず学校の先生や保護者《ほごしゃ》に相談してくださいね。

手紙やメールでたずねる

人に直接《ちょくせつ》たずねるのがむずかしいとき、多くの人からの回答がほしいとき、広い範囲《はんい》や遠い地域《ちいき》の方言を調べたいときには、調査票《ちょうさひょう》をつくり、手紙やメールなどで送って回答してもらいましょう。

「このことばを知っているか」、「このことばを使うか」といった年齢《ねんれい》や地域《ちいき》による方言のちがいを調べたいときにも、調査票《ちょうさひょう》やアンケートがべんりです。そのときは答える人の年齢《ねんれい》や住んでいる地域《ちいき》、その方言が話されている地域《ちいき》にどれくらい住んでいるかなどを、可能《かのう》な範囲《はんい》で答えてもらいましょう。

調査票《ちょうさひょう》の例《れい》

●●方言の顔に関《かん》することば　調査票《ちょうさひょう》

××年×月×日　△△学校5年1組○○○○

名前　［　　　　］

● 自分の年れいに○をつけてください。

二十代以下《いか》　三十代　四十代　五十代
六十代　七十代　八十代以上《いじょう》

● 住んでいる地域《ちいき》に○をつけてください。

北町　中町　南町

● ●●方言を話す地域《ちいき》にどれくらい住んでいるか、教えてください。

［　　］**年**

● 次のことばを●●方言でなんというか、教えてください。知らないもの、わからないものには×をつけてください。

頭［　　　］　**目**［　　　］
耳［　　　］　**鼻**［　　　］

発音やアクセントについて調べたい

発音もアクセントも、方言を話す人から直接《ちょくせつ》聞き取って調べます。調査《ちょうさ》のときは、あとで聞き返せるよう、許可《きょか》をもらって録音《ろくおん》しておくと安心です。

発音の調査《ちょうさ》は、共通語《きょうつうご》とくらべたり、音を聞き取ったりするのが、なれていないとむずかしいかもしれません。この本に書かれているような「大阪府《おおさかふ》では『ふとんをしく』を『ふとんをひく』と言うなど、『し』を『ひ』と発音することがある。」といった特徴《とくちょう》を実際《じっさい》に発音してもらって確《たし》かめたり、年齢《ねんれい》や地域《ちいき》によってちがいがあるかを調べたりする調査《ちょうさ》がおすすめです。国立国語研究所『日本言語地図』の第一集には「カジ（火事）のKA-の音」のように、発音のちがいをしめした地図も掲載《けいさい》されているので、見てみましょう。

アクセントは、「雨」と「飴《あめ》」などと単語《たんご》を決めて発音してもらい、音の高低《こうてい》を聞き取ります。アクセント辞典《じてん》で共通語《きょうつうご》のアクセントを調べ、くらべてみましょう。記録《きろく》するときは、アクセントが高い音の上に線を引くのが一般的《いっぱんてき》です。

アクセントの記録《きろく》の例《れい》

○○年○月○日
××××さん（△才）

ことば：雨
共通語《きょうつうご》：あめ
●●方言：あめ

ことば：飴《あめ》
共通語《きょうつうご》：あめ
●●方言：あめ

文法《ぶんぽう》について調べたい

助詞《じょし》や動詞《どうし》の活用、表現法《ひょうげんほう》など、文法《ぶんぽう》にもさまざまなものがありますが、調べやすいのは文末《ぶんまつ》の言い方です。断定《だんてい》する「～だ」、否《ひ》定《てい》する「～ない」、推《すい》量《りょう》する「～だろう」などの文末《ぶんまつ》の言い方を、聞き取り調査《ちょうさ》で調べます。そのときには「『明日は雨だ』を方言でなんと言いますか。」のように、文章で答えてもらうように質問《しつもん》しましょう。

文末《ぶんまつ》の言い方の例《れい》

- 断定《だんてい》「～だ」
- 否定《ひてい》「～ない」
- 疑問《ぎもん》「～か」
- 可能《かのう》「～できる」
- 推量《すいりょう》「～だろう」
- 勧誘《かんゆう》「～しよう」
- 強調「～よ」
- 命令《めいれい》「～しなさい」
- 禁止《きんし》「～するな」

国立国語研究所のホームページの「これまでの刊行物《かんこうぶつ》」にある『方言文法《ぶんぽう》全国地図』も参考《さんこう》になります。これは一九七九～一九八二年に調査《ちょうさ》された方言の文法《ぶんぽう》に関《かん》する方言地図をまとめたもので、『日本言語地図』と同様、だれでも無償《むしょう》で利《り》用《よう》できます。「雨が降《ふ》ってきた」の「が」をなんと言うか、「書こう」、「書かない」をなんと言うかなど、地域《ちいき》による文法《ぶんぽう》のちがいがわかります。

国立国語研究所『方言文法《ぶんぽう》全国地図』地図画像《がぞう》
https://www2.ninjal.ac.jp/hogen/dp/gaj-pdf/gaj-pdf_index.html

調べたことをまとめよう、やってみよう

調べてわかったことは、整理してまとめていきましょう。班《はん》やクラスなど、多くの人で協力《きょうりょく》すれば、方言の辞書《じしょ》や方言地図をつくることもできます。

表やカードにまとめる

まずは調べた方言のことばとその意味、例文《れいぶん》などを、表にまとめたり、ことばごとにカードをつくったりして整理しましょう。直接《ちょくせつ》たずねて聞き取ったことばであれば、調査《ちょうさ》をした日時や場所、相手の名前や生年などを記入しておきます。「植物の名前」、「体の部位《ぶい》」、「あいさつ」などの分野も書いておくと、あとで辞書《じしょ》などをつくるときにべんりです。

カードにまとめる例《れい》

ことば	たう		
意味	届《とど》く		
分野	動作		
例文《れいぶん》（共通語《きょうつうご》の意味）	たわん。（届《とど》かない。）		
調査《ちょうさ》した場所	広島県●●市△△町		
調査《ちょうさ》した相手	□藤あかね	生年	19××年
調査《ちょうさ》した人	○井かな	調査した年月	20××年1月

方言辞書《じしょ》をつくる

たくさんのことばを調べたら、自分たちがくらす地域《ちいき》の方言辞書《じしょ》をつくってみましょう。五十音順《じゅん》にならべて、辞書《じしょ》として使えるようにしてもよいですし、分野ごとにまとめてもよいですね。

パソコンの表計算ソフトにまとめる方法《ほうほう》もあります。よみがなや分野などをいっしょに入力しておけば、調べたいことばをすぐに検索《けんさく》できます。

方言について知るための参考《さんこう》図書

辞典《じてん》

- 佐藤亮一《さとうりょういち》編《へん》『都道府県別《とどうふけんべつ》 全国方言辞典《じてん》』（三省堂《さんせいどう》、二〇〇九年）
- 佐藤亮一《さとうりょういち》編《へん》『日本方言大辞典《だいじてん》』（小学館、一九八九年）
- 佐藤亮一《さとうりょういち》監修《かんしゅう》『標準語《ひょうじゅんご》引き 日本方言辞典《じてん》』（小学館、二〇〇三年）
- 平山輝男《ひらやまてるお》 他編《へん》『現代《げんだい》日本語方言大辞典《だいじてん》』（明治書院《めいじしょいん》、一九九二年）
- 平山輝男《ひらやまてるお》編《へん》『全国アクセント辞典《じてん》』（東京堂出版《とうきょうどうしゅっぱん》、一九六〇年）

書籍《しょせき》

- 井上史雄《いのうえふみお》監修《かんしゅう》『調べてみよう暮《く》らしのことば』（ゆまに書房《しょぼう》、二〇〇四年）
- 井上史雄《いのうえふみお》監修《かんしゅう》『方言と地図』（フレーベル館、二〇〇九年）
- 大西《おおにし》 拓一郎《たくいちろう》編《へん》『新日本言語地図―分布図《ぶんぷず》で見渡《みわた》す方言の世界―』（朝倉書店《あさくらしょてん》、二〇一六年）
- 岡部《おかべ》 敬史《たかし》著《ちょ》『目で見る方言』（東京書籍《とうきょうしょせき》、二〇二三年）
- 佐藤亮一《さとうりょういち》監修《かんしゅう》『ポプラディア情報館《じょうほうかん》 方言』（ポプラ社、二〇〇七年）
- 佐藤亮一《さとうりょういち》編《へん》『方言の地図帳《ちずちょう》』（講談社学術文庫《こうだんしゃがくじゅつぶんこ》、二〇一九年）
- 真田信治《さなだしんじ》監修《かんしゅう》『日本語の豊《ゆた》かさにふれる 方言の絵事典《えじてん》 全国のことばを使ってみよう！』（PHP研究所、二〇〇六年）
- 真田信治《さなだしんじ》・友定賢治《ともさだけんじ》編《へん》『県別《けんべつ》 方言感情表現辞典《かんじょうひょうげんじてん》』（東京堂出版《とうきょうどうしゅっぱん》、二〇一五年）
- 真田信治《さなだしんじ》・友定賢治《ともさだけんじ》編《へん》『県別《けんべつ》 方言感覚表現辞典《かんかくひょうげんじてん》』（東京堂出版《とうきょうどうしゅっぱん》、二〇一八年）
- 篠崎晃一《しのざきこういち》監修《かんしゅう》『ひと目でわかる方言大辞典《だいじてん》』（あかね書房《しょぼう》、二〇〇九年）
- 篠崎晃一《しのざきこういち》著《ちょ》『東京のきつねが大阪《おおさか》でたぬきにばける 誤解《ごかい》されやすい方言小辞典《しょうじてん》』（三省堂《さんせいどう》、二〇一七年）
- 篠崎晃一《しのざきこういち》監修《かんしゅう》『方言ずかん』（ほるぷ出版《しゅっぱん》、二〇二一年）

方言辞書《じしょ》の例《れい》

た

たいぎい 状態《じょうたい》
［**意味**］めんどうな。おっくうな。
［**例文**］宿題たいぎい。（宿題めんどうだなあ。）

たう 動作
［**意味**］届《とど》く。
［**例文**］たわん。（届《とど》かない。）

方言地図をつくる

同じことばを方言でなんと言うか、あるていど広い範囲《はんい》で、多くの人にたずねれば、自分たちで方言地図をつくることもできます。学校がある区市町村内などと範囲《はんい》を決め、班《はん》やクラスの全員で手分けして調査《ちょうさ》してみましょう。国立国語研究所の方言地図などを参考《さんこう》に、方言の種類《しゅるい》が多そうなことばを選《えら》んでください。

方言地図ができたら、「どうしてここを境《さかい》に方言が分かれているのか」、「ここで共通語《きょうつうご》の言い方が広まっているのはなぜか」など、地図を見てわかること、考えたことを話し合ってみましょう。地形図などとくらべてみてもいいですね。

方言地図の例《れい》

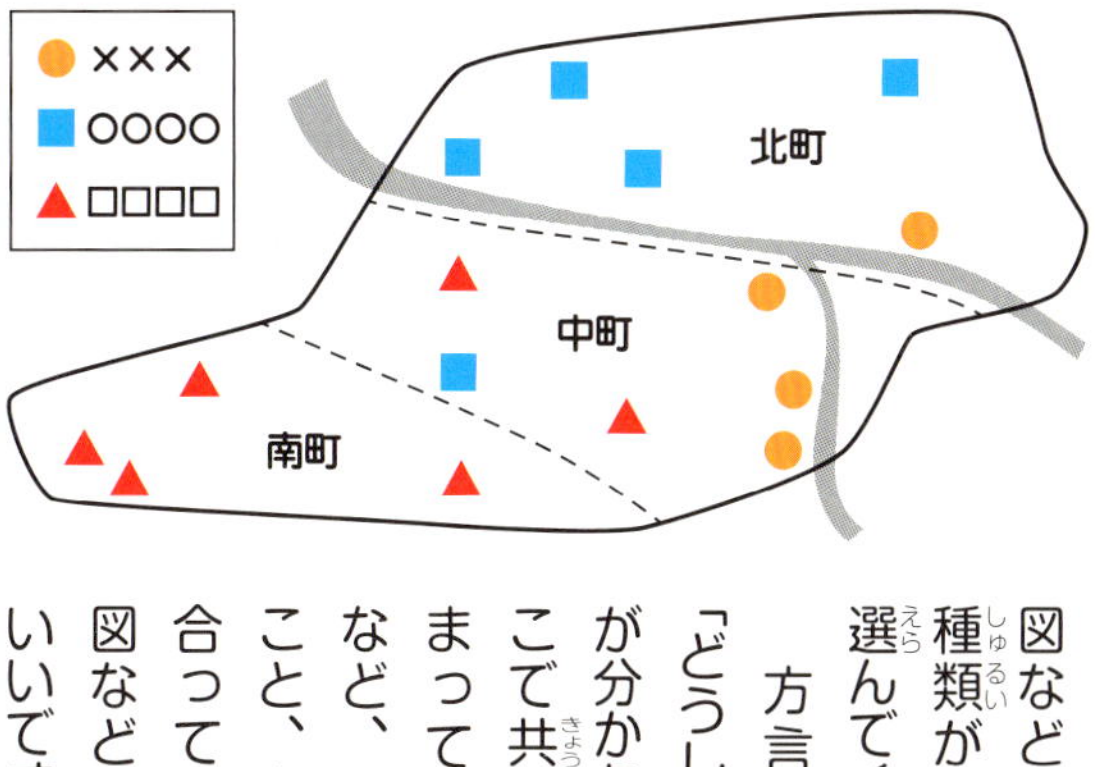

方言のことば さくいん

この本で取り上げている方言のことばが引けるさくいんです。

あ

か

さ

用語さくいん

この本で取り上げている方言と、方言にかかわる用語が引けるさくいんです。

あ

か

さ

た

［写真提供］（五十音順・敬称略）

秋田県／浅草神社／石川県観光連盟／茨城県水戸土木事務所／今治市／岩国市／岩手県観光協会／愛媛県／「おいしい函館」／大分県／大阪観光局／大館市／大塚健一／岡山後楽園／沖縄観光コンベンションビューロー／沖縄県／沖縄美ら島財団／尾道観光協会／香川県観光協会／鹿児島県観光連盟／鹿児島県南薩地域振興局／梶原刃物製作所／株式会社かんの屋／株式会社杓子の家／唐津観光協会／岸和田市／協同組合八食センター／熊本県観光連盟／群馬県／気仙沼市観光協会／高知県観光コンベンション協会／佐賀県観光連盟／静岡県観光協会／島根県観光連盟／JAPAN IMAGES／瀬戸市まるっとミュージアム・観光協会／仙台七夕まつり協賛会／相馬野馬追執行委員会／太龍寺／田原市／秩父市地域おこし協力隊／秩父地域おもてなし観光公社／千葉県観光物産協会／伝統工芸高岡銅器振興協同組合／道後温泉事務所／徳島県／栃木県／十津川村／鳥取県／富岡市／とやま観光推進機構／豊根村観光協会／長崎県観光連盟／長浜・米原を楽しむ観光情報サイト／中村学園大学栄養科学部／名古屋城総合事務所／新潟県観光協会／日光二荒山神社／農林水産省「うちの郷土料理」／野辺地町観光協会／萩市観光協会／八丈島観光協会／彦根市／日立市郷土博物館／飛騨・高山観光コンベンション協会／ひょうご観光本部フォトライブラリー／弘前公園総合情報サイト／福井県観光連盟／福岡県観光連盟／福岡市民の祭り振興会／福島県観光物産交流協会／福島市観光コンベンション協会／北海道観光振興機構／益子焼協同組合／松阪市／松本市／三浦市／宮城県観光連盟／都城弓製造業協同組合／宮崎県観光協会／武藤株式会社／山形県／やまなし観光推進機構／山梨県／よさこい祭振興会／若草まちおこし協同組合若草瓦会館

株式会社フォトライブラリー／ピクスタ株式会社

［参考文献］（五十音順）

「ことば研究館（https://kotobaken.jp）」（国立国語研究所）／『ことばの地理学～方言はなぜそこにあるのか』（大修館書店）／「調べてみよう暮らしのことば」（ゆまに書房）／『新日本言語地図 ～分布図で見渡す方言の世界』（朝倉書店）／『全国アクセント辞典』（東京堂出版）／『都道府県別 全国方言辞典』（三省堂）／『日本言語地図』（国立国語研究所）／『日本伝承童謡集成』（三省堂）／『標準語引き 日本方言辞典』（小学館）／『日本方言大辞典』（小学館）／『ひと目でわかる 方言大辞典』（あかね書房）／『標準語に訳しきれない方言』（彩図社）／『方言と地図～あったかい47都道府県の言葉』（フレーベル館）／『ポプラディア情報館 方言』（ポプラ社）

＊2章で掲載している各都道府県の地図は、国土地理院が公開している「地理院地図」（https://maps.gsi.go.jp/development/ichiran.html）をもとに作成しています。

NDC 818
大西拓一郎《おおにしたくいちろう》
写真《しゃしん》で読《よ》み解《と》く　都道府県別《とどうふけんべつ》 方言大辞典《ほうげんだいじてん》
あかね書房　2025　143P　31cm×22cm

監修

大西拓一郎（おおにし　たくいちろう）

1963（昭和38）年、大阪府生まれ。1989（平成元）年、東北大学大学院文学研究科後期課程単位取得退学。国立国語研究所研究系教授（2024年現在）。専門は方言学・言語地理学。主な著書は『現代方言の世界』（朝倉書店）、『ことばの地理学～方言はなぜそこにあるのか』（大修館書店）、『方言はなぜ存在するのか～ことばの変化と地理空間』（大修館書店）など。

- 装丁・本文デザイン　Zapp!
- イラスト　池谷夏菜子、ryuku
- 図　坂川由美香（AD・CHIAKI）
- 校閲　有限会社一梓堂
- 編集制作　株式会社 KANADEL

写真で読み解く　都道府県別　方言大辞典

2025年2月28日　初版発行

監修　大西拓一郎
発行者　岡本光晴
発行所　株式会社あかね書房
〒101-0065
東京都千代田区西神田3-2-1
電話　03-3263-0641（営業）
03-3263-0644（編集）
https://www.akaneshobo.co.jp
印刷・製本　TOPPAN クロレ株式会社

ISBN978-4-251-06650-3

方言クイズ

この本で紹介《しょうかい》している方言のことばです。
それぞれ、どんな意味でしょう?
答えは、矢印《やじるし》のあとにしめしたページにのっています。
＊「●●●」は、ひらがなで書いたときの字の数をあらわしています。

あのカレンダー、かたがっとらんけ?
(あのカレンダー、●●●●●いない?)
↓67ページ

なまらめんこい～!
(とても●●●●～!)
↓35ページ

かさにのせてん!
(かさに●●●!)
↓99ページ

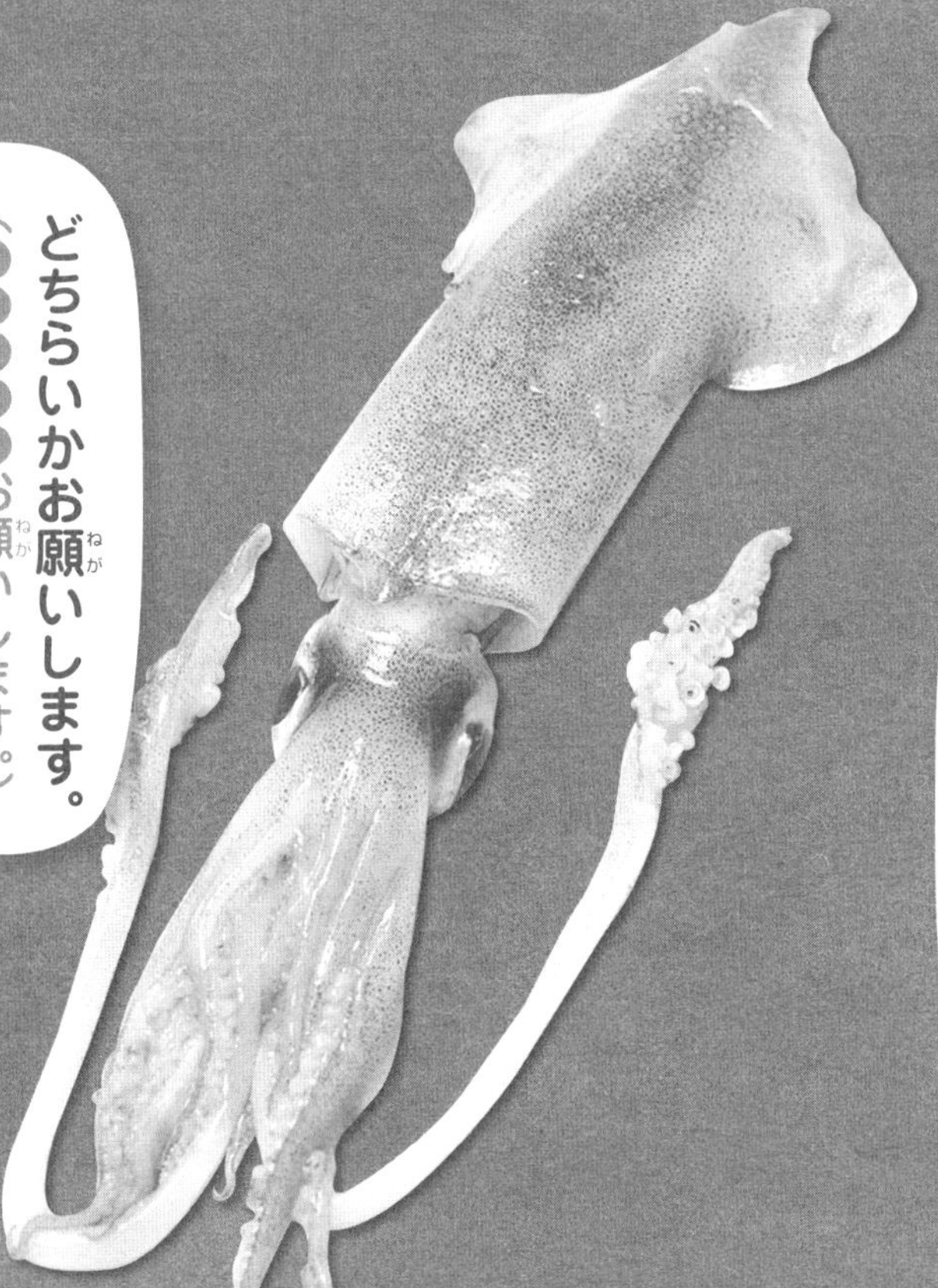

どちらいかお願《ねが》いします。
(●●●●●お願《ねが》いします。)
↓105ページ

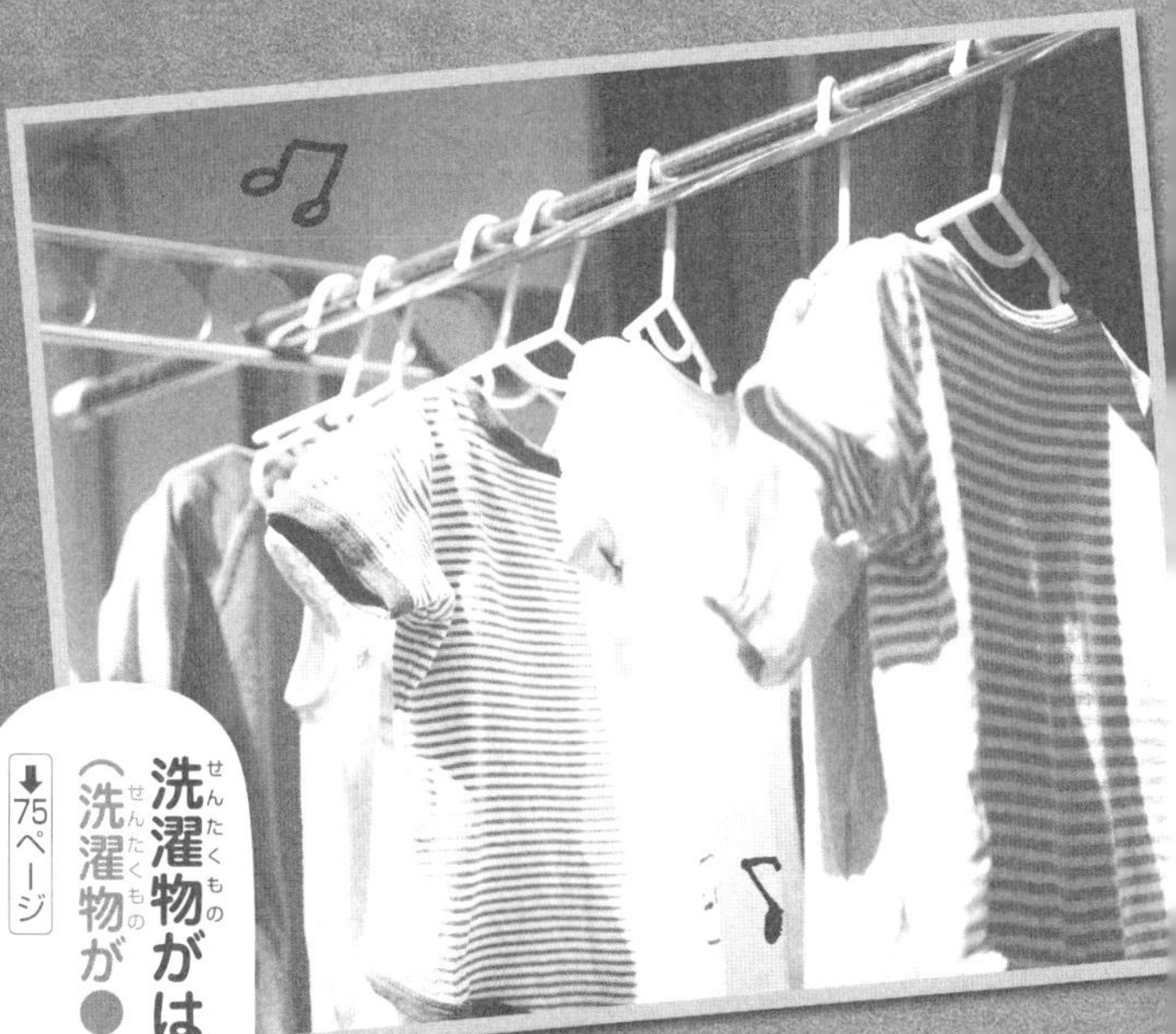

洗濯物《せんたくもの》がはしゃぐ。
(洗濯物《せんたくもの》が●●●。)
↓75ページ